『十四五』时期国家重点出版物出版专项规划项目

『国家经济发展与经济安全』系列丛书

段玉婉 ◎ 著

全球价值链和中国经济发展

中国财经出版传媒集团

经济科学出版社

Economic Science Press

·北 京·

图书在版编目（CIP）数据

全球价值链和中国经济发展/段玉婉著 . -- 北京：
经济科学出版社，2025.7
（"国家经济发展与经济安全"系列丛书）
ISBN 978 - 7 -5218 -5871 -6

Ⅰ.①全… Ⅱ.①段… Ⅲ.①中国经济 - 经济发展 -
研究 Ⅳ.①F124

中国国家版本馆 CIP 数据核字（2024）第 088404 号

责任编辑：王　娟　李艳红
责任校对：齐　杰
责任印制：张佳裕

全球价值链和中国经济发展

QUANQIU JIAZHILIAN HE ZHONGGUO JINGJI FAZHAN

段玉婉　著

经济科学出版社出版、发行　新华书店经销
社址：北京市海淀区阜成路甲 28 号　邮编：100142
总编部电话：010 - 88191217　发行部电话：010 - 88191522
网址：www. esp. com. cn
电子邮箱：esp@ esp. com. cn
天猫网店：经济科学出版社旗舰店
网址：http：//jjkxcbs. tmall. com
北京季蜂印刷有限公司印装
710 × 1000　16 开　18 印张　260000 字
2025 年 7 月第 1 版　2025 年 7 月第 1 次印刷
ISBN 978 - 7 -5218 -5871 -6　定价：76. 00 元
（图书出现印装问题，本社负责调换。电话：010 - 88191545）
（版权所有　侵权必究　打击盗版　举报热线：010 - 88191661
QQ：2242791300　营销中心电话：010 - 88191537
电子邮箱：dbts@ esp. com. cn）

前言

习近平总书记在党的十九大报告中指出,我国经济已由高速增长阶段转向高质量发展阶段。改革开放以来,中国积极融入并深刻影响着全球化的进程,经济发展取得了举世瞩目的发展成就,已成为世界第二大经济体、世界第一制造业大国和最大的货物贸易国。中国经济的蓬勃发展不仅提高了本国人民的生活水平,也为全球经济的发展注入了强劲的动力。然而,近年来,国际局势波谲云诡、部分国家单边主义和贸易保护主义抬头,全球经济政策不确定性上升,地缘政治影响外溢,这对全球经济合作和全球一体化进程带来了严峻挑战,也为中国的经济安全和稳定带来了不容忽视的考验。

在过去几十年里,全球价值链的发展不仅驱动全球贸易的持续增长,更是深刻重塑了国家和企业的生产模式、贸易和投资格局,成为全球贸易的基石。面对当今世界百年未有之大变局,党中央高瞻远瞩,提出构建以国内大循环为主体、国内国际双循环相互促进的新发展格局,实现经济结构的深度优化与升级。全球价值链的演变与重构关乎中国经济的高质量发展,党中央对此给予了高度重视。习近平总书记多次强调,要促进我国产业迈向全球价值链中高端,培育若干世界级先进制造业集群。当前,我国发展进入战略机遇和风险挑战并存、不确定性增多的时期,所面临的国内外环境经历着前所未有的深刻变革,经济高质量发展面临着诸多挑战,包括但不限于在全球价值链中的位置亟待提升、国民收入水平需进一步增长,以及地区间发展不平衡等突出问题。面对全球价值链的深刻调整与重构，如何更好地促进中国对外贸易的转型升级，实现高质量发展，并有效提升和巩固外循环，成为摆在我们面前的重要课题。本书正是基于这一背景，深入剖析了我国在全球价值链中的现状与演变。通过本书的研究，笔者期望能够为加快形成国内国际双循环相互促进的新发展格局提供支撑，助力中国经济在复杂多变的国际环境中稳健前行。

本书同时也是笔者在全球价值链领域研究的一个总结之作，汇聚了笔者在该领域四个方面的研究，这些研究不仅承载了笔者个人的学术探索与成长，也映射出全球价值链实证研究的前沿趋势与动态。

第一，基于传统贸易口径、增加值贸易口径和国民收入口径的国际贸易核算。从国民收入视角进行国际贸易核算这一想法，来自恩师的启发和悉心教导，自 2009 年起，笔者在导师的引领下从国民收入视角重新审视中国贸易实际收益及贸易差额，这一创新性的核算方法为我们解开了传统贸易统计及增加值贸易统计下难以捕捉的真实贸易利益分配格局。第二，国内价值链的追踪及探讨。本书在中国地区间投入产出表中区分了加工贸易，为研究全球价值链在中国国内价值链中的延伸奠定了重要的数据基础，同时还构建了国内价值链的分析框架，基于国内价值链视角揭示了中国地区间收入差异变化的内在机制和影响因素。第三，全球价值链对贸易成本和关税保护的影响研究。本书剖析了全球价值链对关税有效保护率和距离的贸易弹性的影响。该研究不仅加深了我们对于全球贸易壁垒与贸易便利化措施的理解，也为各国政府优化贸易政策、降低贸易成本、提升贸易效率提供了宝贵的参考与借鉴。第四，基于量化贸易模型的贸易政策的福利效应研究。该研究将量化贸易模型和国际投入产出模型紧密结合，区分中间品和最终品在生产和贸易中的差异，量化分析中国加入世界贸易组织（WTO）及中美贸易摩擦对世界主要地区福利、产业结构和全球价值链位置的影响，为评估贸易政策效果、指导未来政策走向提供了分析工具与实证支持。感谢中央财经大学的支持与帮助，使得这些研究得以以学术专著的形式出版。期待这些研究能为学术界提供有价值的参考，同时也希望它们能为政策制定者带来启示与助益。

目录

第一章

全球价值链中的中国角色及演变

改革开放以来，中国经济取得了举世瞩目的发展成就，已成为世界第二大经济体，同时也是世界第一制造业大国和最大的货物贸易国。中国经济的蓬勃发展不仅为自身带来了繁荣，也为全球经济注入了强劲的动力。特别是在 2008 年全球金融危机之后，中国对全球经济增长的贡献越发显著，其影响力与日俱增，已成为推动全球经济增长的关键力量和稳定核心。在本章，我们将从全球价值链和全球收入链的双重视角，深入探讨中国在全球经济和贸易中的角色及其演变过程。我们将在第一节中概述世界贸易的基本情况，并特别关注中国贸易的发展历程。第二节将介绍区分内资企业和外资企业的国际投入产出模型，从总值贸易、增加值贸易和国民收入三个维度核算双边贸易差额，并探讨全球价值链的相关测度指标。第三节介绍了中国的贸易差额，并重点介绍了中美双边贸易差额。第四节对中国在全球价值链中的地位及其随时间的变化进行了深入分析，以期为中国攀升全球价值链提供切实可行的政策启示。

第一节　中国的对外贸易发展

一、世界贸易与中国贸易

自 20 世纪 80 年代以来，经济全球化浪潮以前所未有的速度席卷全球，成为驱动世界贸易蓬勃发展的强大引擎。这一进程不仅打破了国家间的经济壁垒，促进了商品、服务、资本、技术、信息乃至人员的跨国界自由流动，还有效提升了全球资源配置的效率，为各国经济发展提供了更为广阔的空间。图 1−1 展示了 1970 年至 2020 年全球商品和服务出口总额在全球 GDP 中的比重以及全球商品和服务出口总额的年增长率。整体而言，首先，世界出口总额与 GDP 的比重随时间推移呈上升趋势，1970 年为

12.55%，2008年达到最高峰，为31.01%，金融危机时期该比重显著下跌，危机后的世界经济复苏使得2011年世界出口与GDP的比重恢复到危机前水平，但此后该比重总体呈下降态势，2020年为26.80%。其次，世界出口增长率在大部分年份为正，仅在1975年、2009年和2020年分别由于受石油危机、金融危机以及新冠疫情等因素的影响而为负。近年来，部分国家单边主义和贸易保护主义抬头以及全球疫情的持续影响均导致全球经济政策不确定性上升，全球贸易增速有所放缓。

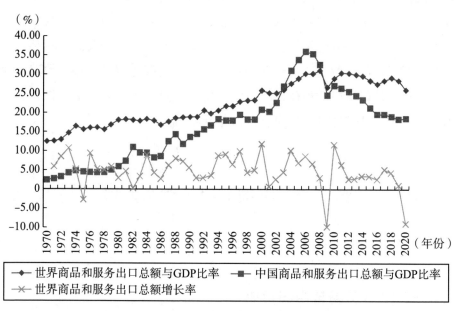

图1-1　1970~2020年中国与世界的商品和服务出口总额在GDP中的比重

资料来源：世界银行的世界发展指标。

随着信息通信技术的革新以及贸易投资的自由化、便利化水平不断提高，跨国公司群体日益走向成熟，其生产中的跨国分工与合作日益频繁，为实现降低成本和全球资源优化配置，众多企业选择将产品研发设计、购买原材料、零部件生产、加工组装、物流配送、市场营销、售后服务等各个环节分散至全球不同经济体，增加值在每一个环节上被依次创造、累加，并通过国际贸易传递至下一个生产环节。在此过程中，中间品多次跨越国境，被用于下一个生产环节直至生产出最终产品（Hummels et al.，2001），形成"全球价值链"（Baldwin and Lopez‑Gonzalez，2015）。在这种贸易模式下，发达国家将部分生产环节转移到低成本的发展中国家，为发展中国家开辟了一条新的工业化道路。中国作为发展中国家之一，在加入 WTO 后，积极承接国际产业转移、参与全球贸易，成为"世界工厂"，中国经济稳步增长，实现了自身与世界经济的双向互利发展。

图 1‑2 显示了 1960 年至 2020 年中国商品进出口在世界商品进出口中的比重，以及中国 GDP 在世界 GDP 中的比重。根据经济增长速度的不同，中国的贸易发展可分为三个阶段。（1）对外贸易起步阶段。中国早期国内外形势严峻复杂，经济建设百业待兴，贸易发展极为缓慢，1961 年至 1977 年中国商品贸易在世界贸易中的比重低于 2.00%，且不断下降。（2）对外贸易改革和扩大开放阶段。自 20 世纪 80 年代以来，经济全球化蓬勃发展，全球经济增长也进入了快车道，1978 年中国把握时代脉搏，实行改革开放，搭上了世界经济发展的快车，实现了对外贸易的长足发展。2000 年，中国商品出口和进口在世界出口和进口中的比重分别上升到 3.84% 和 2.82%。（3）深度参与全球贸易阶段。2001 年中国加入 WTO 成为中国深度参与经济全球化的重要标志，国际贸易飞快增长，2000 年至 2020 年中国商品出口和进口实际增长均超过了 8 倍，增速是同期全球商品贸易总额增速的 5 倍以上。

随着中国对外贸易的快速增长，中国经济也实现了飞速发展，2001 年到 2020 年，中国实际 GDP 年均增长 8.70%，远高于世界平均水平（2.72%）。图 1‑1 同时展示了 1970 年至 2020 年中国出口总额与 GDP 的比重。总体上看，中国经济对出口的依赖程度较高，且随时间呈先上升后下降的趋势：中国出口与 GDP 比重自 1971 年起快速发展，2001 年后更是迅速上升，2006 年达到了 36.04% 的峰值。此后，这一比率呈下降趋势，最终在 2020 年降至 18.50%。2010 年之后中国的出口与 GDP 比重下降一方面可能是由于中国由出口导向型经济向内需拉动型经济的转变，另一方面可能是由于世界经济中的贸易保护主义抬头，此外 2019 年暴发的新冠疫情也对中国贸易带来了负面冲击。

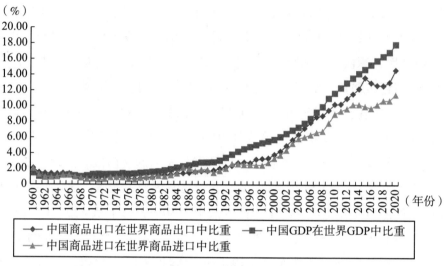

图1-2　1960～2020 年中国商品进出口和 GDP 分别在世界商品进出口和 GDP 中的比重

资料来源：世界银行的世界发展指标。

　　图1-3 展示了 2020 年中国与主要经济体的双边商品贸易额在中国总商品贸易额中的比重。2020 年，中国对这 15 个经济体的商品出口合计占中国商品总出口的 67%，从这些经济体的商品进口合计占中国商品总进口的 66%。其中，美国是中国的第一出口大国，2020 年中国对美商品出口在中国商品总出口中的比重高达 17%；而欧盟则是中国的第一大进口贸易伙伴，2020 年中国从欧盟的商品进口占中国商品总进口的 13%。此外，中国与亚洲其他经济体的贸易往来也较为频繁，如 2020 年，中国对日本和韩国的商品出口分别占中国总商品出口的 5.51% 和 4.34%，两国的商品进口分别占中国总商品进口的 8.51% 和 8.40%。

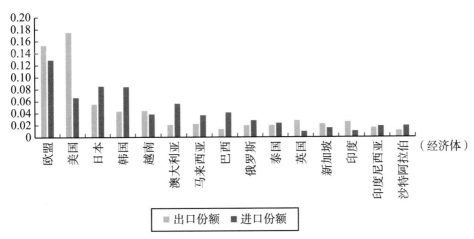

图1-3 2020年中国与主要经济体的商品贸易在中国总商品贸易中的比重

资料来源：UN Comtrade 数据库。

二、基于贸易总值的中国贸易差额

中国对外贸易的一个显著特点是长期存在巨大的贸易顺差，自1994年起至2020年，中国已持续贸易顺差27年（见图1-4）。中国对外贸易顺差差额从1994年的54.00亿美元增长到2020年的4235.32亿美元，年平均增长率为18.27%。受世界金融危机及国际大宗商品价格下降和外部经济疲软等影响，中国顺差差额分别在2009年和2016年出现了大幅下降。

中国的对外贸易按贸易品类型可分为商品贸易和服务贸易，商品贸易又可根据贸易方式分为加工贸易和非加工贸易①。中国的对外贸易以商品贸易为主，2020年商品贸易在中国总贸易中的比重高达87.56%。加工贸易在中国商品贸易中占据重要地位，2020年加工贸易进出口总额在中国总商品进出口额中的比重为20.81%。加工贸易是中国对外贸易顺差的主要来源，图1-4展示了1981年至2020年中国各类贸易的贸易差额，由图可见，中国加入WTO以后，中国加工贸易顺差迅速扩大，从2001年的

---

① 非加工贸易包括一般贸易和其他商品贸易。

534.60 亿美元扩大到 2012 年的 3814.02 亿美元，是 2012 年中国贸易顺差总额的 2.53 倍。2012 年后，加工贸易顺差逐步缩小，2020 年缩小至 2985.11 亿美元，占当年中国贸易顺差总额的 70.84%。中国非加工贸易在 1999 年至 2014 年的大多数年份处于逆差状态，特别是在 2011 年，中国非加工贸易逆差达到 2106.30 亿美元，是当年中国总贸易差额的 1.95 倍。然而自 2015 年起中国非加工贸易扭转逆差状态，开始处于顺差状态，2020 年中国非加工贸易顺差规模达到 2254.80 亿美元，在总贸易顺差中的比重为 53.24%。中国服务贸易在 1981 年至 2008 年的多数年份处于逆差状态，但规模较小，从 2009 年开始，中国服务贸易逆差规模随时间不断扩大，在 2018 年达到顶峰 2581.99 亿美元，是当年总贸易差额的 2.78 倍。2018 年以后，中国新兴服务业快速发展，服务贸易领域改革不断深化，数字技术的发展也带动了服务产业的发展，中国国内的服务产品供给增加，服务逆差快速下降，2020 年中国服务贸易逆差已缩小至 1004.59 亿美元，为 2018 年的 38.91%。

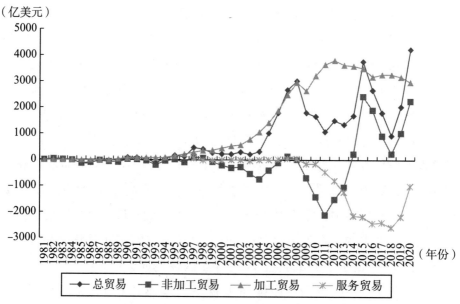

图 1-4 1981~2020 年中国不同贸易方式或类型的贸易差额

资料来源：历年《中国贸易外经统计年鉴》。

三、中国的对外贸易商品结构

从对外贸易商品结构来看，机器及其零件等（第16类）、纺织制品等（第11类）、矿产品（第5类）是中国进出口贸易的主要商品。图1-5和图1-6分别展示了2006年和2020年按照协调制度（HS）22类商品分类的中国出口商品结构和进口商品结构①。结果显示，中国商品出口和进口

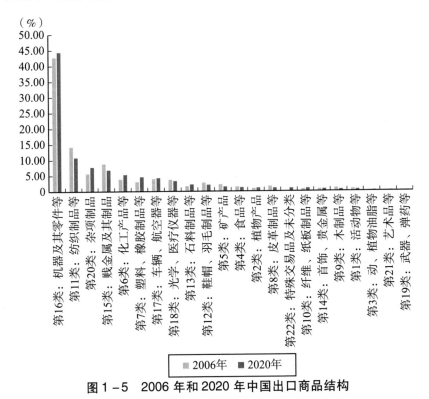

图1-5　2006年和2020年中国出口商品结构

资料来源：历年《中国贸易外经统计年鉴》。

---

① 图1-5及图1-6中的类别名称为缩写，具体类别分类名称依次为：第1类，活动物等。第2类，植物产品。第3类，动、植物油脂等。第4类，食品等。第5类，矿产品。第6类，化工产品等。第7类，塑料、橡胶制品等。第8类，皮革制品等。第9类，木制品等。第10类，纤维、纸板制品等。第11类，纺织制品等。第12类，鞋帽、羽毛制品等。第13类，石料制品等。第14类，首饰、贵金属等。第15类，贱金属及其制品。第16类，机器及其零件等。第17类，车辆、航空器等。第18类，光学、医疗仪器等。第19类，武器、弹药等。第20类，杂项制品。第21类，艺术品等。第22类，特殊交易品及未分类。

比重最大的类别为机械及其零件等（第16类），2020年该类别的出口额和
进口额在中国商品出口总额和商品进口总额中的比重分别高达44.40%和
35.84%。同时，中国商品出口结构和商品进口结构存在一定差异。如
2020年中国的纺织制品等（第11类）的出口贸易份额远大于进口贸易份
额，二者分别为10.83%和1.42%；矿产品（第5类）的进口贸易份额远
大于出口贸易份额，其进口贸易份额为22.47%，但出口贸易份额仅有
1.44%。

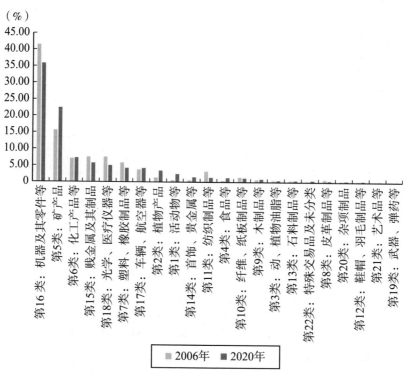

图1-6　2006年和2020年中国进口商品结构

资料来源：历年《中国贸易外经统计年鉴》。

随着时间推移，中国商品贸易结构逐渐优化，以机器设备等为主的资
本密集型商品的出口不断增加，传统的劳动密集型商品的进出口规模不断

减少。具体来说，机器及其零件等（第 16 类）的商品出口规模不断扩大，从 2006 年的 4140.46 亿美元增加到 2020 年的 11499.54 亿美元，增幅为 1.78 倍，其在商品总出口中的份额从 2006 年的 42.73% 增加至 2020 年的 44.40%。同时，中国纺织制品等（第 11 类）在商品总进口、总出口中的份额均同时下降，其 2006 年的出口份额为 14.25%，2020 年下降为 10.83%；2006 年的进口份额为 3.24%，2020 年下降为 1.42%。这表明中国的商品贸易结构随时间推移不断优化，生产力不断加强，贸易商品向更高技术水平方向发展。但同时需意识到，由于中国工业化起步较晚，人均资源量有限，关键战略资源、核心技术不足，生产投入在很大程度上依然依赖进口，高新产品进口份额依然较高。因此，中国在未来还需进一步培育以技术、质量为核心的外贸竞争优势，不断提高对外贸易发展质量，提升中国在国际分工中的地位与竞争优势。

四、中国分地区对外贸易

中国对外贸易在地区间分布较不平衡，出口活动主要集中在东部沿海地区。从贸易总值来看，2020 年广东省、江苏省和浙江省的商品出口额分别为 6282.60 亿美元、3961.30 亿美元和 3631.10 亿美元，这三个省份的商品出口额合计在全国商品出口总额中的比重高达 53.57%。相反，内蒙古、广西、重庆等西部省份的商品出口额相对较低，2020 年合计为 2469.40 亿美元，在全国商品出口总额中的比重仅为 9.53%。①

为进一步展示对外贸易对地区经济发展的影响，本节根据《中国统计年鉴 2021》绘制了 2020 年中国各省份的商品出口额占地区 GDP 的比重与人均 GDP 的散点图，如图 1 - 7 所示。结果表明，二者呈现出显著正相关

---

① 东部、中部、西部和东北地区的具体划分为：东部地区包括北京、天津、河北、上海、江苏、浙江、福建、山东、广东和海南 10 省（市）；中部地区包括山西、安徽、江西、河南、湖北和湖南 6 省；西部地区包括内蒙古、广西、重庆、四川、贵州、云南、西藏、陕西、甘肃、青海、宁夏和新疆 12 省（区、市）；东北地区包括辽宁、吉林和黑龙江 3 省。

关系，出口额在地区 GDP 中占比越高的地区，其人均 GDP 也越高。同时，东部沿海地区的出口额在 GDP 中的比重、人均 GDP 明显高于中部和西部地区，这在一定程度上反映了地区出口对经济发展的重要作用，对外贸易在地区间的不平衡分布也在一定程度上导致了地区间的经济发展不平等。

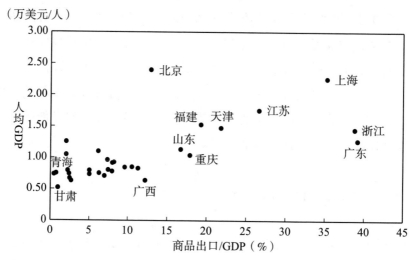

图 1－7　2020 年中国各地区人均 GDP 和商品出口在地区 GDP 中比重
资料来源：《中国统计年鉴 2021》。

随着时间推移，中国对外贸易发展在地区间的分布更加平衡。东部地区的商品出口额在全国商品出口总额中的比重不断下降，西部地区的出口额在全国商品出口总额中的比重则不断上升。2000 年至 2020 年，东部地区的商品出口额在全国商品出口总额中的比重从 85.82% 下降到了79.11%，特别地，广东和上海的商品出口额在全国商品出口总额中的比重分别由 37.49% 和 9.89% 降低到 24.26% 和 7.65%，而四川和重庆的商品出口额在全国商品出口总额中的比重分别由 0.58% 和 0.43% 上升到2.60% 和 2.34%。

五、加工贸易与外商和港澳台投资企业

中国对外贸易的一个重要特征是加工贸易在商品贸易中占比较高。"加工贸易"是指经营企业进口全部或者部分原辅材料、零部件、元器件、包装物料,经过加工或者装配后,将制成品复出口的经营活动。加工贸易是中国早期参与国际分工的主要方式。21世纪以来,随着信息通信技术的进步和贸易壁垒的下降,国际分工程度不断深入,中国加工贸易迅速发展。图1-8展示了1981年至2019年中国加工贸易进口和出口分别在中国商品总进口和总出口中的比重。1996年至2007年,中国加工贸易出口在中国商品总出口中的比重一直在50%以上;从2008年开始,虽然这一比重有所下降,但2019年该比重仍为29.42%。

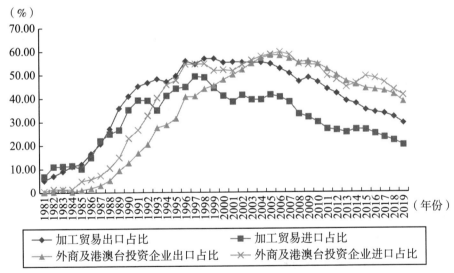

图1-8 1981~2019年中国加工贸易与外商和港澳台
投资企业贸易在中国总商品贸易中的比重

资料来源:历年《中国贸易外经统计年鉴》。

加工贸易在中国的快速发展除了得益于廉价的劳动力优势外，中国政府对加工贸易生产活动的优惠政策也起到重要的推动作用。例如，用于生产加工出口产品的加工进口品可享受免关税的待遇（Manova and Yu，2016），这在很大程度上促进了中国加工贸易的快速发展。2008年国际金融危机爆发后，中国加工贸易的发展面临多重挑战，如国际环境趋紧、国内生产成本上升、国产化逐步提高等，受这些因素的影响，中国加工出口在总商品出口中的占比不断下降（江小涓和孟丽君，2021）。2019年，中国加工贸易出口和进口在中国商品总出口和总进口中的比重分别下降为38.65%和41.27%，显著低于金融危机前的水平。

加工贸易在促进中国经济发展的同时也为贸易核算带来了严峻挑战。传统的贸易核算以贸易总值为统计基础，无法区分全球价值链分工下各生产环节的价值创造者。随着国际分工的不断深入，全球中间品贸易大幅增长，传统总值贸易统计方法带来了对贸易额的重复计算问题。特别地，中国加工贸易出口中包含大量的进口中间投入品价值，因此基于总值贸易的统计口径将可能高估中国出口中的国内增加值，从而扭曲对中国双边及多边的经贸关系的评估。因此，本章后续章节将从增加值贸易口径对中国贸易差额进行再分析。

中国对外贸易的另外一个重要特征是外资和港澳台投资企业贸易在商品贸易中占比较高。自改革开放以来，中国对外开放水平不断提升，中国吸引FDI规模也不断扩大。2014年以来，中国成为全球吸引FDI最多的国家。2016年中国吸引FDI流量1.34千亿美元，占全球FDI流量总额的7.70%①。图1-8同时展示了1981年至2019年中国总商品贸易中外资和港澳台投资企业贸易所占的比重，由图可知，外资和港澳台投资企业在中国对外贸易中扮演着十分重要的角色。外资和港澳台投资企业的商品出口额在中国商品出口总额中的比重从1981年的0.15%不断上升到2005年的58.30%；此后该比重虽不断下降，但依然处在较高水平，2019年该比重

---

① 资料来源：UNCTAD数据库。

仍为 38.65%。

外资和港澳台投资企业的蓬勃发展对中国经济的腾飞作出了重要贡献，然而，从收入所有权来看，外资和港澳台投资企业创造的增加值并不完全属于中国的国民收入，其中部分增加值从所有权上归外资和港澳台投资企业的投资来源地所有。因此，仅基于增加值口径的贸易核算将会忽视收入所有权问题，而不能准确衡量国际分工对各国的收入水平的影响。对此，本章后续部分将从国民收入核算口径重新分析中国从国际分工中获得的收入利得。

第二节 全球价值链测度方法

在经济全球化的背景下，中间品贸易的蓬勃发展使得以总值贸易口径统计的传统贸易核算无法准确刻画全球贸易格局及利益分配，需要利用增加值贸易统计方法。随着各经济体对外开放程度的提高和资本市场国际化进程的加快，资本跨国流动日益频繁。这导致了增加值和国民收入间的背离，使得以增加值贸易为口径的贸易核算方法也难以衡量各经济体从全球化中获得的真实收入，需要引入国民收入核算框架。本节将基于国际投入产出模型，详细介绍增加值贸易核算框架及国民收入核算框架，以及基于它们的全球价值链测度指标。

一、区分内资企业和外资企业的国际投入产出模型

内资企业和外资企业在生产技术和产出结构方面往往存在很大不同（Ma et al.，2015），为了准确衡量各经济体在出口中的价值创造与获得的国民收入，本节利用区分内资企业和外资企业的国际投入产出模型进行研究，模型如表 1-1 所示。该模型不仅详细描述了各经济体各行业间复杂

的生产和消耗关系，同时将各经济体各行业的生产区分为内资企业生产和外资企业生产，清晰地描述了内资企业和外资企业在生产过程中消耗的来自不同经济体、不同行业、不同企业类型的中间投入，以及各经济体居民消费中来自各经济体各行业的内资企业和外资企业的最终产品。

假设有 N 个经济体，用字母 n 或 i 表示，各经济体有 J 个行业，用字母 k 或 j 表示，每个行业有内资企业和外资企业，分别用上标 D 和 F 表示。每个行业都生产中间品以用于各行业的中间投入，同时生产最终品满足各经济体的最终消费。为清晰起见，本节用小写加粗变量表示向量，用大写加粗变量表示矩阵，用小写斜体变量表示元素。

表 1-1　　　区分内资企业和外资企业的国际投入产出模型

投入			产出								总产出
			中间使用					最终使用			
			经济体 1		⋯	经济体 N		经济体 1	⋯	经济体 N	
			D	F	⋯	D	F				
中间投入	经济体 1	D	$\mathbf{Z}_{11}^{DD}$	$\mathbf{Z}_{11}^{DF}$	⋯	$\mathbf{Z}_{1N}^{DD}$	$\mathbf{Z}_{1N}^{DF}$	$\mathbf{y}_{11}^{D}$	⋯	$\mathbf{y}_{1N}^{D}$	$\mathbf{x}_{1}^{D}$
		F	$\mathbf{Z}_{11}^{FD}$	$\mathbf{Z}_{11}^{FF}$	⋯	$\mathbf{Z}_{1N}^{FD}$	$\mathbf{Z}_{1N}^{FF}$	$\mathbf{y}_{11}^{F}$	⋯	$\mathbf{y}_{1N}^{F}$	$\mathbf{x}_{1}^{F}$
	⋮	⋮	⋮	⋮	⋮	⋮	⋮	⋮	⋮	⋮	⋮
	经济体 N	D	$\mathbf{Z}_{N1}^{DD}$	$\mathbf{Z}_{N1}^{DF}$	⋯	$\mathbf{Z}_{NN}^{DD}$	$\mathbf{Z}_{NN}^{DF}$	$\mathbf{y}_{N1}^{D}$	⋯	$\mathbf{y}_{NN}^{D}$	$\mathbf{x}_{N}^{D}$
		F	$\mathbf{Z}_{N1}^{FD}$	$\mathbf{Z}_{N1}^{FF}$	⋯	$\mathbf{Z}_{NN}^{FD}$	$\mathbf{Z}_{NN}^{FF}$	$\mathbf{y}_{N1}^{F}$	⋯	$\mathbf{y}_{NN}^{F}$	$\mathbf{x}_{N}^{F}$
国民收入	经济体 1		$(\mathbf{m}_{11}^{D})'$	$(\mathbf{m}_{11}^{F})'$	⋯	$(\mathbf{m}_{1N}^{D})'$	$(\mathbf{m}_{1N}^{F})'$				
	⋮		⋮	⋮	⋮	⋮	⋮				
	经济体 N		$(\mathbf{m}_{N1}^{D})'$	$(\mathbf{m}_{N1}^{F})'$	⋯	$(\mathbf{m}_{NN}^{D})'$	$(\mathbf{m}_{NN}^{F})'$				
总投入			$\mathbf{x}_{1}^{D}$	$\mathbf{x}_{1}^{F}$		$\mathbf{x}_{N}^{D}$	$\mathbf{x}_{N}^{F}$				

注：文中使用的投入产出表来自 OECD 于 2023 年发布的 AMNE 数据库，涵盖 77 个经济体以及 41 个行业。详见 https://www.oecd.org/sti/ind/analytical-AMNE-database.htm。
资料来源：笔者自制。

表 1-1 中 $\mathbf{x}_{i}^{D}$ 和 $\mathbf{x}_{i}^{F}$ 分别表示经济体 i 各行业的内资企业和外资企业的

产出，均为 J 维列向量。因此世界产出向量为 $\mathbf{x} = \begin{bmatrix} \mathbf{x}_1 \\ \mathbf{x}_2 \\ \vdots \\ \mathbf{x}_N \end{bmatrix}$，其中 $\mathbf{x}_i = \begin{bmatrix} \mathbf{x}_i^D \\ \mathbf{x}_i^F \end{bmatrix}$ 为

经济体 i 产出列向量。类似的，定义 J 维列向量 $\mathbf{y}_{in}^D$ 和 $\mathbf{y}_{in}^F$ 分别表示经济体 n

从经济体 i 的内资企业和外资企业进口的各行业最终产品，$\mathbf{y}_{ni} = \begin{bmatrix} \mathbf{y}_{ni}^D \\ \mathbf{y}_{ni}^F \end{bmatrix}$ 表示

经济体 i 对经济体 n 的最终产品进口的列向量；那么世界最终需求向量

可表示为 $\mathbf{y} = \mathbf{y}_1 + \mathbf{y}_2 + \cdots + \mathbf{y}_N = \begin{bmatrix} \mathbf{y}_{11} + \mathbf{y}_{12} + \cdots + \mathbf{y}_{1N} \\ \mathbf{y}_{21} + \mathbf{y}_{22} + \cdots + \mathbf{y}_{2N} \\ \vdots \\ \mathbf{y}_{N1} + \mathbf{y}_{N2} + \cdots + \mathbf{y}_{NN} \end{bmatrix}$，其中 $\mathbf{y}_i = \begin{bmatrix} \mathbf{y}_{1i} \\ \mathbf{y}_{2i} \\ \vdots \\ \mathbf{y}_{Ni} \end{bmatrix}$ 表示

经济体 i 的最终消费列向量；$\mathbf{Z}_{ni}^{DF}$ 为 $J \times J$ 维矩阵，表示经济体 i 的外资企业生产所需要的来自经济体 n 内资企业的中间投入，令 $\mathbf{Z}_{ni} = \begin{bmatrix} \mathbf{Z}_{ni}^{DD} & \mathbf{Z}_{ni}^{DF} \\ \mathbf{Z}_{ni}^{FD} & \mathbf{Z}_{ni}^{FF} \end{bmatrix}$ 表示经济体 i 使用的来自经济体 n 的中间投入的量，世界中间

投入矩阵为 $\mathbf{Z} = \begin{bmatrix} \mathbf{Z}_{11} & \mathbf{Z}_{12} & \cdots & \mathbf{Z}_{1N} \\ \mathbf{Z}_{21} & \mathbf{Z}_{22} & \cdots & \mathbf{Z}_{2N} \\ \vdots & \vdots & \ddots & \vdots \\ \mathbf{Z}_{N1} & \mathbf{Z}_{N2} & \cdots & \mathbf{Z}_{NN} \end{bmatrix}$。世界投入产出系数矩阵为 $\mathbf{A} =$

$\mathbf{Z}(\hat{\mathbf{x}})^{-1} = \begin{bmatrix} \mathbf{A}_{11} & \mathbf{A}_{12} & \cdots & \mathbf{A}_{1N} \\ \mathbf{A}_{21} & \mathbf{A}_{22} & \cdots & \mathbf{A}_{2N} \\ \vdots & \vdots & \ddots & \vdots \\ \mathbf{A}_{N1} & \mathbf{A}_{N2} & \cdots & \mathbf{A}_{NN} \end{bmatrix}$，它描述了各经济体各行业各企业类型生

产单位产品所直接消耗的来自各经济体各行业各企业类型的中间投入的

量；$\hat{\mathbf{x}}$ 为向量 $\mathbf{x}$ 的对角阵，$\mathbf{A}_{ni} = \begin{bmatrix} \mathbf{A}_{ni}^{DD} & \mathbf{A}_{ni}^{DF} \\ \mathbf{A}_{ni}^{FD} & \mathbf{A}_{ni}^{FF} \end{bmatrix}$ 为经济体 i 对经济体 n 的直接

消耗系数矩阵。世界里昂惕夫逆矩阵为 $\mathbf{B} = (\mathbf{I}_{2NJ} - \mathbf{A})^{-1}$，它是在考虑了经济体、行业和不同企业类型间复杂的投入产出联系后，各经济体各行业各类型企业生产单位产品所完全需要的来自各经济体各行业各类型企业的产出，其中 $\mathbf{I}_{2NJ}$ 是维数为 $2NJ \times 2NJ$ 的单位矩阵。同时定义国内里昂惕夫逆矩

阵为 $\mathbf{L} = \begin{bmatrix} \mathbf{L}_{11} & 0 & \cdots & 0 \\ 0 & \mathbf{L}_{22} & \cdots & 0 \\ \vdots & \vdots & \ddots & \vdots \\ 0 & 0 & \cdots & \mathbf{L}_{NN} \end{bmatrix}$，$\mathbf{L}_{ii} = (\mathbf{I}_{2J} - \mathbf{A}_{ii})^{-1}$ 为经济体 i 的国内里昂惕

夫逆矩阵，其元素表示在考虑了国内投入产出联系后生产某行业单位最终品所完全需要消耗的本地各行业产品的量。

表 1-1 中 $\mathbf{m}_{in}^{F}$ 为 J 维列向量，其中第 k 个元素 $m_{in,k}^{F}$ 表示经济体 n 行业 k 的外资企业生产过程中产生的所有权归经济体 i 的国民收入，该部分要素收入属于经济体 n 的增加值，但不属于 n 的国民收入，属于经济体 i 的国民收入；下标 i 表示国民收入归属地，下标 n 为要素投入地。经济体 i

的国民收入列向量为 $\mathbf{m}_{i*} = \begin{bmatrix} \mathbf{m}_{i1} \\ \mathbf{m}_{i2} \\ \vdots \\ \mathbf{m}_{iN} \end{bmatrix}$ 衡量了 i 从各经济体生产中获得的国民收

入，其中 $\mathbf{m}_{in} = \begin{bmatrix} \mathbf{m}_{in}^{D} \\ \mathbf{m}_{in}^{F} \end{bmatrix}$。据此，定义 $\mathbf{g}_i = \mathbf{m}_{i*}(\hat{\mathbf{x}})^{-1}$ 为经济体 i 的国民收入系

数列向量，代表了各经济体各企业类型生产单位产品直接产生的所有权归

属于经济体 i 的国民收入[①]。

根据定义，经济体 n 的增加值为 n 作为生产地带来的各经济体的国民收入之和，经济体 n 的增加值向量为 $\mathbf{r}_n = \sum\limits_{i}^{N} \mathbf{m}_{in}$ ，n 的增加值系数列向量为 $\mathbf{v}_n = \mathbf{r}_n (\hat{\mathbf{x}}_n)^{-1}$ 。因此，世界增加值系数列向量为 $\mathbf{v} = \begin{bmatrix} \mathbf{v}_1 \\ \mathbf{v}_2 \\ \vdots \\ \mathbf{v}_N \end{bmatrix}$ 。

二、贸易差额核算

基于反映内资企业和外资企业的国际投入产出模型，我们可以计算各经济体间基于传统贸易视角、增加值贸易视角和国民收入贸易视角下的双边贸易差额。传统贸易视角的贸易差额表示经济体间的总出口与总进口的差额，用变量表示为：

$$D_{ni} = \mathbf{u}\mathbf{e}_{ni} - \mathbf{u}\mathbf{e}_{in} \tag{1.1}$$

其中，$\mathbf{u}$ 为求和行向量，用 $\mathbf{z}_{ni}^{*k}$ 表示 $\mathbf{Z}_{ni}$ 的第 k 列，即 $\mathbf{Z}_{ni} = [\mathbf{z}_{ni}^{*1}, \cdots, \mathbf{z}_{ni}^{*,2J}]$ ，则 $\mathbf{e}_{ni} = \sum\limits_{k}^{2J} \mathbf{z}_{ni}^{k} + \mathbf{y}_{ni}$ 表示经济体 n 对 i 的出口列向量。经济体 n 对 i 的增加值出口是指经济体 n 为了满足 i 的最终需求所直接和间接进行的生产活动产生的国内增加值。增加值口径下经济体 n 对 i 的贸易顺差为：

$$D_{ni}^{va} = \mathbf{c}_n' \mathbf{B}\mathbf{y}_i - \mathbf{v}_i' \mathbf{B}\mathbf{y}_n \tag{1.2}$$

其中，$\mathbf{c}_n$ 为 $2NJ$ 维列向量，但只保留经济体 n 的增加值系数元素，其他元素为零。式（1.2）右侧第一项为经济体 n 对 i 的增加值出口，第二项为经济体 n 从 i 的增加值进口。国民收入口径下经济体 n 对 i 的出口表示

[①] 参考王直等（Wang et al.，2021）的做法，我们利用 OECD 的 AMNE 数据库中的外资企业所有权信息以及 WIOD 社会经济账户中的劳动资本报酬信息，将投入产出模型中各经济体各行业外资企业增加值分解为各经济体国民收入。

各经济体为了满足经济体 i 的最终需求所直接和间接进行的生产活动中产生的所有权归 n 的国民收入。因此，国民收入贸易视角下的双边贸易差额为：

$$D_{ni}^{gni} = \mathbf{g}_n' \mathbf{B} \mathbf{y}_i - \mathbf{g}_i' \mathbf{B} \mathbf{y}_n \qquad (1.3)$$

式（1.3）右侧第一项为经济体 n 对 i 的国民收入出口，第二项为 n 从 i 的国民收入进口。

三、全球价值链测度

基于投入产出模型，我们对各经济体参与全球价值链的水平以及在全球价值链中的位置进行测度。本书使用的指标主要包括：显示性比较优势指数（RCA），出口的国内增加值率（DVAR），增加值出口与出口总值比重（VAXR），高端制造业在增加值出口中的份额（VAHM），增加值出口的服务化（VAS）和增加值出口中的高端服务业比重（VAHS）[1]。

传统贸易视角下 n 经济体 j 行业的显示性比较优势指数为：

$$RCA_n^j = \frac{e_n^j}{\sum\limits_j^J e_n^j} \left(\frac{\sum\limits_n^N e_n^j}{\sum\limits_n^N \sum\limits_j^J e_n^j} \right)^{-1} \qquad (1.4)$$

其中，e_n^j 表示 n 经济体 j 行业的出口，$e_n^j / \sum\limits_j^J e_n^j$ 表示 n 经济体 j 行业出口在 n 的总出口中的比重，$\sum\limits_n^N e_n^j / \sum\limits_n^N \sum\limits_j^J e_n^j$ 表示世界所有经济体 j 行业出口在世界总出口中的比重。

增加值贸易视角下 n 经济体 j 行业的显示性比较优势指数为：

---

[1] 参考已有文献，书中的高科技行业包括电子设备和仪器仪表（13）、电气设备（14）、机械设备（15）、汽车制造（16）和其他交通运输（17）。书中高端服务业部门主要包括出版、影音和广播活动（24）、电信业（25）、计算机服务业（26）、金融和保险业（27）、房地产业（28）、其他商务服务业（29）、教育业（31）。

$$RCA_n^{va,j} = \frac{e_n^{va,j}}{\sum_j^J e_n^{va,j}} \left(\frac{\sum_n^N e_n^{va,j}}{\sum_n^N \sum_j^J e_n^{va,j}} \right)^{-1} \qquad (1.5)$$

其中，$e_n^{va,j} = \sum_{i \neq n} (\mathbf{c}_n^{j'} \mathbf{B} \mathbf{y}_i)$ 表示 n 经济体 j 行业的增加值出口，$\mathbf{c}_n^j$ 中只有 j 行业保留 $\mathbf{c}_n$ 的增加值系数，$\mathbf{c}_n^j$ 中其他行业的增加值系数均为 0，$e_n^{va,j} / \sum_j^J e_n^{va,j}$ 表示 n 经济体 j 行业增加值出口在 n 的总增加值出口中的比重，$\sum_n^N e_n^{va,j} / \sum_n^N \sum_j^J e_n^{va,j}$ 表示世界所有经济体 j 行业增加值出口在世界总增加值出口中的比重。

经济体 n 单位出口中的国内增加值，即出口的国内增加值率（Chen et al.，2012；Koopman et al.，2014）为：

$$DVAR_n = \mathbf{v}_n' \mathbf{L}_{nn} \mathbf{e}_n (\mathbf{u} \mathbf{e}_n)^{-1} \qquad (1.6)$$

其中，$\mathbf{e}_n = \sum_{i \neq n} \mathbf{e}_{ni}$ 表示经济体 n 的出口列向量，$\mathbf{u} \mathbf{e}_n$ 表示 n 的总出口。式（1.6）右侧 $\mathbf{v}_n' \mathbf{L}_{nn} \mathbf{e}_n$ 表示经济体 n 出口所直接或间接产生的国内增加值，$DVAR$ 越高说明出口的国内增加值率越高，因此它在一定程度上能够反映一个经济体的产业升级和价值链攀升。

经济体 n 增加值出口与总出口的比值（$VAXR$）为：

$$VAXR_n = \sum_{i \neq n} (\mathbf{c}_n' \mathbf{B} \mathbf{y}_i)(\mathbf{u} \mathbf{e}_n)^{-1} \qquad (1.7)$$

其中，$\mathbf{c}_n' \mathbf{B} \mathbf{y}_i$ 表示经济体 n 对 i 的增加值出口。定义 $\mathbf{c}_n^H$ 为高端制造业增加值率；$\mathbf{c}_n^H$ 中只有高科技行业保留 $\mathbf{c}_n$ 的增加值系数，而其他行业的增加值系数均为 0。经济体 n 的高科技行业增加值出口在总增加值出口中的份额（$VAHM$）为：

$$VAHM_n = \sum_{i \neq n} ((\mathbf{c}_n^H)' \mathbf{B} \mathbf{y}_i) \left[\sum_{i \neq n} (\mathbf{c}_n' \mathbf{B} \mathbf{y}_i) \right]^{-1} \qquad (1.8)$$

式（1.8）右侧 $(\mathbf{c}_n^H)' \mathbf{B} \mathbf{y}_i$ 表示经济体 n 对 i 的高端制造业增加值出口。

类似的，定义 $\mathbf{c}_n^S$ 为服务业增加值率，$\mathbf{c}_n^{HS}$ 为高端服务业增加值率。经济体 n 的服务业增加值出口在总增加值出口中的份额（VAS）为：

$$VAS_n = \sum_{i \neq n} \left(\left(\mathbf{c}_n^S \right)' \mathbf{B} \mathbf{y}_i \right) \left[\sum_{i \neq n} \left(\mathbf{c}_n' \mathbf{B} \mathbf{y}_i \right) \right]^{-1} \qquad (1.9)$$

式（1.9）右侧 $\left(\mathbf{c}_n^S \right)' \mathbf{B} \mathbf{y}_i$ 表示经济体 n 对 i 的服务业增加值出口。经济体 n 的高端服务业增加值出口在总增加值出口中的份额（VAHS）为：

$$VAHS_n = \sum_{i \neq n} \left(\left(\mathbf{c}_n^{HS} \right)' \mathbf{B} \mathbf{y}_i \right) \left[\sum_{i \neq n} \left(\mathbf{c}_n' \mathbf{B} \mathbf{y}_i \right) \right]^{-1} \qquad (1.10)$$

式（1.10）右侧 $\mathbf{c}_n^{HS})' \mathbf{B} \mathbf{y}_i$ 表示经济体 n 对 i 的高端服务业增加值出口。

同时，我们也可基于投入产出模型从国民收入口径测算全球价值链测度指标：显示性比较优势指数（RCA），出口的国民收入率（DNIR），国民收入出口与出口总值比重（NIXR），高端制造业在国民收入出口中的份额（NIHM），国民收入出口的服务化（NIS）和国民收入出口中的高端服务业比重（NIHS）。收入链指标能够很好地说明各经济体从贸易中获得的实际收益。

国民收入贸易口径下 n 经济体 j 行业的显示性比较优势指数（RCA）为：

$$RCA_n^{gni,j} = \frac{e_n^{gni,j}}{\sum_j e_n^{gni,j}} \left(\frac{\sum_n^N e_n^{gni,j}}{\sum_n^N \sum_j^J e_n^{gni,j}} \right)^{-1} \qquad (1.11)$$

其中，$e_n^{gni,j} = \sum_{i \neq n} \left(\left(\mathbf{g}_n^j \right)' \mathbf{B} \mathbf{y}_i \right)$ 表示 n 经济体 j 行业的国民收入出口，$\mathbf{g}_n^j$ 中只有 j 行业保留 $\mathbf{g}_n$ 的国民收入系数，$\mathbf{g}_n$ 中其他行业的增加值系数均为 0，$e_n^{gni,j} / \sum_j^J e_n^{gni,j}$ 表示 n 经济体 j 行业国民收入出口在 n 的总国民收入出口中所占比重，$\sum_n^N e_n^{gni,j} / \sum_n^N \sum_j^J e_n^{gni,j}$ 表示世界所有经济体 j 行业国民收入出口在世界总国民收入出口中的比重。

定义 $\mathbf{g}_{nn}$ 为经济体 n 产出中的 n 经济体国民收入系数矩阵，经济体 n 单位出口中的国民收入，即出口的国民收入率（DNIR）为：

$$DNIR_n = \mathbf{g}_{nn}' \mathbf{L}_{nn} \mathbf{e}_n (\mathbf{u} \mathbf{e}_n)^{-1} \qquad (1.12)$$

经济体 n 的国民收入出口与总出口的比率（NIXR）为：

$$NIXR_n = \sum_{i \neq n} \left(\mathbf{g}_n' \mathbf{B} \mathbf{y}_i \right) (\mathbf{u} \mathbf{e}_n)^{-1} \qquad (1.13)$$

其中，$\mathbf{g}'_n \mathbf{By}_i$ 表示经济体 n 对 i 的国民收入出口。定义 $\mathbf{g}^H_n$ 为高端制造业国民收入系数；$\mathbf{g}^H_n$ 是保留 $\mathbf{g}_n$ 中高科技行业的国民收入系数，而其他元素均为 0。经济体 n 的高科技行业国民收入出口在总国民收入出口中的份额（$NIHM$）为：

$$NIHM_n = \sum_{i \neq n} ((\mathbf{g}^H_n)' \mathbf{By}_i) \left[\sum_{i \neq n} (\mathbf{g}'_n \mathbf{By}_i) \right]^{-1} \tag{1.14}$$

式（1.14）右侧 $(\mathbf{g}^H_n)' \mathbf{By}_i$ 表示经济体 n 对 i 的高端制造业国民收入出口。

类似的，$\mathbf{g}^S_n$ 为服务业国民收入系数，$\mathbf{g}^{HS}_n$ 为高端服务业国民收入系数。经济体 n 的服务业国民收入出口在总国民收入出口中的份额（NIS）为：

$$NIS_n = \sum_{i \neq n} ((\mathbf{g}^S_n)' \mathbf{By}_i) \left[\sum_{i \neq n} (\mathbf{g}'_n \mathbf{By}_i) \right]^{-1} \tag{1.15}$$

式（1.15）右侧 $(\mathbf{g}^S_n)' \mathbf{By}_i$ 表示经济体 n 对 i 的服务业国民收入出口。

经济体 n 的高端服务业国民收入出口在总国民收入出口中的份额（$NIHS$）为：

$$NIHS_n = \sum_{i \neq n} ((\mathbf{g}^{HS}_n)' \mathbf{By}_i) \left[\sum_{i \neq n} (\mathbf{g}'_n \mathbf{By}_i) \right]^{-1} \tag{1.16}$$

式（1.16）右侧 $(\mathbf{g}^{HS}_n)' \mathbf{By}_i$ 表示经济体 n 对 i 的高端服务业国民收入出口。

四、数据来源

本节的投入产出模型中的数据主要来自经济合作与发展组织（Organization for Economic Co-operation and Development，OECD）的跨国公司活动分析数据库（Analytical Activities of MNEs database，简称 AMNE database），它提供了 2000～2019 年区分内资企业和外资企业的国际投入产出表（MNE – IO 表），该表共包含 76 个经济体以及世界其他经济体的集合（ROW），每个经济体有 41 个行业，每个行业区分内资企业生产和外资企业生产。

对于国民收入系数的计算，我们需要 AMNE 数据库提供的外资企业所有权信息。由于劳动力较少进行跨国流动，我们根据段玉婉等（Duan et al.，2021）的研究，假设本经济体的劳动收入均为本经济体的国民收入，因此我们仅需将资本收入详细分解为按照所有权分类的收入。然而，MNE – IO 表没有区分资本要素收入和劳动要素收入，为此，我们需借用世界投入产出数据库（World Input – Output Database，WIOD）的社会经济账户表（Socio Economic Accounts，SEA）所提供的分经济体和行业的劳动收入和资本收入。我们基于 WIOD 中对应经济体和行业的资本收入和劳动收入之比将 MNE – IO 表中的增加值分解为劳动收入和资本收入。对于 WIOD 中没有单独显示的经济体，我们用世界各行业平均的资本收入和劳动收入之比来代替对应行业增加值中资本收入和劳动收入之比。需要说明的是，WIOD 提供了 43 个经济体 56 个行业的数据，我们需先将这 56 个行业合并至 41 个，从而与 MNE – IO 表行业分类保持一致。

　　不妨用 $\mathbf{s}_{in}^{F}$ 表示经济体 n 的外资企业各行业产出中所有权为经济体 i 的产出所占的比重。我们将本国生产中的资本报酬按照要素所有权区分为归属不同国家的国民收入。因此，经济体 n 的各行业单位产出中直接含有的经济体 i 的国民收入（国民收入系数）为 $\mathbf{g}_{in}^{F} = \mathbf{s}_{in}^{F} \circ \mathbf{h}_{n} \circ \mathbf{v}_{n}^{F}$（$\circ$ 表示对应元素相乘），其中 $\mathbf{h}_{n}$ 和 $\mathbf{v}_{n}^{F}$ 分别为经济体 n 的资本份额向量（资本收入在增加值中的比重），以及外资企业的增加值系数向量。段玉婉等（Duan et al.，2012）和李鑫茹等（2018）的研究发现内资企业中含有的外资资本比例较小，因此我们假设内资企业的资本收入均为本经济体国民收入，即，$\mathbf{g}_{ii}^{D} = \mathbf{v}_{i}^{D}$，$\mathbf{g}_{(i \neq n)n}^{D} = \mathbf{0}$。据此，我们估计了各经济体的国民收入系数矩阵 $\mathbf{g}_{i}$。

第三节　中国的对外贸易差额

　　贸易差额是影响一个经济体国际收支的重要因素，也是各经济体制定贸易政策和处理经贸关系的重要依据，因此准确核算贸易差额的重要性不言而喻。本章第一节从总值贸易统计口径分析了中国的对外贸易差额，但由于中间品贸易的发展以及国际投资带来的要素跨境流动，传统基于总值贸易的核算口径并不能真实准确地反映各经济体的贸易收益，因此，本节将重点从增加值贸易和国民收入贸易口径来重新核算和分析各经济体的贸易差额，并与传统总值贸易统计口径下的结果进行比较。

一、中国的总体贸易差额

本部分基于 MNE - IO 表计算了中国 2000 年至 2019 年基于不同贸易统计口径的贸易差额，如图 1 - 9 所示。由于各经济体出口与进口之差消除了贸易中增加值的重复计算问题，因此在国家层面上增加值贸易口径下的贸易差额与传统基于总值贸易口径的贸易差额相同。2000 年至 2019 年中国增加值贸易一直处于贸易顺差状态，但顺差差额随时间不断波动。2000 年至 2008 年，中国增加值贸易差额不断扩大，由 2000 年的 181.96 亿美元扩大到 2008 年的 3177.57 亿美元，年平均增长率为 42.98%。2008 年受金融危机影响，全球化进程受阻，中国贸易顺差有所缩减，2011 年降至 1519.61 亿美元。随后，随着全球经济复苏，中国贸易顺差再次扩大，2015 年增至 2897.33 亿美元。此后，受国际大宗商品价格大幅下跌等因素的影响，中国对外贸易顺差再次缩减，2018 年达到最低，为 774.14 亿美元。

国民收入口径下的中国贸易差额普遍低于总值贸易和增加值贸易口径下的贸易差额，这表明总值贸易与增加值贸易口径下核算的贸易差额高估了中国从对外贸易中获得的真实收益。如图 1 - 9 所示，2000 年至 2019 年国民收入口径下的贸易差额在多数年份为逆差。其中，外商投资是影响国民收入的关键因素，外商投资存量较多的经济体，其增加值中属于其他经济体的国民收入通常也比较高（李鑫茹等，2021）。中国作为吸收大量外商投资的国家[①]，其出口中隐含的属于其他经济体的国民收入所占的比例

---

① 根据 UNCTAD 数据，2005~2014 年中国 IFDI 存量和 OFDI 存量的比值在 1.22 和 4.76 之间。

也较高，而其他经济体对中国出口中的属于中国的国民收入所占的比例较低，因而最终导致出现中国国民收入存在贸易逆差。随着时间推移，两类口径统计下的贸易差额的差异不断扩大，由 2000 年的 945.80 亿美元扩大到 2019 年的 3027.53 亿美元。这表明中国在参与国际分工的过程中对外资的依赖程度不断上升，在对外贸易中的获利能力有所欠缺。

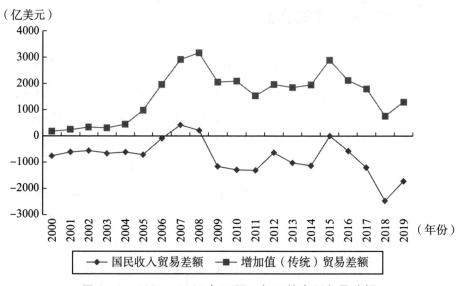

图 1 - 9 2000 ~ 2019 年不同口径下的中国贸易差额

资料来源：笔者根据计算结果自制。

二、中国的双边贸易差额

图 1 - 10 展示了 2019 年传统贸易口径和增加值贸易口径下中国与各经济体的贸易差额的散点图。在传统贸易口径下，中国对美国、墨西哥、印度等经济体的贸易呈现顺差状态；其中，美国作为中国最大的贸易伙伴，也是传统贸易口径下中国贸易顺差的最主要来源，是中国总顺差规模的 1.83 倍。同时，中国对澳大利亚、韩国和沙特阿拉伯等经济体的贸易表现为逆差状态，其中，澳大利亚是中国主要的贸易逆差来源。然而，增加值

贸易口径下的中国对各经济体的贸易差额明显比传统贸易口径下的差额小，如图 1 - 10 所示，在增加值贸易口径下，2019 年中美贸易顺差缩小了11.11%，中澳贸易逆差缩小了 23.61%，这表明以传统总值贸易口径核算的贸易差额高估了中国双边贸易差额的规模。

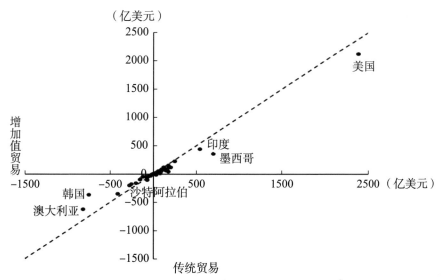

图 1 - 10　2019 年增加值贸易和传统贸易口径下的中国双边贸易差额

资料来源：笔者根据计算结果自制。

　　图 1 - 11 展示了 2019 年增加值口径和国民收入口径下中国与各经济体的贸易差额的散点图。由图 1 - 11 可见，中国与一些经济体的国民收入贸易顺差小于增加值贸易顺差，而国民收入贸易逆差则大于增加值贸易逆差。例如，中美和中英的国民收入贸易顺差要比增加值贸易顺差分别低35.79% 和 39.06%；中德和中韩的国民收入贸易逆差要比增加值贸易逆差分别高 16.61% 和 77.64%。导致上述现象的原因是中国生产创造的增加值出口对外国生产要素的依赖程度较高，这使得中国增加值出口中的部分收入从所有权上讲属于国外收入，因此国民收入贸易顺差规模小于增加值贸易口径，而贸易逆差规模大于增加值贸易口径。这种现象在中日贸易上表

现尤为显著，2019年以增加值贸易口径衡量的中日贸易为顺差，而以国民收入贸易口径衡量的差额则为逆差。这是因为日本是中国重要的外资来源地，这些外资参与了中国的生产活动，因此从中国增加值出口中获得了较多的收入；而中国对日本的对外投资相对较少，从其增加值出口中获得的国民收入也较少。因此在国民收入核算口径下，中日贸易差额呈现逆差。以上分析表明中国需要进一步推动本国要素"走出去"，深入参与全球生产分工，提升本国的国民收入。

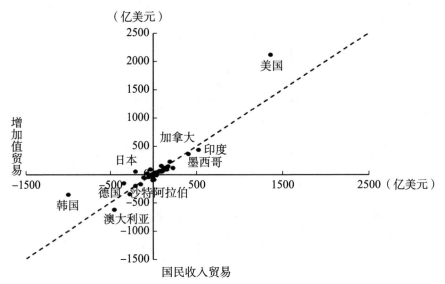

图1-11　2019年增加值贸易和国民收入口径下中国双边贸易差额

资料来源：笔者的计算结果。

三、中国分行业贸易差额

分行业来看，中国金属制品和机械设备等、纺织服装业与其他制造业是主要顺差行业，采矿和石油精炼、其他服务业与贸易和运输业是主要逆差行业。图1-12展示了2019年三种核算口径下中国各行业的贸易差额①。在三种核算口径下，金属制品和机械设备等、纺织服装业、其他制造业、化学工业、非金属矿物、木制品、纸制品以及电力和热力的生产行业均呈现顺差状态，采矿和石油精炼、其他服务业、贸易和运输、食品行业均呈现逆差状态。但以传统总值口径核算的这些行业的贸易差额高于增加值口径和国民收入口径，原因是这些行业在传统总值贸易核算口径下含有大量来自其他行业或重复计算的增加值，同时，外资和港澳台投资企业创造的增加值并不完全属于中国的国民收入，这在一定程度上说明了传统总值贸易口径核算的贸易差额高估了中国与其他经济体的真实贸易差额以及从贸易中获得的真实收入。

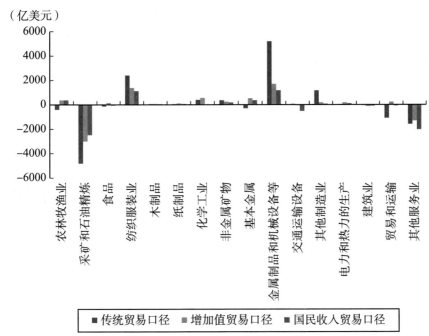

图 1-12　2019 年三种核算口径下中国各行业贸易差额

资料来源：笔者根据计算结果自制。

---

① 为便于观察，我们将 41 个行业合并为 16 个行业。其中，农林牧渔业、采矿和石油精炼、食品、纺织服装、木制品、纸制品、化学工业、非金属矿物、基本金属、金属制品和机械设备、交通运输设备以及其他制造业这 12 个行业为商品行业，其他 4 个行业包括电力和热力的生产、建筑、贸易和运输以及其他服务业。下同。

值得注意的是，一些行业在三种不同核算口径下的贸易差额符号发生了逆转。例如，2000年中国的食品、木制品以及金属制品和机械设备等行业在传统总值口径与增加值口径下为贸易顺差，而在国民收入口径下则为贸易逆差。导致这种现象的原因是当时这些行业吸引了较多的外资，在中国对外出口中获得的收入很大部分归国外所有，因此在传统总值口径和增加值口径统计下虽为贸易顺差，但在国民收入口径下则表现为贸易逆差。

随着时间推移，传统贸易视角下，2000年至2019年大多数行业的贸易差额均随贸易规模的扩张而扩大（见图1-12和图1-13）。具体来说，金属制品和机械设备等、纺织服装业、其他制造业、非金属矿物、木制品以及电力和热力的生产行业的贸易顺差规模不断扩大，其中，其他制造业的贸易顺差增长较快，从2000年的151.98亿美元增长至2019年的1168.30亿美元，增长了6.69倍。这表明在此期间中国制造业实力不断增

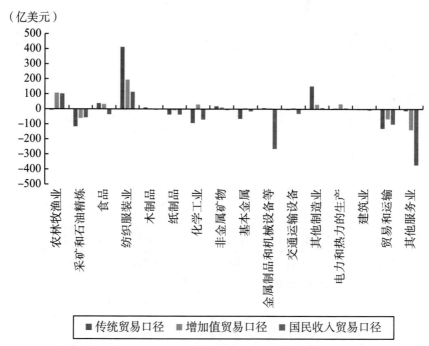

图1-13 2000年三种核算口径下中国各行业贸易差额

资料来源：笔者根据计算结果自制。

强，在国际中的竞争力不断提升。但同时，其他服务业、采矿和石油精炼、贸易和运输行业的贸易逆差规模不断扩大，分别从 2000 年的 19.06 亿美元、970.06 亿美元、100.34 亿美元扩大到 2019 年的 1589.61 亿美元、4820.55 亿美元、1089.24 亿美元，分别扩大了 141.05 倍、40.57 倍和7.48 倍，这表明中国的服务业发展水平有待进一步提高，中国仍需进一步引导支持企业"走出去"。

四、中美贸易差额

美国是中国的最大贸易伙伴，也是中国的第一大出口国。然而自 2018 年美国挑起贸易摩擦以来，中美两国经贸发展面临诸多挑战。当下，中美两国需要在公平开放的竞争基础上，探寻新的经贸合作领域。鉴于此，本部分将对中美贸易进一步详细描述。

（一）中美贸易差额概况

在传统总值口径、增加值口径与国民收入口径下，中美贸易均表现为顺差，且顺差规模随时间扩大。图 1 - 14 展示了中国 2000 年至2019 年在三种贸易统计口径下的中美贸易差额及其随时间的变化。以传统总值口径为例，2000 年中国对美国的传统总值贸易顺差为 373.02 亿美元，是中国总贸易顺差的 2.05 倍。此后，中国对美国贸易顺差不断扩大，2008 年中国对美国贸易顺差达到 2044.10 亿美元，占中国总贸易顺差的 64.33%。受 2008 年金融危机影响，美国市场需求疲软，中美贸易顺差规模随之缩减，但从 2009 年开始，中美贸易顺差再次上升，2019 年中美贸易顺差规模高达 2389.55 亿美元，是中国总贸易顺差的 1.83 倍。持续增长的中美贸易顺差体现了美国市场对中国制造产品较强的依赖性。

从三种不同统计口径下的差异来看，国民收入统计口径下的中美贸易顺差小于增加值口径，而后者小于传统总值统计口径。导致上述现象的原因是中国对美国的出口中隐含大量属于第三国的增加值，因此传统总值口径下的中美贸易顺差大于增加值口径。同时，中国外资企业创造的增加值中，有大量的收入作为资本报酬属于外资企业的归属地，因而在国民收入口径下，中美贸易顺差相对较低。显然，传统总值口径和增加值口径下的中美贸易差额高估了中国从中美贸易中获得的实际收益。

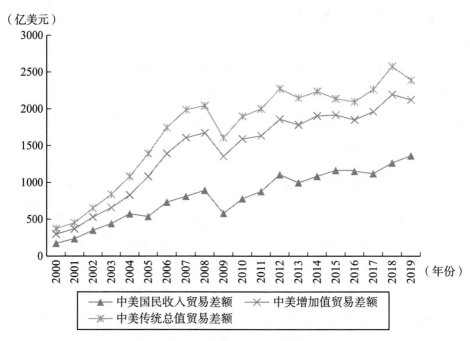

图 1-14 2000~2019 年三种视角下的中美贸易差额

资料来源：笔者根据计算结果自制。

（二）中美分行业贸易差额

从行业来看，大多数行业均呈现中美贸易顺差状态，其他服务业为逆差状态。图 1-15 展示了 2019 年三种统计口径下各行业中国对美国的贸易差额。以传统总值贸易口径为例，2019 年，纺织服装业、金属制品和机械设备等、其他制造业、采矿和石油精炼、食品、木制品、纸制品、化学工业、非金属矿物以及交通运输设备等行业均呈现中美贸易顺差状态。其中,金属制品和机械设备等及纺织服装业的贸易顺差最大,分别为1675.53亿美元和5752.74亿美元,在中美贸易总顺差中占比分别高达70.12%和23.97%。其次为其他制造业、化学工业和非金属矿物行业,中美贸易顺差规模分别为425.17亿美元、187.42亿美元、79.64亿美元,为中美总贸易顺差的17.79%、7.84%和3.33%。除贸易和运输外的其他服务业整体呈现贸易逆差状态,逆差规模为388.22亿美元,是中美总贸易顺差规模的16.25%。

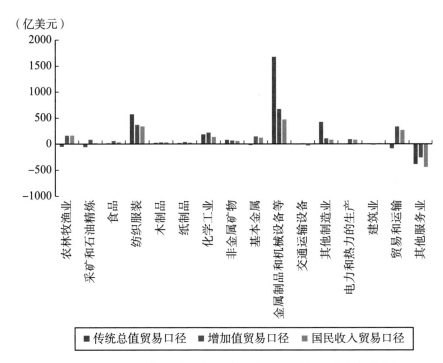

图1-15 2019年三种口径下中国各行业对美国的贸易差额

资料来源:笔者根据计算结果自制。

随时间看,2000年至2019年三种口径下各行业中美贸易差额变化趋势相似，金属制品和机械设备等、纺织服装业、其他制造业的顺差规模不断扩大，服务业的逆差规模不断扩大。图 1-16 展示了 2000 年至 2019 年中国各行业在传统总值口径下的中美贸易差额。其中，金属制品和机械设备等、纺织服装和其他制造业的中美贸易顺差分别由 2000 年的 142.14 亿美元、158.00 亿美元和 95.96 亿美元扩大到 2019 年的 1675.53 亿美元、572.74 亿美元和 425.17 亿美元，分别增长了 10.79 倍、2.62 倍和 3.43倍。贸易和运输、其他服务业的中美贸易逆差不断扩大，分别由 2000 年的 6.61 亿美元和 40.20 亿美元增加到 2019 年的 86.09 亿美元和 388.22 亿美元，分别增长了 12.03 倍和 8.66 倍。

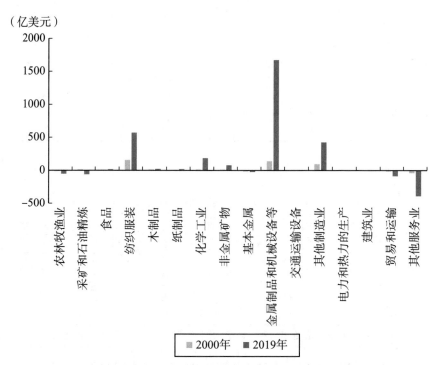

图 1-16　2000 年和 2019 年中国各行业对美国贸易差额

资料来源：笔者根据计算结果自制。

第四节　中国在全球价值链中的地位及演变

本节共利用六个指标来综合衡量中国在全球价值链和收入链中的地位以及产业升级。这些指标包括传统总值贸易、增加值贸易、国民收入贸易核算口径下的显示性比较优势指数，以及增加值口径下的出口的国内增加值率、增加值出口与总出口比重、增加值出口中高端制造业比重、增加值出口中服务业比重、增加值出口中高端服务业比重。在国民收入口径下，这些指标分别为出口的国内国民收入率、国民收入出口与总出口比重、国民收入出口中高端制造业比重、国民收入出口中服务业比重。本节同时也测算了世界主要经济体的上述指标，以方便与中国进行对比，从而清晰地反映中国在全球生产中的地位及其随时间的变化。

一、显示性比较优势指数

我们利用 RCA 指数来衡量各经济体的出口竞争力。RCA 指的是各经济体某种出口商品占其出口总值的比重与世界该类商品占世界出口总值的比重之间的比率。如果 RCA 大于 1，表示该经济体此种商品的出口比重大于该商品的世界平均出口比重，因此表明该经济体的该商品具有显性比较优势；相反，如果 RCA 小于 1，则说明该经济体的该商品没有显性比较优势。

我们分别计算三种口径下中国各行业的 RCA 指标。根据模型，各经济体在某行业上的增加值出口指的是其为了直接或间接满足其他经济体的最终需求进行的生产活动所创造的该行业的增加值。国民收入出口指的是其为了直接或间接满足其他经济体的最终需求在各地投入要素进行生产活动所创造的该经济体的国民收入。传统贸易口径下的 RCA 反映了各经济体关于某行业总值出口的比较优势，增加值口径下的 RCA 反映了各经济体在某行业上增加值出口的竞争力，国民收入口径下的 RCA 则反映了各经济体在某行业上要素的竞争力和从收入所有权角度来看获得收益的能力。

为清楚起见，我们用一个简单的例子对行业层面上三种视角下的 RCA 的区别进行说明。假设世界只有两个国家，A 国和 B 国；两种产品，X 和 Y；X 生产需投入劳动、资本和 Y 产品作为中间投入，Y 的生产只需投入劳动，劳动收入属于本地，资本收入属于资本所有者；假设 A 国向 B 国出口 500 元的 X 和 500 元的 Y，B 国将这些产品用于本国居民消费。A 国在生产这 500 元的 X 时，需要投入 200 元的 A 国劳动、100 元 A 国资本和 200 元 B 国生产的 Y；同时，B 国向 A 国出口 400 元的 X 和 600 元的 Y，A 国将这些产品用于中间投入或本国居民消费，B 国在生产这 400 元的 X 时，需要投入 200 元的 B 国劳动、100 元的 A 国资本和 100 元本国生产的 Y。在此例子中，对于 A 国，传统贸易口径下，X 和 Y 行业的 RCA 分别为 1.11 和 0.91；增加值口径下 X 和 Y 的 RCA 分别为 1.00 和 1.00；国民收入口径下 X 和 Y 的 RCA 分别为 1.13 和 1.50。根据以上例子可以发现，不同口径下行业的显示性比较优势具有显著差异。

图 1-17 和图 1-18 分别展示了中国 2000 年和 2019 年各行业在三种口径下的 RCA。整体来看，2000 年中国各行业按增加值口径和国民收入口径计算的 RCA 均与 2019 年较为相似，因此我们主要针对 2019 年的结果进行分析。

从传统总值贸易口径来看，2019 年，中国的纺织服装、木制品、化学工业、非金属矿物、金属制品和机械设备等以及其他制造业行业的 RCA 均大于 1，说明中国在这些行业上均具有比较优势。其他行业的 RCA 小于 1，说明中国在其他行业上具有比较劣势。总体而言，在传统贸易口径下，中国的出口优势主要集中在传统制造业和现代制造业领域，其中，在纺织服装业上的比较优势尤为明显；而在初级产品、资源型产品以及服务业产品上的出口相对处于劣势地位。

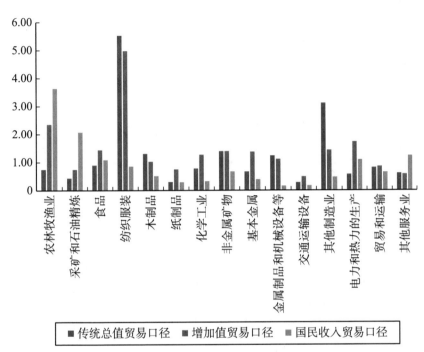

图 1 - 17　2000 年中国各行业出口显示性比较优势

注：中国建筑业的传统总值出口额为零，因此图 1 - 18 不展示该行业。下同。
资料来源：笔者根据计算结果自制。

从增加值贸易口径看，中国的出口优势依然集中在制造业领域，服务业发展有待提高。但相对于传统贸易视角，中国在现代制造业上的比较优势有所降低。同时，从国民收入口径看，中国的比较优势主要集中在农林牧渔业、采矿和石油精炼以及其他服务业上。以上结果表明，虽然在传统总值贸易视角下中国工业产品出口具有比较优势，但在这些行业的出口中中国并没有获得与之规模匹配的收益。中国还需进一步加强本土价值创造能力，提高本国的国民收入。

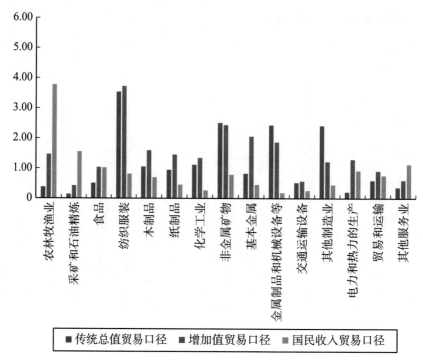

图 1-18　2019 年中国各行业出口显示性比较优势

资料来源：笔者根据计算结果自制。

二、出口的国内增加值率和国内国民收入率

出口的国内增加值率（DVAR）是指单位价值出口中所隐含的国内增加值，它由出口中的国内增加值除以总出口计算得到；其中出口中的国内增加值，不仅包括生产出口商品所直接产生的劳动收入和资本报酬，同时包括了为生产这些出口品所直接或间接消耗的中间投入所产生的劳动收入和资本报酬。经济体的 DVAR 越高，说明该经济体每生产一单位的出口产品为自身创造的增加值越高，同时其出口的垂直专门化率也越高，表明该经济体的出口生产的全球化程度越高。出口的国民收入率（DNIR）指单位价值出口中所隐含的本经济体要素投入

带来的国民收入，它与 DVAR 的区别在于剔除了国内增加值中属于其他经济体的要素收入，更准确地反映了本经济体出口为本地居民直接或间接带来的收益。

图 1 - 19 展示了 2019 年中国和世界主要经济体的 DVAR 和 DNIR，由图可知，中国的 DVAR 和 DNIR 低于美国和俄罗斯等国家。在增加值口径下，中国 1 美元出口中的国内增加值为 0.83 美元，低于俄罗斯、美国、巴西和日本，但高于加拿大、德国和韩国等主要发达经济体，以及印度和墨西哥等主要新兴经济体。在国民收入口径下我们可以得到类似的结论，但由于各经济体的外资流入，部分国内增加值不属于本经济体的国民收入，因此各经济体 DNIR 普遍要低于 DVAR，且吸引外资规模较大的经济体的两者差异更为明显，如中国 DNIR 比 DVAR 低 0.06，而韩国和日本 DNIR 均仅比 DVAR 低 0.02。

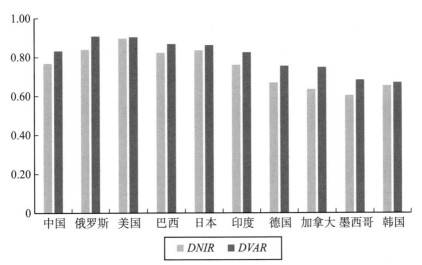

图 1 - 19　2019 年世界主要经济体出口的国内国民收入率和国内增加值率
资料来源：笔者根据计算结果自制。

随着时间推移，中国单位出口中的国内增加值和国民收入总体呈上升趋势。图1-20展示了2000年至2019年中国和美国的 *DVAR* 和 *DNIR* 变化。相较而言，2000年至2019年美国的 *DVAR* 相对稳定，历年保持在0.80~0.90，而中国的 *DVAR* 则随时间推移先下降后不断上升，由2000年的0.83下降到2005年的0.76，随后上升至2009年的0.82；在金融危机之后，该比率出现短暂的波动，但在2011年后继续上升，2019年回升到0.83。在中国加入WTO的初期，中国加工贸易快速发展，承接了大量的低附加值产业，因此中国的 *DVAR* 有所下降。但随后中国的出口结构不断优化，生产技术不断升级，本地中间品部分替代了进口中间品（Duan et al.，2018），从而实现了 *DVAR* 的不断上升。

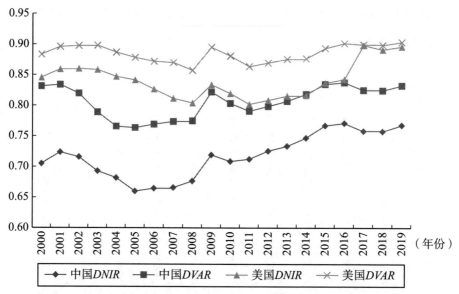

图1-20　2000~2019年中国和美国的出口的国内国民收入率和国内增加值率

资料来源：笔者根据计算结果自制。

三、增加值出口和国民收入出口在总出口中比重

VAXR 和 *NIXR* 分别反映了经济体出口创造增加值和获得国民收入的能

力。增加值出口与出口中的国内增加值相比的一个重要区别是，增加值出口不包括隐含在中间出口品中，在其他经济体被加工，又最终回到本经济体供本地最终消费的国内增加值部分。增加值出口从最终消费地角度能够更准确地反映各经济体实际的出口价值；增加值出口与总出口的比值（*VAXR*）在一定程度上反映了出口总值被夸大的程度，*VAXR* 越高说明出口总值与增加值出口越接近。类似的，国民收入出口与出口中的国民收入相比，它不包括经济体出口中返回本地并被本地吸收的国民收入；同时它与增加值出口相比剔除了境内外资创造的增加值出口部分，能够说明各经济体通过单位出口获得的国民收入。同样，*NIXR* 越高说明出口总值与国民收入出口越接近。

　　计算结果显示，中国的 *VAXR* 在世界主要经济体中处于中等水平，而 *NIXR* 的排名较为靠后。图 1 – 21 展示了 2019 年中国和世界主要经济体的 *VAXR* 和 *NIXR*。2019 年中国的 *VAXR* 为 0.81，低于俄罗斯、巴西、日本、美国和印度；2019 年中国的 *NIXR* 为 0.88，低于俄罗斯、巴西等新兴经济体以及美国、日本等发达经济体，仅高于印度和墨西哥。其原因是美国等经济体对外直接投资规模较大，通过在其他经济体投资生产获得了大量的国民收入；而中国为外商直接投资的净流入国，中国出口品中的国内增加值中有较大部分属于投资母国，这导致了中国的增加值出口和国民收入出口在总出口中比重小于许多发达经济体，上述现象也是大多新兴经济体贸易的重要特征。

　　随着时间推移，中国的 *VAXR* 和 *NIXR* 先下降后缓慢上升。图 1 – 22 展示了中国和美国 2000 年至 2019 年 *VAXR* 和 *NIXR* 的变化。相比于美国 *VAXR* 和 *NIXR* 的平稳上升，中国的 *VAXR* 和 *NIXR* 随时间推移先下降后缓慢上升，分别由 2000 年的 0.82、0.77 下降到 2005 年的 0.75、0.70，此后又分别上升到 2019 年的 0.81、0.88，这说明中国在出口中的增加值创造能力与获得收入能力不断提升，出口的经济效率不断提高。

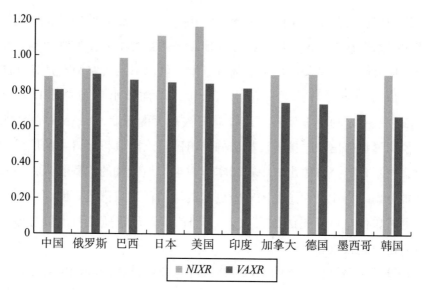

图 1-21　2019 年世界主要经济体国民收入出口和增加值出口在总出口中比重

资料来源：笔者根据计算结果自制。

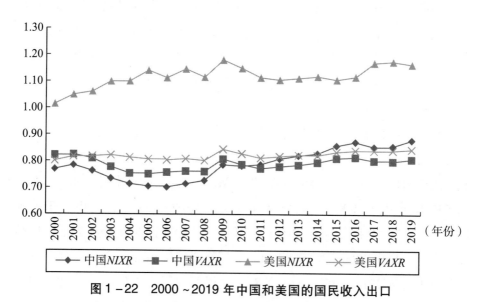

图 1-22　2000~2019 年中国和美国的国民收入出口

和增加值出口在总出口中比重

资料来源：笔者根据计算结果自制。

四、增加值出口和国民收入出口中高端制造业比重

我们同时计算了增加值出口和国民收入出口中高端制造业所占的比重（*VAHM* 和 *NIHM*）[①]，世界主要经济体的计算结果如图 1-23 所示。在该图中，2019 年 *VAHM* 和 *NIHM* 最高的三个国家依次为韩国、日本和德国，而中国在各经济体中处于中等水平，总体来看，中国在高端制造业出口中创造的增加值与获得国民收入的份额依然偏低。这表明中国要进一步优化出口商品结构，提升高端制造业的出口比重，提升重要设备和关键零部件的技术水平，推动高技术、高附加值装备类企业在更高水平上参与国际合作。

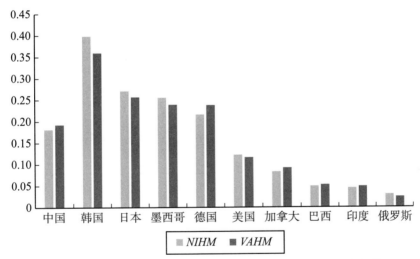

图 1-23　2019 年世界主要经济体的国民收入出口和增加值
出口中高端制造业所占的比重

资料来源：笔者根据计算结果自制。

[①] 参考已有文献，文中的高端制造业包括电子设备和仪器仪表（14，即 AMNE 数据库行业分类中的第 14 个行业，下同）、电气设备（15）、机械设备（16）、汽车制造（17）和其他交通运输（18）。

随着时间推移，2000 年至 2019 年中国的 *VAHM* 和 *NIHM* 逐步提高。图 1-24 展示了 2000 年至 2019 年中国和美国增加值出口和国民收入出口中高端制造业所占比重的变化。2000 年至 2019 年中国的 *VAHM* 和 *NIHM* 持续上升，分别由 2000 年的 0.15 和 0.13 上升到 2019 年的 0.19 和 0.18，这表明我国高端制造业在出口规模不断扩大的同时，对进口中间产品的依赖程度逐渐降低，单位出口中的增加值比例不断提升。相反，2000 年至 2019 年美国的 *VAHM* 和 *NIHM* 不断下降，由 2000 年的 0.17 和 0.16 分别下降到 2019 年的 0.12 和 0.12，其原因可能是美国制造业不断向外转移，美国持续增加的劳动力成本导致制造业企业外包规模扩大，因此制造业出口比重下降。

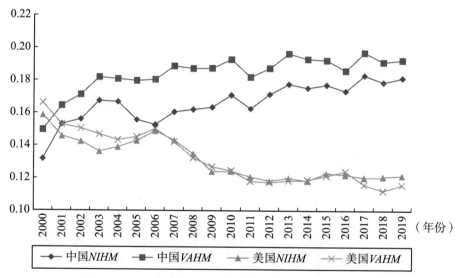

图 1-24 2000~2019 年中国和美国的国民收入出口
和增加值出口中高端制造业所占的比重

资料来源：笔者根据计算结果自制。

五、增加值出口与国民收入出口中服务业比重

服务业的增加值出口不仅包括服务产品直接出口所创造的增加值，也

包括制造业出口在生产过程中将服务业产品作为中间投入所带来的增加值。本部分，我们定义增加值出口服务化程度（*VAS*）为增加值出口中服务业创造的增加值比重。类似的，国民收入出口服务化程度（*NIS*）为国民收入出口中服务业创造的国民收入比重。与 *VAS* 不同的是，*NIS* 剔除了服务业中由其他经济体所属要素创造的收入部分，囊括了该经济体通过投资其他经济体的服务业生产创造的国民收入，因此，*NIS* 更能反映各经济体在服务业出口中为本经济体创造国民收入的能力。

　　中国服务业发展较为缓慢，其 *VAS* 与 *NIS* 在世界主要经济体中处于较低水平。图 1 - 25 展示了 2019 年世界主要经济体的 *VAS* 和 *NIS*。如图 1 - 25 所示，中国的 *VAS* 和 *NIS* 在这些经济体中处于较低水平，分别为0.37 和 0.38，远低于美国的 0.69 和 0.65。其主要原因是随着中国居民收入水平的提高，中国增加了对现代服务业的进口需求，加之中国对外的服务商品出口较少，因此中国的增加值出口服务化程度与国民收入出口服务化程度均较低。

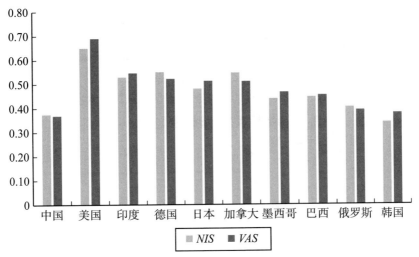

图 1 - 25　2019 年世界主要经济体国民收入出口与增加值出口的服务化水平

资料来源：笔者根据计算结果自制。

随着时间推移，中国的 *VAS* 与 *NIS* 先下降后上升。图 1 – 26 展示了 2000 年至 2019 年中国和美国 *VAS* 和 *NIS* 的变化。相比于美国 *VAS* 和 *NIS* 的持续上升，中国的 *VAS* 和 *NIS* 先在 2000 年至 2005 年经历了下降，在 2005 年以后开始上升，分别从 2005 年的 0.30 和 0.31 上升至 2019 年的 0.37 和 0.38，这在一定程度上反映了中国现代服务业取得了一定的发展，中国的产业服务化水平有所提升。未来，中国应进一步优化贸易结构，推动服务贸易发展，增强服务业的国际竞争力。

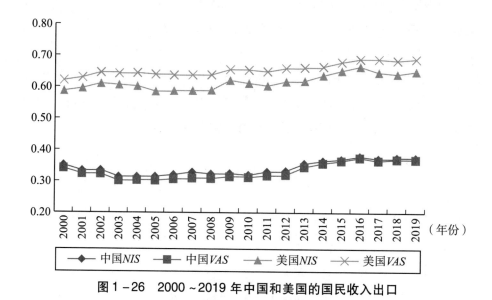

图 1 – 26 2000 ~ 2019 年中国和美国的国民收入出口
与增加值出口的服务化水平

资料来源：笔者根据计算结果自制。

第五节 结 论

20 世纪八九十年代以来，随着信息技术的迅速发展及贸易壁垒的下降，跨国公司加速海外布局，推动了生产活动的全球分工与合作，促进了各经济体的资源优化配置和产业结构升级。中国把握时代机遇，对外经贸合作迅速发展，经济水平不断提高。在此背景下，本章分析了中国对外贸易的基本特征，基于区分内资和外资企业的国际投入产出模型分别核算了传统总值、增加值和国民收入口径下的中国对外贸易差额，并计算了三种贸易口径下的全球价值链指标，分析了中国在全球价值链中的地位及演变。结果表明：

第一，中国对外贸易飞速发展，2000 年至 2020 年中国商品对外贸易规模增长超过了 8 倍，是同期全球商品贸易总额增速的 5 倍以上。从对外贸易商品结构来看，机器及其零件等商品是中国进出口贸易的主要商品。从地区来看，中国对外贸易存在地区间分布不平衡问题，但随着时间推移有所缓解。从贸易结构来看，中国的加工贸易出口、外商和港澳台投资企业出口在中国出口总额中占比较高。

第二，在传统总值与增加值核算口径下，2000 年至 2019 年中国对外贸易表现为顺差。在国家层面，中美贸易顺差是中国对外贸易顺差的重要来源。在行业层面，服装纺织等制造行业是中国对外贸易顺差的主要行业。在国民收入核算口径下，中国对外贸易在多数年份表现为逆差状态，这表明在传统总值和增加值核算口径下的贸易差额高估了中国在全球化分工中的真实贸易利得。

第三，整体来看，中国在全球价值链中的位置相对于发达经济体而言仍处于中低端，特别是在全球收入链中，中国的出口收益明显低于发达经济体；同时，中国出口中的高科技含量与服务含量偏低。但随着时间推移，中国正实现从低端制造业向高附加值生产活动的转变。

本章结论具有以下政策启示：中国应进一步深化全球分工与合作，在全球贸易中发挥核心引领作用，在开放、包容、普惠、平衡、共赢的新型全球化下，加强国际合作，推动全球经济一体化进程。同时，中国仍需统筹协调对外贸易所带来的地区间的收入分配问题，加快产业向中西部地区的梯度转移，加强中西部地区的对外贸易发展，提高中西部地区的收入水平。此外，中国应提升高端制造业与高端服务业的发展，提升出口中的科技与服务含量，增强本国要素的竞争力，实现在全球价值链中的地位攀升。

参考文献：

［1］江小涓、孟丽君：《内循环为主、外循环赋能与更高水平双循环——国际经验与中国实践》，载《管理世界》2021 年第 1 期。

［2］李鑫茹、陈锡康、段玉婉、杨翠红：《经济全球化和国民收入视角下的双边贸易差额核算——基于国际投入产出模型的研究》，载《中国工业经济》2021 年第 7 期。

［3］李鑫茹、陈锡康、段玉婉、祝坤福：《国民收入视角下的中美贸易平衡分析》，载《世界经济》2018 年第 6 期。

［4］C. Yang，E. Dietzenbacher，J. Pei，X. Chen，K. Zhu，Z. Tang，Processing Trade Biases the Measurement of Vertical Specialization in China. *Economic Systems Research*，Vol. 27，No. 1，May 2015，pp. 60 – 76.

［5］D. Hummels，J. Ishii，K. Yi，The Nature and Growth of Vertical Specialization in World Trade. *Journal of International Economics*，Vol. 54，No. 1，June 2001，pp. 75 – 96.

［6］H. L. Kee，H. Tang，Domestic Value Added in Exports：Theory and Firm Evidence from China. *American Economic Review*，Vol. 106，NO. 6，June 2016，pp. 1402 – 1436.

［7］H. Ma，Z. Wang，K. Zhu，Domestic Content in China's Exports and Its Distribution by Firm Ownership. *Journal of Comparative Economics*，Vol. 43，No. 1，February 2015，pp. 3 – 18.

［8］K. Manova，Z. Yu，How Firms Export：Processing vs. Ordinary Trade with Financial Frictions. *Journal of International Economics*，Vol. 100，May 2016，pp. 120 – 137.

［9］R. Baldwin，J. Lopez – Gonzalez，Supply – Chain Trade：A Portrait of Global Patterns and Several Testable Hypotheses. *The World Economy*，

Vol. 38，No. 11，May 2015，pp. 1682 – 1721.

［10］R. Koopman，Z. Wang，S. Wei，Tracing Value – Added and Double Counting in Gross Exports. *American Economic Review*，Vol. 104，No. 2，February 2014，pp. 459 – 494.

［11］X. Chen，L. K. Cheng，K. C. Fung，L. J. Lau，Y. W. Sung，K. Zhu，C. Yang，J. Pei，Y. Duan，Domestic Value Added and Employment Generated by Chinese Exports：A Quantitative Estimation. *China Economic Review*，Vol. 23，No. 4，December 2012，pp. 850 – 864.

［12］Y. Duan，C. Yang，K. Zhu，X. Chen，Does the Domestic Value Added Induced by China's Exports Really Belong to China? *China & World Economy*，Vol. 20，No. 5，October 2012，pp. 83 – 102.

［13］Y. Duan，E. Dietzenbacher，B. Los，C. Yang，How Much Did China's Emergence as "The World's Factory" Contribute to Its National Income? *China Economic Review*，Vol. 69，No. 101658，October 2021.

［14］Z. Wang，S. J. Wei，X. Yu，K. Zhu，Tracing Value Added in the Presence of Foreign Direct Investment. NBER Working Paper，No. w29335，2021.

第二章
『世界工厂』对中国国民收入的影响*

---

* 本章相关内容已经发表在了以下论文中：Duan，Yuwan，et al. How much did China's emergence as "the world's factory" contribute to its national income? China Economic Review 69 （2021）：101658.

第一节 研究背景

随着信息和通信技术的飞速发展、运输成本的持续降低以及关税及其他贸易壁垒的下降，全球价值链在 20 世纪 90 年代至 21 世纪初期得到了快速发展。全球价值链（Global Value Chain，GVCs）把一个产品的生产分割成分布于多个国家的若干生产阶段（Timmer et al.，2014；Johnson，2014；Johnson and Noguera，2017；Antràs，2020）。其中，中国是全球价值链生产的重要参与者之一。自 2001 年中国加入世界贸易组织之后，中国经济总量和居民的福利水平得到显著提升。已有文献普遍认为出口对促进中国 GDP 增长起到至关重要的作用（Erten and Leight，2019；Tomb and Zhu，2019）。然而，在经济全球化背景下，对外直接投资的大规模发展带来了增加值和国民收入之间的背离。增加值以国界为准，是一个国家领土范围内包括本国居民、外国居民在内的常住单位在报告期内生产的最终产品和服务的价值；国民收入则以要素所有权为准，包括所有权为本国的要素在国内和国外所创造的最终价值，它是比增加值更好地衡量一国福利水平的指标。然而，现有关于全球价值链的研究大多仅仅关注增加值，忽视了要素的所有权。因此，本章将利用投入产出技术核算 2002 年到 2017 年中国出口对国民收入（Gross National Income，GNI）的贡献。[1]

已有大量文献表明，由于加工贸易的大规模发展，中国进口了大量的中间产品用于出口品生产，因此中国单位出口的国内增加值含量（DVA）较低（Dean et al.，2011；Koopman et al.，2012；Ma et al.，2015；Kee and Tang，2016），但近年来 DVA 在中国出口中的份额迅速增加（Dean et al.，2011；Chen et al.，2012；Upward et al.，2013；Kee and Tang，

---

[1] 本书的研究范围不包括港澳台地区居民的国民收入。

2016；Tang，2020）。基于企业层面数据的证据表明，这主要归因于中国生产技术的提高，使得企业可以自己生产或从国内供应商那里获得以前需要进口的中间投入品（Kee and Tang，2016）。基于中国海关数据的研究也表明中国加工出口活动已经从"纯装配"转向"进口和装配"，这意味着中国加工出口企业还承担了物流和质量控制等业务，业务范围得以扩展（van Assche and van Biesebroeck，2018）。但国民收入与增加值间存在一定不同。中国加入 WTO 后，由于劳动力优势及对外资的优惠政策吸引了大量的外国直接投资。段玉婉等（Duan et al.，2012）研究表明，2007 年中国 80% 的加工出口是由外资和港澳台企业（FIEs，包括外商独资或港澳台独资企业、外商或港澳台合资企业和合作企业）完成的，该比例在总出口中接近 55%（Tang et al.，2020）。① 这些外资及港澳台企业的增加值包含了大量的由企业可以转出中国大陆的利润。段玉婉等（2012）发现中国的出口中有将近 15% 的国内增加值不属于中国的 GNI。马弘等（Ma et al.，2015）使用不同的数据（也是 2007 年的数据），计算得到的该比例为 12%。这些外资及港澳台企业的利润即使留在中国大陆，也无法直接提高中国大陆的国民福利水平。由于国民收入比国内增加值更能反映一个经济体的福利水平，因此本章将重点讨论中国的出口活动对其国民总收入的贡献程度。本章将基于中国区分加工贸易的非竞争型投入产出模型对这些问题进行解答，并对出口中国内增加值份额和国民收入份额的变化进行分解，以探究他们背后的驱动因素。本章结果显示，2002 年到 2007 年，虽然出口含有的国内增加值份额增长显著，但单位出口中的国民收入份额却增长不大。然而，2007 年到 2017 年，随着国内增加值份额不断增长，出口受到极大推动，从而带动了国民收入的增长。分解分析表明，金融危机

---

① 外商及港澳台独资企业是指由外国投资者或设在香港、澳门或台湾（HMT）的投资者独家投资设立的企业。合资企业和合作企业是由外国或港澳台地区投资与中国大陆的企业根据有关法律共同建立的。投资、利润和风险的分配由合同规定。另见张宏霖和宋顺锋（Zhang and Song，2001）以及张宏霖（Zhang，2005）。邓希炜等（2020）估算了中国不同类型的企业，包括国有企业、外资企业、大型私营企业和中小型企业的国内增加值与出口总额的比率。然而，他们并没有研究出口对国民收入的影响。

前后发生的这种变化源自中国出口商品结构的改变和国民收入在增加值中份额的变化。

　　本章包括以下内容：第一节为研究背景。第二节阐述了本章采用的衡量中国出口中国内增加值份额和国民收入份额的投入产出模型框架。第三节描述了数据来源。第四节提供了实证结果。在第五节中，我们基于结构分解技术，探究了 2002 年至 2017 年出口中的国民收入份额变化的主要原因。第六节重点讨论了出口对中国 GNI 的重要性。第七节为结论。

第二节　研　究　方　法

　　投入产出表利用棋盘式格局详细描述了各行业的生产投入及产品流向，但同时隐含了一个重要假设，即同行业的产品是同质的。换言之，对于同一行业的产品而言，无论是作为下游行业的中间投入，还是作为消费品、资本品，它们生产中所需的中间品、劳动和资本的投入都是同质的。然而，该假设对于像中国和墨西哥这样加工贸易活动盛行的经济体是不满足的。对中国而言，加工出口产品使用的进口中间投入被免除关税，加工出口的生产中使用了大量的进口中间投入，生产技术与其他生产具有显著差异。已有研究表明，没有将中国的加工出口活动与其他生产活动（如为国内使用的生产）加以区分将给出口中要素含量的估计带来严重偏差（Dean et al.，2011；Koopman et al.，2012；Pei et al.，2012）。[1]

　　为了更准确地衡量中国出口中的要素含量，陈锡康等（Chen et al.，2012）开发出了中国反映加工贸易的非竞争型投入产出表（以下简称 DPN 表），该表把每个行业分为三类"子行业"：为满足国内需求的国内生产

---

[1]　也可见段玉婉等（Duan et al.，2018）关于垂直专业化程度的研究。

（以下简称国内生产），加工出口生产（以下简称加工出口），以及一般贸易生产和为满足国内需求的外资及港澳台企业生产（以下简称一般贸易和其他）。[①] DPN 表的结构如表 2 - 1 所示。[②]

表 2 - 1　　　　　　中国反映加工贸易的非竞争型投入产出表

项目		中间需求			最终需求		总产出
		国内生产（D）	加工出口（P）	一般贸易和其他（N）	国内最终需求	出口	
国内中间投入	国内生产（D）	$\mathbf{Z}^{DD}$	$\mathbf{Z}^{DP}$	$\mathbf{Z}^{DN}$	f^D	$\mathbf{0}$	$\pmb{x}^D$
	加工出口（P）	$\mathbf{0}$	$\mathbf{0}$	$\mathbf{0}$	$\mathbf{0}$	e^P	$\pmb{x}^P$
	一般贸易和其他（N）	$\mathbf{Z}^{ND}$	$\mathbf{Z}^{NP}$	$\mathbf{Z}^{NN}$	f^N	e^N	$\pmb{x}^N$
		$\mathbf{Z}^{MD}$	$\mathbf{Z}^{DP}$	$\mathbf{Z}^{MN}$	f^M		
最初投入	增加值	$(\mathbf{v}^D)'$	$(\mathbf{v}^P)'$	$(\mathbf{v}^N)'$			
总投入		$(\mathbf{x}^D)'$	$(\mathbf{x}^P)'$	$(\mathbf{x}^N)'$			

资料来源：笔者自制。

由于每个行业都被分成了三个子行业，中间投入矩阵 $\mathbf{Z}$ 的行和列的数量是普通投入产出表的三倍。我们用上标 D 表示国内生产，P 表示加工出口，N 代表一般贸易和其他。如表 2 - 1 所示，根据定义，国内生产的产出只供本国生产或生活所需，所以 D 行的出口向量为零。加工出口产品只允许出口，因此 P 行的中间使用和国内最终使用为零。

国内中间投入系数矩阵 $\mathbf{A} = \mathbf{Z}\hat{\mathbf{x}}$，其中 $\hat{\mathbf{x}}$ 表示主对角线上为向量 $\mathbf{x}$ 元素的对角矩阵（$\mathbf{x}' = (\mathbf{x}^{D\prime}, \mathbf{x}^{P\prime}, \mathbf{x}^{N\prime})$），其中 $\mathbf{x}'$ 表示向量 $\mathbf{x}$ 的转置。$\mathbf{A}$ 可表

[①]　杨翠红等（Yang et al. , 2015）提供了关于"一般贸易和其他"的数据的详细信息。

[②]　国家投入产出表的行业分类见附录 A。

示为 $\mathbf{A} = \begin{pmatrix} \mathbf{A}^{DD} & \mathbf{A}^{DP} & \mathbf{A}^{DN} \\ \mathbf{0} & \mathbf{0} & \mathbf{0} \\ \mathbf{A}^{ND} & \mathbf{A}^{NP} & \mathbf{A}^{NN} \end{pmatrix}$，$\mathbf{A}^{ST}$ 表示单位 T 行业产出所直接消耗的来自 S

行业中间投入的量，$S = D$、P、N，$T = D$、P、N。DPN 表的 Leontief 逆矩

阵为 $\mathbf{L} = (\mathbf{I}_{3m} - \mathbf{A})^{-1} = \begin{pmatrix} \mathbf{L}^{DD} & \mathbf{L}^{DP} & \mathbf{L}^{DN} \\ \mathbf{0} & \mathbf{I} & \mathbf{0} \\ \mathbf{L}^{ND} & \mathbf{L}^{NP} & \mathbf{L}^{NN} \end{pmatrix}$，其中 $\mathbf{I}_{3m}$ 表示维数为 $3m$ 的单位

矩阵。

表 2 – 1 的投入产出表包含了每个子行业创造的增加值，这既包含了属于国民收入的增加值（如支付给中国工人的工资和中国投资者拥有的资本报酬），也包括属于国外收入的增加值（如支付给非居民的工资和外国资本所有者的利润）。如果我们用 $\mathbf{w}$ 表示增加值在总产出中比例的列向量，即增加值系数向量，我们可以将其分为两部分 $\mathbf{w} = \mathbf{w}^n + \mathbf{w}^f$。其中，$\mathbf{w}^n = \begin{pmatrix} \mathbf{w}^{nD} \\ \mathbf{w}^{nP} \\ \mathbf{w}^{nN} \end{pmatrix}$，$\mathbf{w}^f = \begin{pmatrix} \mathbf{w}^{fD} \\ \mathbf{w}^{fP} \\ \mathbf{w}^{fN} \end{pmatrix}$；$\mathbf{w}^n$ 表示国民收入系数向量，$\mathbf{w}^f$ 表示国外收入系数向量。基于此，我们分别计算国内最终需求（$\mathbf{f}^D$ 和 $\mathbf{f}^N$）（见表 2 – 1），加工出口（$\mathbf{e}^P$）和一般贸易出口（$\mathbf{e}^N$）所完全带来的国民收入：

$$ni^D = (\mathbf{w}^{nD'}\mathbf{L}^{DD} + \mathbf{w}^{nN'}\mathbf{L}^{ND})\mathbf{f}^D + (\mathbf{w}^{nD'}\mathbf{L}^{DN} + \mathbf{w}^{nN'}\mathbf{L}^{NN})\mathbf{f}^N \qquad (2.1)$$

$$ni^P = (\mathbf{w}^{nD'}\mathbf{L}^{DP} + \mathbf{w}^{nP'} + \mathbf{w}^{nN'}\mathbf{L}^{NP})\mathbf{e}^P \qquad (2.2)$$

$$ni^N = (\mathbf{w}^{nD'}\mathbf{L}^{DN} + \mathbf{w}^{nN'}\mathbf{L}^{NN})\mathbf{e}^N \qquad (2.3)$$

式（2.1）是国内最终需求所完全带来的国民收入，包括了为满足国内最终需求而由一般贸易和其他（N）生产中间产品所带来的国民收入。这些间接"国民收入"反映在式（2.1）中的 Leontief 逆矩阵 $\mathbf{L}$ 中。同样的，式（2.2）表示加工出口完全产生的国民收入。式（2.3）表示由一般贸易完全产生的国民收入。式（2.2）和式（2.3）相加为总出口中的国民收入。可以预测 ni^P 和 ni^N 之和小于 $\mathbf{e}^P$ 和 $\mathbf{e}^N$ 之和，这是因为总出口中既包

含了国外增加值，也包含了国内增加值中属于国外收入的部分。

第三节　数　据

　　我们的主要数据来自由中国国家统计局和中国科学院联合编制的反映了加工贸易的非竞争型投入产出表（DPN 表）。目前，我们得到 2002 年、2007 年、2012 年以及 2017 年的 DPN 表。[1] 陈锡康等（2012）描述了编制这些表格的具体步骤细节。受数据限制，我们将 DPN 表中的 42 个行业汇总为 30 个行业，包括 5 个自然资源行业（即农业和采矿业）、16 个制造业、4 个与建筑和公用事业有关的行业以及 5 个服务行业（详见附录 A）。[2]

　　本节将增加值按照所有权分解为国民收入和国外及港澳台收入（FI）两部分。DPN 表中增加值包含三部分：税收、劳动收入和资本收入。其中，资本收入包括固定资产折旧和营业盈余。税收归中国政府所有，因此属于中国的 GNI。由于外国雇员赚取的收入在总劳动报酬中的占比很小，我们假设所有的劳动收入全部属于中国的 GNI。[3] 因此，我们只需将资本收入分解为国外及港澳台资本收入和国内资本收入。首先，中国的国际收支平衡表（BOP）提供了在中国的外国投资利润的有关信息。然而，由于

---

①　由于 DPN 表未能区分"加工出口生产"和"一般贸易和其他"中的内资企业和外资企业的产出，因此，本章隐含的假设是，内资企业和外资企业使用的生产技术（在 N 和 P 范围内）相同。这个假设是合理的。马弘等（2015）在投入产出表中区分了外资企业的加工出口、外资企业的一般贸易出口、国有企业的加工出口和国有企业的一般贸易出口。他们发现，在加工出口内部或一般贸易出口内部，外资企业和内资企业在出口中的国内增加值份额十分相似。例如，外资企业和内资企业的加工出口中的国内增加值份额分别为 37.3% 和 35.5%，而外资企业和内资企业的一般贸易出口中的国内增加值份额分别为 79.5% 和 84.1%。他们的结果表明，将投入产出表中的内资企业和外资企业的生产区分开来，对我们的实证结果并没有严重影响。
②　本节所述的数据来源汇总表见附录 B。
③　根据联合国全球移民数据库，2013 年，在中国生活的外国人占中国总人口的比例仅为 0.06%。

中国对外商投资留存收益的统计不完整，该信息将严重低估流入外国直接投资的真实利润。因此，我们改进段玉婉等（2012）提出的方法，重新估计外资收入。图 2-1 以加工出口行业为例展示了分解过程，分解思路也同样适用于其他类生产（即"国内生产"和"一般贸易和其他"的生产）。我们把每个行业的产出分为外资及港澳台企业的产出和内资企业的产出。然后，我们将内资企业和外资及港澳台企业的资本收入分解为国外及港澳台资本收入和国内资本收入，对应相加后得出三类生产中各行业的国外及港澳台资本收入和国内资本收入的初步估计，并据此拆分 DPN 表中的资本收入。

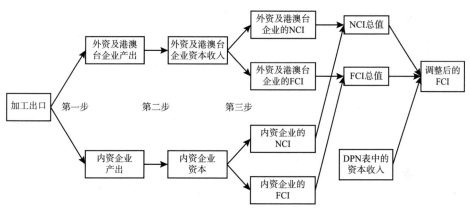

图 2-1 加工出口生产的资本收入的分解步骤

注：NCI = 国内资本收入，FCI = 外国及港澳台资本收入。
资料来源：笔者自制。

我们结合中国工业企业数据和中国海关数据估计内资企业和外资及港澳台企业的产出。根据定义，DPN 表中的国内生产（D）只包括内资企业的产出，并不含有外资及港澳台企业的产出。因此，我们只需要将 DPN 表中的"加工出口"和"一般贸易和其他"中各行业的产出区分为外资及港澳台企业产出和内资企业产出。为此，我们将中国海关提供的中国历年按商品 HS-8 位码、贸易方式（如加工出口、一般贸易出口）和企业类型

（外资及港澳台企业和内资企业）分类的出口数据，合并至地区行业层面，从而将加工出口和一般贸易出口分为外资及港澳台企业出口和内资企业出口。由于缺乏服务出口的详细信息，我们假设服务出口中外资及港澳台企业的份额等于国内销售总额中外资及港澳台企业产出的份额。[①] 鉴于2002年和2012年中国服务出口在商品和服务总出口中的比例仅为10.9%和8.5%，其对中国出口中的国民收入影响较小。

其次，我们估算三类生产中各行业的资本收入与产出的比率。制造业、外资及港澳台企业和内资企业的资本收入和产出数据来自历年的《中国工业经济统计年鉴》，资本收入为"固定资产折旧"和"营业盈余"之和。对于服务业和建筑业，外资及港澳台企业和内资企业的产出数据来自历年《中国经济普查年鉴》中的"营业收入"。[②] 由于农业缺乏数据，我们用DPN表中以农业"国内生产"的资本收入产出比来代表内资企业的资本收入产出比，以农业"一般贸易和其他"的资本收入产出比来代表外资及港澳台企业的资本收入产出比。

最后，我们使用"实收资本"估算外国及港澳台资本在内资企业和外资及港澳台企业中的份额。[③] 企业的"实收资本"包括六类，其中四类（国家资本、集体资本、法人资本、个人资本）是由各类中国股东出资形成的资本；其余两类（港澳台资本和外商资本）分别表示来自香港、澳门和台湾以及外国地区的资产。[④] 我们采用港澳台资本和外商资本在总实收资本中的份额来衡量国外及港澳台资本在内资企业和外资及港澳台企业中

---

① 这一假设可能低估了外资及港澳台企业出口在总出口中的份额，因为现有研究（Brakman et al.，2019；Kelle et al.，2013）发现外资企业出口的概率高于内资企业。因此，这种处理可能低估出口增加值中的外国资本报酬，高估出口中的国民收入份额。对此我们进行稳健性检验，使用外资及港澳台企业在商品出口总额中的份额来代替外资及港澳台企业在服务出口中的份额，中国出口中的国民收入份额变化并不显著，从64.90%降至64.87%。这表明本章对服务出口的处理对实证结果影响不大。

② 使用"营业收入"反映服务的总产出是《中国投入产出表汇编2007》中描述的方法。

③ 实收资本是指股东实际投资的资产总值。这些资产可以是货币、实物资产（如设备、厂房）和无形资产（如技术、专利）。实收资本代表了投资者对企业的产权，其构成是投资者之间利润分配的主要依据。

④ 这六类实收资本分别是国家资本、集体资本、法人资本、个人资本、港澳台资本和外商资本。

的资本份额。对于制造业，内资企业和外资及港澳台企业的实收资本数据来自历年《中国工业经济统计年鉴》，服务业的信息来自历年《中国经济普查统计年鉴》。[①]

由于缺少农业和建筑业的实收资本数据，我们使用外资及港澳台企业"注册资本"中外资及港澳台资本的份额来估算这些行业中外资及港澳台企业的外资及港澳台资本份额。[②] 注册资本是指企业成立时股东缴纳的出资总额。根据规定，实收资本和注册资本之间的差异须保持在20%以下，否则注册资本必须更新以与实收资本一致，因此我们基于注册资本的估算仍是合理的。注册资本的数据来自《中国统计年鉴》。对于农业和建筑业的内资企业，由于缺少数据，我们假设资本存量完全由中国居民所有。

需要注意的是，本章的国民收入与国家统计局公布的 GNI 在概念上有所不同：本章只关注在中国大陆境内产生的国民收入，忽略了中国对外直接投资带来的国民收入；国家统计局公布的 GNI 是由 GDP 和中国国际收支统计中记载的净流入雇员报酬和投资收益之和得到的。然而，国际收支统计可能低估了国外投资的真实利润（Yao，2008）。因此，本章自行估算外国投资收益。结果显示，本章估计的国民收入比官方统计的数值要小。例如，2002 年、2007 年、2012 年和 2017 年的 GNI 与 GDP 的比率分别为97.4%、94.4%、94.1% 和 97.1%，而官方数据中的比率分别为 99.0%、100.2%、99.8% 和 99.9%。

[①] 关于内资企业和外资及港澳台企业的统计只包括年销售额在 500 万元人民币以上的企业。我们用这些大型企业的外资份额作为所有企业的代用指标。我们使用《2004 年中国经济普查年鉴》的数据对 2002 年的服务业进行估算，并使用《2008 年中国经济普查年鉴》的数据对 2007 年服务业进行估算。由于 2012 年和 2017 年没有实收资本的数据，我们使用注册资本的数据来估计服务业的外资及港澳台企业的外资份额，这对我们的实证结果影响很小。原因有二：第一，数据显示，制造业的实收资本和注册资本十分接近；第二，服务行业只占出口的一小部分。

[②] 我们对比了制造业实收资本数据和注册资本数据之间的差异。在四个目标年份中，外资及港澳台企业实收资本份额分别为 72.7%、77.3%、73.1% 和 68.0%，注册资本分别为 73.2%、79.5%、80.7% 和 78.2%。农业和建筑业在中国总出口中只占很小的份额（2012 年为 1.2%），这意味着我们的估算方法对结果的影响不大。

第四节 实证分析：中国出口中的国民收入

一、出口中的国民收入总量

使用第二节的方法，我们对 2002 年、2007 年、2012 年和 2017 年加工出口和一般贸易出口进行分解，表 2 - 2 展示了分解结果。第（1）列（DVA）显示了出口中的 DVA 份额。[①] DVA 被分成对中国国民收入部分（第（2）列）和外国及港澳台收入部分（第（4）列）。第（3）列给出了出口中国民收入占 DVA 的份额。最后，我们将出口中的国外含量（第（6）列）定义为出口中国外及港澳台收入和进口部分（第（5）列）之和。根据定义，DVA 份额和进口份额之和等于 1，国民收入份额和国外含量份额之和等于 1（即每行的第（1）列 + 第（5）列 = 100，第（2）列 + 第（6）列 = 100）。

表 2 - 2   2002 ~ 2017 年出口的价值分解   单位：%

项目		DVA（1）	国民收入（2）	国民收入与DVA 的比值（3）=（2)/(1)	国外及港澳台收入（4）	进口部分（5）	国外含量（6）=（4)+(5)
2002 年	总出口	55.4	50.6	91.3	4.8	44.6	49.4
	加工出口	30.6	26.1	85.3	4.5	69.4	73.9
	一般贸易出口	78.5	73.2	93.2	5.3	21.5	26.8
	国内生产	93.2	91.8	98.5	1.4	6.8	8.2

[①] 这个指标在洛斯和蒂默尔（Los and Timmer, 2018）提出的出口增加值指标分类法中被称为 VAX - D。

项目		DVA（1）	国民收入（2）	国民收入与DVA的比值（3）=（2）/（1）	国外及港澳台收入（4）	进口部分（5）	国外含量（6）=（4）+（5）
2007 年	总出口	59.2	51.3	86.7	7.9	40.8	48.7
	加工出口	36.6	29.4	80.3	7.2	63.4	70.6
	一般贸易出口	78.1	69.7	89.2	8.4	21.9	30.3
	国内生产	88.3	85.0	96.3	3.3	11.7	15.0
2012 年	总出口	66.9	58.7	87.8	8.2	33.1	41.3
	加工出口	39.6	35.7	90.3	3.9	60.4	64.3
	一般贸易出口	84.7	73.7	87.0	11.0	15.3	26.3
	国内生产	87.3	83.8	96.0	3.5	12.7	16.2
2017 年	总出口	69.8	62.8	90.0	7.0	30.2	37.2
	加工出口	31.9	27.9	87.5	4.0	68.1	72.1
	一般贸易出口	84.1	76.0	90.4	8.1	15.9	24.0
	国内生产	90.1	88.1	97.8	2.0	9.9	11.9

资料来源：笔者根据计算结果自制。

表 2-2 显示出口中的国民收入份额低于 DVA 份额，且二者随时间的变化趋势迥异。2002 年中国单位出口中的国内增加值为 55.4%，其中的 91.3% 为中国的国民收入，而剩余的 8.7% 为国外收入。2007 年出口中国民收入在国内增加值中的比重下降至 86.7%，随后又不断上升，2012 年和 2017 年分别为 87.7% 和 90.0%。

2002 年到 2007 年，出口的 DVA 份额增加了 3.8 个百分点（从 55.4% 到 59.2%），反映了内资企业对进口中间投入的依赖度降低。然而，国民收入的份额仅增长了 0.7 个百分点（从 50.6% 到 51.3%）。可能的原因如下：（1）出口企业使用部分外资及港澳台企业生产的投入来替代进口中间投入；（2）外资及港澳台企业可能在企业内部生产了以前依赖进口的中间投入；（3）外资及港澳台企业出口可能比内资企业出口增长更快。2007

年后，出口中 DVA 份额仍继续上升（2007 年至 2012 年提高了 7.7 个百分点，2012 年至 2017 年提高了 2.9 个百分点），同时国民收入的份额也开始大幅上升（从 2007 年的 51.3% 到 2012 年的 58.7%，再到 2017 年的 62.8%）。从 2002 到 2007 年，增加的 DVA 收益中 80% 以上流向了国外及港澳台的资本所有者，而从 2007 到 2012 年，该比例尚不足 5%。2012 年后出口中的国外及港澳台收入份额甚至降低。三个时段的这种差异清晰反映在国民收入与 DVA 比值的变化中，该比值在 2002 年至 2007 年间大幅下降，但在 2007 年后出现反弹。这表明，进口中间投入被中国企业的产品所替代或由这些企业内部生产。这也导致出口中的国外含量份额不断下降，下降幅度约为 12 个百分点（见表 2 - 2 的第（6）列）。

分贸易方式来看，一般贸易出口的国民收入份额远远高于加工出口的国民收入份额，2017 年分别为 76.0% 和 27.9%，但二者均低于"国内生产"最终需求的国民收入份额。随着时间推移，加工出口和一般贸易出口的国民收入份额均有增长，但具体变化趋势不同。一般贸易出口的国民收入份额首先从 2002 年的 73.2% 小幅下降到 2007 年的 69.7%，但随后一直增加到 2017 年的 76%。加工出口的国民收入份额从 2002 年的 26.1% 迅速增长到 2012 的 35.7%，随后下降到 2017 年的 27.9%。

二、分行业出口的国民收入

表 2 - 3 的第 2 ~ 5 列展示了各行业出口中的国民收入份额，其为各行业加工出口和一般出口的国民收入份额的加权平均，权重为该行业中加工出口和一般出口在该行业总出口中的比重。结果显示，各行业出口的国民收入份额具有较大差异，但在 2002 年至 2017 年的十多年间均呈现不同幅度的增加。例如，2017 年纺织品和服装产品出口中的国民收入份额约为 80%，而电子设备行业出口的国民收入份额低于 40%。

表 2-3   2002～2017 年行业层面出口中的国民收入   单位：%

行业	出口中的国民收入份额				所有出口中的国外收入份额			
	2002年	2007年	2012年	2017年	2002年	2007年	2012年	2017年
1. 农林牧渔业	86.0	91.2	86.3	92.1	2.6	1.2	0.9	1.0
2. 煤炭开采和洗选业	79.4	78.5	84.0	89.5	0.8	0.3	0.1	0.1
3. 石油和天然气开采业	69.0	76.0	67.2	73.7	0.5	0.3	0.5	0.0
4. 金属矿采选业	69.8	69.8	75.6	71.8	0.1	0.1	0.1	0.0
5. 非金属矿及其他矿采选业	65.3	51.4	75.8	80.2	0.6	0.2	0.1	0.1
6. 食品制造及烟草加工业	72.0	60.8	70.2	72.2	4.1	2.3	2.5	2.5
7. 纺织业	64.4	72.7	75.0	81.0	11.2	11.7	5.0	4.8
8. 纺织服装鞋帽皮革羽绒及其制品业	56.7	66.5	73.5	80.3	10.1	7.9	9.8	9.7
9. 木材加工及家具制造业	58.3	67.3	76.9	75.0	2.5	3.2	3.4	3.4
10. 造纸印刷及文教体育用品制造业	46.4	49.4	52.1	61.8	2.9	2.5	3.8	4.2
11. 石油加工、炼焦及核燃料加工业	42.3	24.6	6.0	66.9	0.7	0.5	0.0	0.7
12. 化学工业	49.4	38.9	57.4	58.2	6.9	5.5	7.3	6.8
13. 非金属矿物制品业	66.4	68.6	75.7	77.0	1.8	2.0	2.5	2.1
14. 金属冶炼及压延加工业	52.7	54.5	62.6	66.1	1.5	5.5	3.6	3.1
15. 金属制品业	48.1	61.2	64.0	72.3	3.3	4.2	3.4	3.7
16. 通用、专用设备制造业	48.3	50.5	56.9	64.5	4.0	5.6	7.5	7.8
17. 交通运输设备制造业	45.4	53.4	59.6	58.2	1.9	3.4	4.3	3.2
18. 电气机械及器材制造业	36.3	39.8	47.2	61.9	4.7	5.5	6.3	8.1

续表

行业	出口中的国民收入份额				所有出口中的国外收入份额			
	2002年	2007年	2012年	2017年	2002年	2007年	2012年	2017年
19. 通信设备、计算机及其他电子设备制造业	18.4	31.3	38.8	38.0	5.8	14.3	14.4	14.0
20. 仪器仪表及文化办公用机械制造业	31.9	35.5	45.9	49.4	3.0	2.7	1.0	1.1
21. 工艺品及其他制造业	52.0	57.7	60.6	75.2	1.4	1.7	0.4	0.9
22. 电力、热力的生产和供应业	49.7	65.5	75.8	78.6	0.0	0.1	0.1	0.1
23. 煤气生产和供应业	73.4	83.8	69.7	75.3	0.2	0.0	0.0	0.0
24. 水的生产和供应业	71.8	79.2	79.7	84.2	0.0	0.0	0.0	0.0
25. 建筑业	72.3	65.2	80.8	83.7	0.5	0.5	0.8	0.7
26. 交通运输及仓储业	72.1	77.1	73.8	79.5	7.0	5.9	5.2	6.0
27. 批发和零售业	68.0	71.6	74.0	78.1	11.1	6.2	10.7	10.2
28. 住宿和餐饮业	70.8	75.6	85.3	80.2	1.6	1.1	0.6	0.4
29. 公共管理和社会组织	86.7	81.1	89.7	92.7	0.2	0.1	0.1	0.1
30. 其他服务业	66.1	69.2	70.6	76.3	8.7	5.6	5.6	5.4
能源资源业	61.4	44.1	51.1	78.0	3.0	1.5	0.8	1.0
高科技制造业	29.2	37.2	45.9	49.1	17.5	31.6	33.6	34.1
低技术制造业	57.9	62.6	67.6	73.7	39.5	41.5	34.4	35.1

注：NIVA 投入产出表中的产品价格为生产者价格，因此批发零售业的出口包括了商品出口中产生的商业利润，而运输业的出口包括商品出口的运输费用。

资料来源：笔者根据计算结果自制。

我们将制造业进一步合并为三类，包括低技术制造业（6~11，13~15，21），高科技制造业（16~20）以及能源资源行业（2~5，11，22~24）。[①]

[①] 本章根据 CEPII – CHELEM 数据库定义了高科技和低技术制造业。它根据研究和开发的强度将行业分为四类：高科技行业、中高技术行业、中低技术行业、低技术行业。前两类属于本章的高科技制造业，而后两类则属于本章的低技术制造业。

对比低技术制造业和高科技制造业出口中的国民收入份额，可以发现一个有趣的现象：2002 年低技术制造业出口中的国民收入份额（57.9%）显著高于高技术制造业（只有 29.2%）。然而，2007 年以后，后者的国民收入份额比前者上升得更快。这种趋势表明中国企业在高科技行业产品的全球价值链分工中的竞争力日益增强。对比低技术制造业和高科技制造业出口中的国民收入与 DVA 的比率，发现随时间变化差异不大，所以该趋势的出现并不是因为国外收入发生了变化，而是因为高科技制造业出口生产所需要的进口中间投入被内资企业生产所代替。

从 2002 年到 2012 年，30 个行业中有 4 个行业的出口国民收入份额下降。这些变化主要集中在能源资源行业，它们出口中的国民收入份额合计下降了 10.3 个百分点，但国民收入与 DVA 的比值并没有明显变化（见表 2-3），这意味着中国的能源资源出口越来越依赖进口投入（特别是在 2002 年至 2007 年）。这有两个潜在原因：一是原油的价格在这一时期大幅上升；二是 21 世纪初中国进行的能源行业开放改革（Bas and Causa，2013），除了私营企业，外国投资者也被鼓励参与到能源行业的生产经营中。由于外资企业生产通常比内资企业使用更多的进口中间投入，因此导致出口中 DVA 份额的下降。

表 2-3 的最右边显示了总出口国民收入中各行业出口的贡献率。结果表明，劳动密集型行业在出口国民收入中的重要性不断下降（其份额下降了 7.6 个百分点）。而机械制造业产生的国民收入在总出口国民收入中的份额越来越高：从 2002 年的不到 20% 上升到 2017 年的 34% 以上。这一增长主要发生在 2002~2007 年，这也是机械制造业全球价值链分工快速细化的重要阶段（Los et al.，2015a）。

三、敏感度分析

中国部分 FDI 可能是所谓的"返程"（roundtripping）现象造成的虚假 FDI。"返程"现象指的是中国投资者通过大陆以外的某个经济单位以 FDI

形式向内资企业投资的资本，从而可以使用外国投资者的财政优惠政策（Wei，2005）。由于"返程" FDI 仍来源于中国，因此将夸大中国的实际 FDI 流入。为了避免"返程" FDI 对本章实证结果的影响，我们使用已有文献对"返程" FDI 规模的估计来计算"返程"投资的回报（Xiao，2004；Han et al.，2012），再把这些回报从国外收入中扣除，加到中国的 GNI 中，以对本章实证结果进行稳健性检验。表 2-4 显示了实证结果，详细的计算过程见附录 C。事实证明，在利用"返程"投资对国民收入份额进行修正后，基准结论依然成立。

表 2-4　　　　　　经返程 FDI 调整后的出口中的国民收入份额　　　　单位：%

时间	基准情景		情景 1		情景 2		情景 3	
	国民收入	国外及港澳台收入	国民收入	国外及港澳台收入	国民收入	国外及港澳台收入	国民收入	国外及港澳台收入
2002 年	50.6	4.8	51.8	3.6	51.8	3.6	52.2	3.2
2007 年	51.3	7.9	53.3	5.9	52.9	6.3	52.5	6.7
2012 年	58.7	8.2	60.8	6.2	59.9	7.0	60.0	6.9
2017 年	62.8	7.0	64.6	5.3	63.5	6.3	63.9	5.9
2002 ~ 2007 年变化	0.7	3.1	1.5	2.3	1.1	2.7	0.3	3.5
2007 ~ 2012 年变化	7.4	0.3	7.5	0.3	7.0	0.7	7.5	0.2
2012 ~ 2017 年变化	4.1	-1.2	3.8	-1.0	3.6	-0.7	3.9	-1.0

注：情景 1 假设"返程" FDI 在各年均占中国 FDI 总额的 1/4。情景 2 假设"返程" FDI 在官方 FDI 中的比例在 2007 年下降到 20%，在 2012 年下降到 15%。情景 3 采用了肖耿（Xiao，2004）和韩英丽等（Han et al.，2012）的估计，假设 2002 年的"返程" FDI 占比为 33.9%，2007 年和 2012 年为 15.5%。

资料来源：笔者根据计算结果自制。

"返程"现象并不限于投资的流动。中国的出口中包含了不少"再进口"现象，这些产品先是出口，然后出于货币套利或税收减免的目的再通过进口返回中国大陆（Chao et al.，2001）。这种"返程"现象并不影响中国的贸易平衡，因为它既包括在总出口中也包括在总进口中，但却可能影响出口的国民收入份额，因为它将影响进口投入和出口的产品结构。为此，我们估算了"返程"贸易，并将其分别从出口和进口中间投入中扣除，进而重新计算出口中的国民收入份额，结果如表2-5所示，详细的计算过程如附录D所示。结果表明，我们的主要结论仍然成立。

表2-5　　　　　经返程出口调整后的出口中的国民收入份额　　　　单位：%

时间	基准情景		方法1		方法2	
	国民收入	国外及港澳台收入	国民收入	国外及港澳台收入	国民收入	国外及港澳台收入
2002年	50.6	4.8	52.6	4.6	53.8	4.7
2007年	51.3	7.9	53.5	8.1	53.8	8.0
2012年	58.7	8.2	59.9	8.2	60.1	8.3
2017年	62.8	7.0	64.8	7.1	62.9	7.0
2002~2007年变化	0.7	3.1	0.9	3.5	0	3.3
2007~2012年变化	7.4	0.3	6.4	0.1	6.3	0.3
2012~2017年变化	4.1	-1.2	4.9	-1.1	2.8	-1.3

注：方法1：用中国再进口的数据衡量"返程"进口；方法2：用中国内地从香港的进口数据衡量"返程"进口。

资料来源：笔者根据计算结果自制。

第五节　出口中国民收入份额变化的原因探析

2002～2017年中国经济经历结构性变化，这些变化将会影响出口中的国民收入份额。本节使用结构分解分析方法（structural decomposition analysis）来分解出口中的国民收入份额变化，以探究背后的驱动因素和影响机制。这不仅有利于我们对中国的经济发展规律有更好的认识，也将为未来进一步提高出口对国民收入的贡献提供实证参考。

一、分解方法

我们分别对2002～2007年、2007～2012年和2012～2017年出口中的国民收入份额的变化进行分解。根据投入产出技术，这一变化可以分成五个影响：（1）各行业国民收入与增加值比率的变化，以下简称为 NIVA 比值[①]；（2）增加值系数变化；（3）中间投入来源变化导致的国内中间投入系数变化；（4）出口贸易方式的变化（加工出口与一般贸易出口）；（5）出口产品结构的变化。[②]

为清楚起见，我们合并式（2.2）和式（2.3）来重新表示出口中国民收入份额：

$$n = \mathbf{w}^{n\prime}(\mathbf{I}_{3m} - \mathbf{A})^{-1}\bar{\mathbf{e}} \qquad (2.4)$$

其中，$\bar{\mathbf{e}} = \mathbf{e}(\mathbf{u}'\mathbf{e})'$ 为出口结构向量，为 $3m \times 1$ 维，反映了各行业和出口类型在总出口中的份额。$\mathbf{u} = (1, \cdots, 1)'$ 为元素均为 1 的向量，$\mathbf{u}'$ 表示向量 $\mathbf{u}$ 的转置。定义向量 $\mathbf{d}$ 为增加值中国民收入的占比（NIVA 比值，下

---

① NIVA 比值表示各行业国民收入系数与增加值系数的比值，衡量了在该行业直接创造的增加值中有多大的比率是属于本经济体的国民收入。

② 分解的全部数学细节在附录 C 中提供。

同），那么国民收入系数向量可表达为：$\mathbf{w}^n = \mathbf{d} \odot \mathbf{w}$，其中 $\odot$ 表示对应元素相乘。

接下来，我们进一步把 $\bar{\mathbf{e}}$ 分解成贸易方式（$\mathbf{t}$）和出口商品结构（$\bar{\mathbf{q}}$），即 $\bar{\mathbf{e}} = \mathbf{t} \odot \bar{\mathbf{q}}$。出口商品结构可表示为 $\bar{\mathbf{q}} = (\mathbf{0}, \mathbf{q}, \mathbf{q})'$，其元素为 $q_j = e_j/(\mathbf{u}' \mathbf{e})$。向量 $\mathbf{t} = (\mathbf{0}, \mathbf{t}, \mathbf{u} - \mathbf{t})'$，其中 $t_j = (e_j^P)/(e_j^P + e_j^N)$ 表示 j 行业加工出口在该行业总出口中的份额。出口中的国民收入份额可表示为：

$$n = (\mathbf{d}' \odot \mathbf{w}')(\mathbf{I} - \mathbf{A})^{-1}(\mathbf{t} \odot \bar{\mathbf{q}}) \qquad (2.5)$$

本节利用两极分解法（Dietzenbacher and Los，1998）将出口中的国民收入份额随时间的变化分解为上述五个独立因素的影响。

二、分解结果

表 2-6 展示了分解结果，[①] 各因素的贡献在三个时段有所不同。2002 年到 2012 年国内投入结构变化（$\Delta \mathbf{A}$）对出口国民收入份额的增长影响最大。如果只有这一因素发生变化，国民收入份额在整个十年期间将增长 10.7 个百分点，是其实际增长的 1.3 倍。这种正向影响主要是因为出口生产中使用的国内的中间投入增多。附录 E 的中间投入系数变化证实了这一点：2002 年到 2012 年，国内中间投入显著替代了进口投入。这一发现与段玉婉等（2018）的结论一致，即国内产品对进口的替代是中国出口专业化程度下降的主要原因，也与已有文献（Kee and Tang，2016）提供的微观经济证据一致。然而，如附录 E 所示，2012 年后由于国内中间投入被进口产品和国内增加值逐步代替，出口中的国民收入的份额大幅减少。

---

① 理想情况下，应使用固定价格的投入产出表进行 SDA。然而，构建不变价投入产出表需要大量的价格信息，包括部门层面的加工出口、非加工出口和国内产品的价格平减指数。由于缺乏这些信息，编制不变价的投入产出表会带来许多新的误差，难以确保分解结果的准确性。同时，由于我们分解的是出口中的国民收入份额变化，为一个比例，而非绝对额，因此价格问题并不严重。鉴于此，我们使用现价投入产出表进行 SDA，这背后隐含的假设是不同行业的价格平减指数相同。

表 2-6　　　　　　　　　出口中国民收入份额变化的分解结果　　　　　　　单位：%

时间	NIVA 比值	增加值比值	投入结构	贸易类型	出口商品结构	总计
2002~2007 年	-1.9	-2.0	6.1	2.9	-4.4	0.7
2007~2012 年	0.7	-0.7	4.6	1.5	1.5	7.5
2012~2017 年	0.8	2.5	-3.4	5.0	-0.7	4.1

　　资料来源：笔者根据计算结果自制，由于小数点后保留个数及四舍五入的问题导致前面各列之和与"总计"列有部分出入。

　　贸易方式（加工出口和一般贸易出口）的结构变化是促进出口中国民收入份额上升的一个重要因素。2002 年到 2017 年，这种变化导致国民收入份额增加了 9.4 个百分点。加工出口在总出口中的份额随着时间的推移而不断下降，从 2002 年的 48.0%，到 2007 年的 45.7%，到 2012 年的 39.5%，再到 2017 年的 27.4%。[①] 正如表 2-2 所示，加工出口中的国民收入份额一直远低于一般贸易出口，因此其比重的下降有利于提高出口中的国民收入份额。

　　2002 年至 2007 年期间，国内中间投入系数和贸易方式对出口国民收入份额的正向影响被其他因素变化带来的负向影响所抵消，这些因素包括 NIVA 比值的整体下降、增加值的变化以及出口商品结构的变化。由表 2-5 可知，出口商品结构的变化导致了国民收入份额从 2002 年到 2007 年下降了 4.4 个百分点，但从 2007 年到 2012 年却增加了 1.5 个百分点。2002 年到 2007 年，国民收入份额较低的机械制造行业的出口比重迅速增长，国民收入份额较高的服务业的出口比重却大幅下降。2007 年到 2012 年，机械制造行业出口比重有所下降，服务业出口比重则有了显著提升（见附录 D）。和服务业相比，机械制造行业创造国民收入的能力较差，因此其出口比重的增加对出口中的国民收入份额带来负向影响，这与第四章第二节的

_____

① 中国的劳动力成本上升，导致制造业活动从中国转移到工资较低的其他亚洲国家，如越南、孟加拉国和印度尼西亚。此外，经济危机对总支出的负面影响在耐用品行业方面最为突出，比如中国的机械制造行业（Bems et al., 2012）。

分析结论一致。

NIVA 比值是造成三个时期出口国民收入份额变化不同的另一个重要因素。NIVA 比值从 2002 年到 2007 年有所下降，但从 2007 年到 2017 年有所增加（见附录 D），这主要是资本收入在增加值中的份额变化导致的。来自 DPN 表的数据表明，2002～2007 年，资本收入在增加值中的份额（按行业加总）从 37.3% 上升到 44.2%，但 2012 年又回落到 37.1%。因为仅资本收入中有国外收入，所以资本收入份额的增加将减少出口的国民收入份额。2012 年到 2017 年，NIVA 比值增加主要是由于外国及港澳台资本在内资企业和外资及港澳台企业中的份额降低，以及外资企业的产出份额下降。

第六节 中国国民收入对出口的依赖性

我们要回答的最后一个问题是，相对于其他类别的最终需求，出口对中国 GNI 的贡献如何，随时间的变化又如何。已有文献表明出口对中国经济增长做出了重要贡献（Lardy，2007）。然而，鉴于外资企业在出口活动（尤其是加工出口）中的重要地位，中国 GNI 对出口的依赖性可能低于 GDP 对出口的依赖性。

我们利用式（2.1）～式（2.3）计算了各类最终需求所产生的国民收入和国内增加值。表 2-7 中展示了中国 GNI 和 GDP 对四类最终需求——消费、投资、加工出口和一般贸易出口的依赖程度。"最终需求份额"这一行显示了每种最终需求在最终需求总量中的份额，而"GNI 依赖性"和"GDP 依赖性"则分别显示了各类最终需求产生的 GNI 和 GDP 在中国总 GNI 和总 GDP 中的份额。①

---

① 这些结果是用式（2.1）～式（2.3）得到的。本节中的 GNI 数值只涉及中国本身的活动所产生的国民收入，不包括来自国外活动的收入。

表 2-7 中国 GNI 和 GDP 对四类最终需求的依赖程度 单位：%

时间	项目	消费	投资	加工出口	一般贸易出口	总额
2002 年	最终需求份额	48.4	30.8	10.1	10.8	100.0
	GNI 依赖性	55.1	31.5	3.3	9.9	99.8
	GDP 依赖性	54.6	31.1	3.7	10.4	99.8
2007 年	最终需求份额	38.2	32.3	13.5	16.0	100.0
	GNI 依赖性	44.8	33.4	5.5	15.4	99.1
	GDP 依赖性	43.7	32.8	6.4	16.3	99.1
2012 年	最终需求份额	41.3	36.9	8.6	13.2	100.0
	GNI 依赖性	45.3	38.3	3.8	12.2	99.6
	GDP 依赖性	44.6	37.9	4.0	13.2	99.7
2017 年	最终需求份额	45.3	37.0	4.9	12.9	100.0
	GNI 依赖性	48.4	38.4	1.6	11.6	100.0
	GDP 依赖性	47.9	37.9	1.8	12.4	100.0
2002 ~ 2007 年	GNI 增长率	29.1	36.4	8.8	23.6	98.0
	GDP 增长率	28.4	35.0	10.2	24.6	98.2
2007 ~ 2012 年	GNI 增长率	45.8	43.0	2.3	9.1	100.2
	GDP 增长率	45.5	42.8	1.7	10.2	100.1
2012 ~ 2017 年	GNI 增长率	52.1	38.5	-1.1	10.9	100.4
	GDP 增长率	52.2	38.1	-1.1	11.3	100.5

注：本表中的中国 GDP 总量和 GNI 总量是基于投入产出表中的数据计算得出的。有几行的数据加起来不是百分之百，这是因为投入产出表有"误差项"，用以平衡投入产出表的行和列。

资料来源：笔者根据计算结果自制。

结果显示 GNI 对出口的依赖程度比 GDP 对出口的依赖程度更低。2002 年，中国加工出口在总最终需求中的比例为 10.1%，但其产生的 GNI 仅占中国 GNI 总量的 3.3%。[①] 随着时间推移，2002 年至 2007 年，出口对

---

① 我们的方法是一种核算方法。一个完整的经济模型包括从出口到消费和投资的正反馈效应，出口带来的家庭收入和企业留存利润的再投资，以及长期来看还包括了从外资企业到内资企业的知识溢出的积极效应。

GNI 的贡献度大幅增加，但金融经济危机后则迅速下降，这主要是因为国外需求萎缩导致的中国出口增长变缓。

表 2-7 的最后一栏展示了不同时间段各类最终需求增长对中国 GDP 和 GNI 增长的贡献。为此，我们利用 GDP 平减指数将 2007 年、2012 年和 2017 年各最终需求产生的国民收入和国内增加值平减为 2002 年的价格。用每类最终需求引起的国民收入（或 DVA）变化与中国国民总收入（或 GDP）总体变化的比率来计算它们对 GDP（或 GNI）的贡献率。2002 年到 2007 年，中国出口量的快速增长使得出口对 GNI 增长的贡献率达到 32.4%，对 GDP 增长的贡献率达到 34.8%。然而，由于 2008 年金融危机后出口的停滞，在 2007~2012 年，出口对 GNI 和 GDP 的贡献率分别下降到了 11.4% 和 11.9%；在 2012~2017 年下降到了 9.8% 和 10.2%。2012 年到 2017 年，加工出口对 GNI 和 GDP 的贡献率甚至为负，这是因为出口数量下降以及出口中的 DVA 份额和国民收入份额下降。这些研究表明为了实现经济的持续发展，中国应努力提高出口中的国民收入份额，而不是简单依靠出口量的增长。

第七节　结　　论

资本全球化是经济全球化的重要表现，FDI 的大规模发展造成了增加值和国民收入间的背离。中国加工贸易的蓬勃发展以及外资企业在出口中的重要地位使得出口中的国内增加值和国民收入间的背离更加严重。为此，本章提出了一种新的投入产出核算方法以探索出口对国民收入的贡献。

本章聚焦 2002~2017 年出口对中国国民收入的贡献，研究发现，2008 年全球金融危机前后，中国出口中的国民收入份额和国内增加值份额经历了不同的变化趋势。出口中的国内增加值份额一直呈现较快的增长态势，但 2002 年至 2007 年国内增加值份额的增长主要是由于外国及港澳台收入的快速增长,而在 2007 年之后,才是由于国民收入份额的增长。中国出口对国外产品和要素的依赖性也在不断变化,2002 年至 2007 年出口品从对进口品的依赖逐渐向对外国及港澳台资本的依赖转变。2007 年后,我国出口对进口品的依赖性进一步下降,生产使用的国内投入不断增加,同时对外国及港澳台资本的依赖性变化较小。

本章使用结构分解分析方法探究了出口中国民收入份额变化的原因。研究结果表明,2002 年到 2012 年出口中国民收入份额的上升主要是由于加工出口和一般贸易出口生产中进口材料、零部件被国内投入所替代。同时,贸易方式从加工贸易向一般贸易的转变也促进了出口中的国民收入份额上升。2002 年至 2007 年中国出口中的国民收入增长缓慢,这主要是因为出口产品结构从能够创造大量国民收入的劳动密集型产品转向对进口投入和外资依赖较高的资本密集型产品、增加值系数的降低及增加值中资本收入份额的上升。这使得中国出口生产从对进口品的依赖转变为对外国及港澳台资本的依赖。2007 年以后,出口结构和资本收入份额的变化趋势出现逆转,出口中服务业比重明显上升,而资本份额有所下降,这使得出口对国民收入产生的贡献越来越大。

本章的研究结论具有重要的政策启示:第一,作为全球生产要素的重要流入国,中国应大力倡导和推广基于国民收入视角的贸易收益核算体系。一国参与国际分工谋求贸易收益的最终目标是增进本国福利,以贸易总值或贸易增加值衡量的贸易收益因为隐含外国要素收入而不能完全实现该目标,基于国民收入口径的贸易核算弥补了这一不足。第二,受贸易保护主义及新冠疫情影响,我国外需面临的不稳定性不确定性因素凸显,应该加快建立以内循环为主体、国内国际双循环相互促进的新发展格局,加快建设全国统一大市场,打通国内大循环,促进我国规模经济优势的发挥,以推进我国经济和外贸的高质量发展。第三,合理利用和布局外商投资,助力中国实现更高水平的对外开放。双向投资是新时期中国对外开放的重点内容,吸引和利用外资伴随着外国要素收入流出,对外投资伴随着本国要素收入流入,因而,在全球收入链框架下可以更好地探寻提升贸易效率的投资发展路径。我国对外直接投资仍有非常大的增长空间,应进一步推进"走出去"战略发展,扩大并加深与"一带一路"共建国家的对外投资合作,提升在国际规则制定中的影响力和话语权,加快推进中国技术、标准、服务和品牌"走出去",构建中国企业主导的国际生产经营网络,在多边和区域对外投资合作机制中实现共赢发展。

参考文献:

[1] A. B. Bernard and J. B. Jensen, Exceptional Exporter Performance: Cause, Effect, or Both? *Journal of International Economics*, Vol. 47, No. 1, 1999, pp. 1 – 25.

[2] A. van Assche, J. van Biesebroeck, Functional Upgrading in China's Export Processing Sector. *China Economic Review*, Vol. 47, No. 1, 2018, pp. 245 – 262.

[3] B. Erten, J. Leight, Exporting Out of Agriculture: The Impact of WTO Accession on Structural Transformation in China. *Review of Economics and Statistics*, Vol. 103, No. 2, June 2019, pp. 1 – 46.

[4] B. Javorcik, Does Foreign Direct Investment Increase the Productivity of Domestic Firms? In Search of Spillovers through Backward Linkages. *American Economic Review*, Vol. 94, No. 3, 2004, pp. 605 – 627.

[5] B. Javorcik, M. Spatareanu, To Share or Not to Share: Does Local Participation Matter for Spillovers from Foreign Direct Investment? *Journal of Development Economics*, Vol. 85, No. 1, 2008, pp. 194 – 217.

[6] B. Los, M. P. Timmer, G. J. de Vries, How Global are Global Value Chains? A New Approach to Measure International Fragmentation. *Journal of Regional Science*, Vol. 55, No. 1, 2015a, pp. 66 – 92.

[7] B. Los, M. P. Timmer, G. J. de Vries, How Important are Exports for Job Growth in China? A Demand Side Analysis. *Journal of Comparative Econom-*

ics, Vol. 43, No. 1, 2015b, pp. 19 – 32.

[8] B. Los, M. P. Timmer, Measuring Bilateral Exports of Value Added: A Unified Framework. NBER Working Paper, No. 24896, 2018.

[9] C. Chao, W. L. Chou, E. S. H. Yu, Export Duty Rebates and Export Performance: Theory and China's Experience. *Journal of Comparative Economics*, Vol. 29, No. 2, 2001, pp. 314 – 326.

[10] C. Yang, E. Dietzenbacher, J. Pei, X. Chen, K. Zhu, Z. Tang, Processing Trade Biases the Measurement of Vertical Specialization in China. *Economic Systems Research*, Vol. 26, No. 1, 2015, pp. 60 – 76.

[11] D. He, W. Zhang, How Dependent is the Chinese Economy on Exports and in What Sense has Its Growth Been Export-led? *Journal of Asian Economics*, Vol. 21, No. 1, 2010, pp. 87 – 104.

[12] D. Hummels, J. Ishii, K. M. Yi, The Nature and Growth of Vertical Specialization in World Trade. *Journal of International Economics*, Vol. 54, No. 1, 2001, pp. 75 – 96.

[13] E. Dietzenbacher, B. Los, Structural Decomposition Techniques: Sense and Sensitivity. *Economic Systems Research*, Vol. 10, No. 4, July 1998, pp. 307 – 324.

[14] G. Blalock and P. J. Gertler, Learning from Exporting Revisited in a Less Developed Setting. *Journal of Development Economics*, Vol. 75, No. 2, 2004, pp. 397 – 416.

[15] G. H. Hanson, The Rise of Middle Kingdoms: Emerging Economies in Global Trade. *Journal of Economic Perspectives*, Vol. 26, No. 2, 2012, pp. 41 – 64.

[16] G. Xiao, People's Republic of China's Round-tripping FDI: Scale, Causes and Implications. ADB Institute Discussion Paper, July 2004.

[17] H. L. Kee, H. Tang, Domestic Value Added in Exports: Theory and Firm Evidence from China. *American Economic Review*, Vol. 106, No. 6, 2016,

pp. 1402 – 1436.

[18] H. Ma, Z. Wang, K. Zhu, Domestic Content in China's Exports and Its Distribution by Firm Ownership. *Journal of Comparative Economics*, Vol. 43, No. 1, 2015, pp. 3 – 18.

[19] H. Tang, F. Wang, Z. Wang, Domestic Segment of Global Value Chains in China under State Capitalism. *Journal of Comparative Economics*, Vol. 48, No. 4, 2020, pp. 797 – 821.

[20] International Monetary Fund, Balance of Payments and International Investment Position Manual (Sixth edition), Washington, D. C. U. S. A, 2009.

[21] J. Dedrick, K. L. Kraemer, G. Linden, Who Profits from Innovation in Global Value Chains? A Study of the iPod and Notebook PCs. *Industrial and Corporate Change*, Vol. 19, No. 1, 2010, pp. 81 – 116.

[22] J. M. Dean, K. C. Fung, Z. Wang, Measuring Vertical Specialization: The Case of China. *Review of International Economics*, Vol. 19, No. 4, 2011, pp. 609 – 625.

[23] J. Pei, J. Oosterhaven, E. Dietzenbacher, How Much do Exports Contribute to China's Income Growth? *Economic Systems Research*, Vol. 24, No. 3, 2012, pp. 275 – 297.

[24] K. H. Zhang, S. Song, Promoting Exports: the Role of Inward FDI in China. *China Economic Review*, Vol. 11, No. 4, 2001, pp. 385 – 396.

[25] K. H. Zhang, Why does So Much FDI from Hong Kong and Taiwan Go to Mainland China? *China Economic Review*, Vol. 16, No. 3, 2005, pp. 293 – 307.

[26] L. Brandt, J. Van Biesebroeck, L. Wang, Y. Zhang, WTO Accession and Performance of Chinese Manufacturing Firms. *American Economic Review*, Vol. 107, No. 9, 2017, pp. 2784 – 2820.

[27] M. Bas and O. Causa, Trade and Product Market Policies in Up-

stream Sectors and Productivity in Downstream Sectors: Firm-level Evidence from China. *Journal of Comparative Economics*, Vol. 41, No. 3, 2013, pp. 843 – 862.

[28] M. Kelle, J. Kleinert, H. Raff, F. Toubal, Cross – Border and Foreign Affiliate Sales of Services: Evidence from German Micro – Data. *World Economy*, Vol. 36, No. 11, 2013, pp. 1373 – 1392.

[29] M. P. Timmer, A. A. Erumban, B. Los, R. Stehrer, G. de Vries, Slicing up Global Value Chains. *Journal of Economic Perspectives*, Vol. 28, No. 2, 2014, pp. 99 – 118.

[30] M. P. Timmer, S. Miroudot, G. de Vries, Functional Specialisation in Trade. *Journal of Economic Geography*, Vol. 19, No. 1, 2019, pp. 1 – 30.

[31] N. R. Lardy, China: Rebalancing Economic Growth. The China Balance Sheet in 2007 and Beyond, May 2007.

[32] NBS (National Bureau of Statistics of China), *China Industry Economy Statistical Yearbook* 2003, Beijing: China Statistics Press, 2003.

[33] P. Antràs, Conceptual Aspects of Global Value Chains, World Development Report. Policy Research Working Paper, No. 91114, 2020.

[34] Q. Chen, X. Chen, J. Pei, C. Yang, K. Zhu, Estimating Domestic Content in China's Exports: Accounting for a Dual-trade Regime. *Economic Modelling*, Vol. 89, No. 7, 2020, pp. 43 – 54.

[35] R. Bems, R. C. Johnson, K. M. Yi, The Great Trade Collapse. *Annual Review of Economics*, Vol. 5, No. 4, 2012, pp. 375 – 400.

[36] R. C. Johnson, Five Facts about Value – Added Exports and Implications for Macroeconomics and Trade Research. *Journal of Economic Perspectives*, Vol. 28, No. 2, 2014, pp. 119 – 142.

[37] R. C. Johnson, G. Noguera, A Portrait of Trade in Value – Added over Four Decades. *Review of Economics and Statistics*, Vol. 99, No. 5, 2017, pp. 896 – 911.

[38] R. Koopman, Z. Wang, S. Wei, Estimating Domestic Content in Exports When Processing Trade is Pervasive. *Journal of Development Economics*, Vol. 99, No. 1, 2012, pp. 178 – 189.

[39] R. Upward, Z. Wang, J. Zheng, Weighing China's Export Basket: the Domestic Content and Technology Intensity of Chinese Exports. *Journal of Comparative Economics*, Vol. 41, No. 2, 2013, pp. 527 – 543.

[40] S. Brakman, H. Garretsen, R. van Maarseveen, P. Zwaneveld, Firm Heterogeneity and Exports in the Netherlands: Identifying Export Potential beyond Firm Productivity. *Journal of International Trade & Economic Development*, Vol. 29, No. 1, 2020, pp. 36 – 68.

[41] T. Gao, Foreign Direct Investment and Growth under Economic Integration. *Journal of International Economics*, Vol. 67, No. 1, 2005, pp. 157 – 174.

[42] T. Tombe, X. Zhu, Trade, Migration, and Productivity: A Quantitative Analysis of China. *American Economic Review*, Vol. 109, No. 5, 2019, pp. 1843 – 1872.

[43] W. Wei, China and India: Any Difference in Their FDI Performances? *Journal of Asian Economics*, Vol. 16, No. 4, 2005, pp. 719 – 736.

[44] X. Chen, L. K. Cheng, K. C. Fung, L. J. Lau, Y. W. Sung, K. Zhu, C. Yang, J. Pei, Y. Duan, Domestic Value Added and Employment Generated by Chinese Exports: A Quantitative Estimation. *China Economic Review*, Vol. 23, No. 4, December 2012, pp. 850 – 864.

[45] Y. Duan, C. Yang, K. Zhu, X. Chen, Does the Domestic Value Added Induced by China's Exports Really Belong to China? *China & World Economy*, Vol. 20, No. 5, 2012, pp. 83 – 102.

[46] Y. Duan, E. Dietzenbacher, X. Jiang, X. Chen, C. Yang, Why has China's Vertical Specialization Declined? *Economic Systems Research*, Vol. 30, No. 2, 2018, pp. 178 – 200.

［47］Y. Han, C. Gan, B. Hu, Z. Li, Hong Kong Capital Flight: Determinants and Features. *Investment Management and Financial Innovations*, Vol. 9, No. 3, 2012, pp. 33 –46.

［48］Z. Yao, China Should Strengthen the Monitor of Retained Profits of FIEs. Policy Brief, No. 08003, 2008.

［49］Z. Zhang, Productivity and Economic Growth: An Empirical Assessment of the Contribution of FDI to the Chinese Economy. *Journal of Economic Development*, Vol. 27, No. 2, 2002, pp. 81 –94.

第三章

全球价值链视角下关税有效保护率的测算分析 *

---

* 本章相关内容已经发表在以下论文中：段玉婉、刘丹阳、倪红福：《全球价值链视角下的关税有效保护率——兼评美国加征关税的影响》，载《中国工业经济》2018 年第 7 期。

第一节　研究背景

2008 年金融危机以来，国际贸易保护主义抬头，鉴于美国巨大的贸易逆差，为保护本土企业，美国政府连续出台一系列关税保护措施。例如，2017 年 8 月 14 日，美国认为中国相关政策可能损害美国的知识产权、技术创新，特朗普签署行政备忘录授权贸易代表对中国开展 301 调查。[①] 根据 301 调查结果，2018 年 4 月 4 日，美国政府发布了针对中国加征关税的商品清单，将对中国出口到美国的 1333 项 500 亿美元的商品征收 25% 的关税。与之对应，中国也有针对性地发布了反击措施。中美贸易摩擦不断升级，这也对中国和美国甚至世界其他经济体的经济带来一定影响。

然而贸易保护对一国经济的影响是复杂的，一方面本国关税水平上升，将提高同类进口品价格，从而在一定程度上保护国内厂商免受国外厂商的竞争，并因此为国内企业带来一定的利润。但另一方面，上游产品关税水平的上升将导致进口中间产品价格上升，从而增加了下游国内生产厂商的生产成本，因此也将在一定程度上降低国内厂商的利润水平。特别是在目前全球价值链（GVC）深入发展的背景下，一个产品的生产过程被分割为分布于不同国家的不同生产阶段，世界各国的生产紧密联系，共同成为世界市场不可分割的一部分。因此，一国关税水平的上升也势必沿生产链条蔓延至各个国家，从而影响各国的生产成本。那么在此背景下，一国增加关税，是否真的能够切实有效地保护本土产业的发展呢？本章将尝试对此问题进行回答。

关税有效保护率（Effective Rate of Protection，ERP）最早是由加拿大

---

① 301 条款是美国《1974 年贸易法案》（*Trade Act of* 1974）中的第 301 条款，该条款授权美国政府调查涉嫌不当行为的贸易伙伴，并自行决定相关惩罚措施。

经济学家巴伯（Barber，1955）提出。巴拉萨（Balassa，1965）和科登
（Corden，1966）定义 ERP 是指由于关税的存在使得产品的价格高于无关
税时的价格带来的收益，再减去进口中间品关税导致的额外成本，其计算
过程为一种产品国内外增加值的差额与其国外加工增加值的比。ERP 不仅
考虑了关税对最终品价格的影响，也考虑了关税对上游中间品价格进而对
最终品成本的影响。它计算了相对于自由贸易，整体关税制度为国内生产
者带来的增加值的增长率（Chen et al.，2017）。ERP 的大小反映了该国对
某一行业实际保护程度的高低：若 ERP 为正，表明该国关税整体上对该行
业起保护作用；反之，则说明该国关税不仅没有有效保护本国企业，反而
使其增加值受到损害。

　　然而，传统的 ERP 在核算上游关税带来的生产成本时，只考虑了产品
最后生产阶段的进口中间品关税，忽视了其他更上游生产阶段的关税成
本，因此将在一定程度上低估上游关税成本，高估关税对最终品的保护程
度。近几十年来，随着全球化进程的不断加深，产品的不同生产阶段分散
在世界各地，产品因为生产的多重环节而多次跨越国境，并产生了大量的
中间品贸易，因此关税也随着产品的多次跨越国境而被重复征收，进口中
间品的关税成本将沿生产链条向下游传递，贸易成本因此被叠加而放大，
各国参与 GVC 生产的预期收益会因为层层的关税而被拉低。

　　因此，本章在 GVC 背景下提出一个崭新的测算关税有效保护率的指
标，并利用这个新指标基于世界投入产出表计算了 1995～2011 年 64 个经
济体 33 个行业的关税有效保护率。相对于已有文献，本章主要有以下几
点边际贡献：（1）在考虑 GVC 的背景下，重新构建了关税有效保护率的
测算方法。与传统测算方式不同，考虑到贸易成本沿 GVC 的叠加效应，
利用区分加工贸易和一般贸易的世界投入产出模型，重新提出新的测算关
税有效保护率的方法。（2）本章不仅考虑了本国关税水平，同时也考虑了
所有其他经济体的关税水平对一国关税有效保护率的影响。在紧密相连的
全球生产网络中，一个国家的商品竞争力不仅取决于双边贸易的关税和其
他贸易成本，还取决于其贸易伙伴所面临的贸易成本。本章将在考虑全球

生产网络以及各个经济体关税水平的情况下，重新对关税有效保护率进行测算和探讨。（3）最后，考虑到中美贸易摩擦问题，我们创新性地模拟评估分析了特朗普关税政策对中国和美国及其他经济体产业发展的保护作用。

本章的结构如下：第一节为研究背景；第二节为文献综述；第三节重点提出了在 GVC 背景下一个崭新的衡量关税有效保护率的方法；第四节描述了本章计算所使用的数据及来源；第五节实证计算了 1996 年至 2011 年世界 64 个经济体 33 个行业的关税有效保护率，并分别从国家层面和行业层面对关税有效保护率的规律和变化趋势进行了分析；第六节对中美两国的关税有效保护率进行了具体分析，并模拟了特朗普对华贸易政策对中美两国和世界其他经济体关税有效保护率的影响；第七节对本章的主要结论进行了总结。

第二节　文 献 综 述

本章与 GVC 和贸易保护的测量以及 GVC 背景下贸易成本的叠加效应等方面的研究密切相关。

一、全球价值链的测量

随着经济全球化进入了 GVC 主导的时代，这种新的生产模式和贸易格局驱使研究者对传统贸易理论进行重新审视，并对世界各国在 GVC 中的地位进行追踪。其中，利用企业层面数据和投入产出表是目前追踪 GVC 最为主流的方法。例如，张杰等（2013）利用中国企业微观数据实证分析了中国企业出口中的国内增加值或中国企业在 GVC 中的位置（Kee and Tang, 2016; Alfaro et al., 2017）。

在利用投入产出模型方面，研究者们最初基于单国投入产出表，测算出口中的国内增加值（出口增加值）或垂直专门化率（Dean et al.，2011；Koopman et al.，2012；Yang et al.，2015；Ma et al.，2015）。例如，陈锡康等（Chen et al.，2012）利用中国区分加工贸易的非竞争型投入产出模型，证明了基于贸易总值的测算方法远远高估了中国在中美贸易中的顺差地位。段玉婉等（2018）也进一步利用单国投入产出表对中国出口中的国内增加值或垂直专门化率进行了测算。

与单国投入产出模型相比，地区间投入产出模型能够清晰地反映各地区各行业之间复杂的产品流向和生产消耗关系，因此能够更清楚地刻画各地区各行业在 GVC 中的地位（段玉婉和杨翠红，2018）。约翰逊和诺格拉（Johnson and Noguera，2012）提出了在国家间投入产出模型中，测算双边贸易中的国内增加值和国外增加值的方法。库普曼等（Koopman et al.，2014）提出 KWW 方法，将出口总值按照价值流向详细分解为增加值出口、返回的国内增加值、国外增加值和重复计算的中间品贸易等部分。王直等（2015）进一步将 KWW 方法延伸至双边贸易和行业层面。有学者用不同的方法对全球价值链进行了追踪（Los et al.，2014，2016；Timmer et al.，2014），也有学者提出了衡量 GVC 参与度和生产链长度的指标（Wang et al.，2017a，2017b）。这些文献为核算一国在 GVC 中的地位提供了坚实的方法论基础和丰富的实证研究结论，是本章研究的重要基础。

二、贸易保护的测量

已有文献中测量贸易保护程度的指标主要有两类（Chen et al.，2017）。第一类是从进口方角度考虑的贸易限制指数（Trade Restrictiveness Index，TRI）（Anderson and Neary，1992，1996；Feenstra，2006）。有学者应用了 TRI 计算了关税贸易壁垒对 GDP 的影响，发现 TRI 比简单或进口加权平均关税高出30% 左右（Kee et al.，2004，2009）。

第二类是巴拉萨（Balassa，1965）和科登（Corden，1966）从国内生产者角度提出的关税有效保护率。他们将关税有效保护率定义为由于整个关税制度而引起的国内增值的提高部分与自由贸易条件下增值部分相比的百分比。但这种传统的关税有效保护率计算方式包含了三个较强的假定：（1）生产技术为 Leontief 形式，生产要素间不能相互替代；（2）使用小国假设，关税完全传递至消费者或下游生产者；（3）没有考虑国内生产网络，即只核算了产品生产中的直接中间投入，忽视了间接中间投入。陈波等（Chen et al.，2017）放松了小国假设，提出了在关税的不完全传递下对 ERP 测算的修正，并发现中国关税有效保护率很低。

此外，根据关税有效保护率理论，并非只有征收高关税才能保护本土企业，即使降低名义关税也可以实现对本国行业的有效保护。一国可以通过建立起有梯度的关税结构，例如对低加工阶段的产品征收较低的关税，从而避免中间投入关税的加总高过最终品的关税。[①]

三、贸易成本在全球价值链背景下的累积效应研究

在 GVC 背景下，一个最终产品在被消费者消费之前会经历多个生产环节，中间产品会因为这些多重生产环节而多次跨越国境，包括运输、关税等在内的贸易成本因此被叠加而放大，使得交易成本占据生产厂商的部分利润。具体来说，上游进口中间品的关税会通过价值链反映到下游生产商的中间品价格中，并继续沿价值链反映至再下游厂商的生产成本中。因此，各国参与 GVC 生产的收益会因为层层的关税而被拉低。

在过去的半个世纪中，随着通信技术的进步以及各国对自由贸易的重视，贸易成本不断下降。但是由于生产的全球化，贸易成本的叠加效应也日益凸显。贸易成本沿 GVC 的叠加是非线性的（Ma and Assche，2010；Ferrantino，2012），其中有学者认为贸易成本的上升是指数型的（Ferranti-

---

[①] 有学者通过加拿大的案例发现加拿大政府于 2010 年单方面取消部分进口投入品的关税为加拿大带来的收益，超过了加拿大希望达成的任何贸易互惠条款所带来的收益（Ciuriak and Xiao，2014）。

no，2012）。贸易成本的累积效应与 GVC 的组织形式密切相关，在"蜘蛛形"模式下，作为装配中心的厂商位于中心位置，零部件的生产商分布于其周边，投入要素跨境次数少，贸易成本叠加效应较弱（Baldwin and Venables，2010；Diakantoni et al.，2017）。而在"蛇形" GVC 中，位于上游的零部件都要经过后面的所有加工流程，贸易成本叠加效果明显。

此外，也有一些文章探讨了关税与 GVC 的关系。近几十年来世界平均关税的下降促进了垂直专门化贸易的盛行，并促进了世界贸易的快速增长（Yi，2003）。布兰查德等（Blanchard et al.，2016）研究了一国在 GVC 中的地位对本国贸易政策制定的影响，他们在理论上和实证上发现，本国会降低对含有本国增加值较高的进口最终品的关税。

虽然众多研究对 GVC 背景下关税的累积效应进行了探讨，但目前尚未有研究系统地测算 GVC 背景下的 ERP。鉴于此，本章将考虑全球生产网络，重新对 ERP 进行测算和探讨。因此，本章是对已有文献的一项重要补充。

第三节 理 论 模 型

为了清晰地反映本章提出的关税有效保护率与传统关税有效保护率的不同，我们首先对传统有效保护率的计算方法进行简单介绍。

一、传统关税有效保护率的测算

巴拉萨（Balassa，1965）和科登（Corden，1966）定义了最原始的关税有效保护率理论，假设各经济体使用相同生产技术选择最适合其资源禀赋的生产组合。在一个无摩擦的贸易环境中，假设国产产品与进口产品完全可替代。

假设某行业生产最终产品 j，使用 n 种中间投入（用 i 表示），并且这些中间投入的生产仅需劳动与资本投入，不使用其他中间投入。假设进口最终品与中间品的关税分别为 τ_j 和 τ_i，用直接投入系数 a_{ij} 表示生产单位 j 产品所使用的中间投入 i 的值，因此为了生产单位 j 产品，本国对所进口的中间投入品征收的关税为 $\sum_{i=1}^{n} a_{ij}\tau_i$。假设最终产品世界价格为 p_j，在自由贸易时，最终产品 j 的增加值为 $v = p_j(1 - \sum_{i=1}^{n} a_{ij})$。在存在关税的情况下，增加值为 $\bar{v} = p_j(1 + \tau_j) - \sum_{i=1}^{n} p_j a_{ij}(1 + \tau_i)$。传统的关税有效保护率测算公式即为：

$$ERP\_ALL_j = \frac{\bar{v} - v}{1 - \sum_{i=1}^{n} a_{ij}} = \frac{\tau_j - \sum_{i=1}^{n} a_{ij}\tau_i}{1 - \sum_{i=1}^{n} a_{ij}} \qquad (3.1)$$

根据式（3.1），ERP_ALL 假设上游国内中间投入也被征收了关税，这显然不符合现实，将高估上游中间品被征收的关税，从而高估最终品 j 生产中隐含的关税成本，低估最终品 j 的有效保护率。为了修正 ERP_ALL 的这种缺陷，研究者们提出了扩展的关税有效保护率（ERP_IMP）。

用 a_{ij}^f 表示生产单位 j 产品所直接消耗的 i 行业的进口中间投入，那么 ERP_IMP 可表示为：

$$ERP\_IMP_j = \frac{\tau_j - (\sum_{i=1}^{n} a_{ij}^f \tau_i)}{1 - \sum_{i=1}^{n} a_{ij}} \qquad (3.2)$$

ERP_IMP 假设最终品生产仅通过直接消耗的方式消耗进口中间投入，即假设中间投入 i 的生产不再使用进口中间投入，这显然与现实不符，在现实生活中，中间投入无论来自国内或国外，其生产均将消耗进口中间投入，并因此产生关税成本。换句话讲，最终品的生产不仅直接消耗进口中间投入，还将通过消耗上游中间投入的方式进一步间接消耗进口中间投入，从而产生间接的关税成本。ERP_IMP 由于忽视了国内和国家间的生产网络效应，因此低估了最终品生产中的关税成本，高估了关税有效保护率。

二、基于全球价值链的关税有效保护率测算

在 GVC 背景下，一种产品的生产被分割为分布于不同经济体的多个生产环节，最终品的生产需要中间进口产品的投入，中间进口产品的生产也进一步需要更上游的中间进口品投入。因此，最终品中的关税成本包括全部生产链条中产生的关税成本。同时，最终品中的关税成本不仅取决于本国的关税水平，也取决于其贸易伙伴的关税水平。本章将在考虑全球生产网络以及贸易伙伴关税水平的情况下，重新对关税的有效保护率进行核算和探讨。为了清楚区分本章提出的关税有效保护率与传统关税有效保护率的不同，我们利用一个两国模型进行说明，并将本章此后提出的有效保护率用字母 *ERP_GVC* 表示。

根据图 3 - 1，假设全世界有两个国家 A 和 B，最终品 F 的生产包括四个生产阶段。第一阶段，国家 A 生产中间品 1，价格为 a_1，国家 B 对其征收税率为 τ_B 的关税，那么中间品 1 在国家 B 的价格为 $(1 + \tau_B)a_1$。第二阶段，国家 B 使用 1 单位的中间品 1 生产中间品 2，然后以 a_2 的价格出口中间品 2 到国家 A，国家 A 对其征收税率为 τ_A 的关税，因此中间品 2 在国家 A 的价格为 $(1 + \tau_A)a_2$。第三阶段，国家 A 使用 1 单位的中间品 2 生产中间品 3，然后再以 a_3 的价格出口到国家 B，国家 B 对其征收关税的税率为 τ_B，那么中间品 3 在国家 B 的价格即为 $(1 + \tau_B)a_3$。第四阶段，国家 B 使用 1 单位中间品 3 生产最终品 F，价格为 a_4。在最终品 F 的生产成本中，共包括关税成本 $\tau_B a_1 + \tau_A a_2 + \tau_B a_3$，其中向 B 国缴纳的关税成本为 $\tau_B a_1 + \tau_B a_3$。假设 B 国对最终品 F 征收税率为 τ_F 的从价关税，那么相对于自由贸易，B 国对最终品 F 的有效保护率为 $\dfrac{\tau_F - (\tau_B a_1 + \tau_A a_2 + \tau_B a_3)}{1 - (a_1 + a_2 + a_3)}$。然而，根据传统 *ERP_IMP* 的（公式（3.2））的计算，F 中的关税成本仅为 $\tau_B a_3$，

B 国对 F 的关税有效保护率为$\frac{\tau_F - \tau_B a_3}{1 - a_3}$，低估了上游关税成本，高估了关税对最终品的有效保护程度。

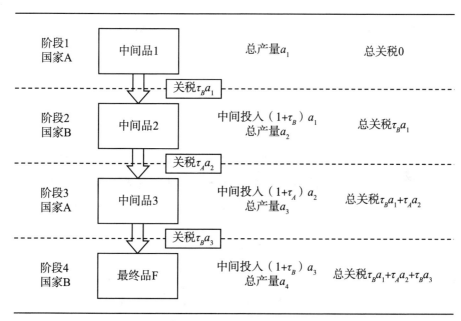

图 3－1　全球价值链背景下关税有效保护率测算示意图

资料来源：笔者自制。

　　然而，现实经济中的 GVC 要比图 3－1 复杂得多，世界上有两百多个经济体，各个经济体生产的产品多种多样，不同产品的生产链条各不相同，为准确测算 *ERP_GVC*，需借助世界投入产出模型。

　　不妨假设世界有 N 个国家 K 个行业。我们用 r 或 s 代表国家，用 i 或 j 代表行业；利用 (s, j) 表示第 s 国家的第 j 个行业。定义 $a_{(r,i)(s,j)}$ 为直接消耗系数，表示 s 国 j 行业生产单位产品所需要的 r 国 i 行业的产品的价值量。定义世界投入产出系数矩阵为 $\mathbf{A} = \begin{bmatrix} \mathbf{A}_{11} & \cdots & \mathbf{A}_{1N} \\ \vdots & \ddots & \vdots \\ \mathbf{A}_{N1} & \cdots & \mathbf{A}_{NN} \end{bmatrix}$（$NK \times NK$ 维），其

中 $\mathbf{A}_{rs} = \begin{bmatrix} a_{(r,1)(s,1)} & \cdots & a_{(r,1)(s,K)} \\ \vdots & \ddots & \vdots \\ a_{(r,K)(s,1)} & \cdots & a_{(r,K)(s,K)} \end{bmatrix}$ 表示第 s 国各行业产品对第 r 国各行业产

品的直接消耗系数矩阵（$K \times K$ 维）。定义 $\mathbf{A}_0 = \mathbf{A} - \begin{bmatrix} \mathbf{A}_{11} & \mathbf{0} & \mathbf{0} \\ \mathbf{0} & \ddots & \mathbf{0} \\ \mathbf{0} & \mathbf{0} & \mathbf{A}_{NN} \end{bmatrix} =$

$\begin{bmatrix} \mathbf{0} & \cdots & \mathbf{A}_{1N} \\ \vdots & \ddots & \vdots \\ \mathbf{A}_{N1} & \cdots & \mathbf{0} \end{bmatrix}$ 为进口系数矩阵。

我们以 s 国 j 行业为例探讨 *ERP_GVC* 的计算。假设 j 行业的世界价格是唯一的，用 p_j 表示。各国是该唯一价格的被动接受者。现在假设世界各国可以对本国产品进行关税保护，用 $\tau_{(r,i)s}$ 表示 s 国对 r 国 i 行业产品所征收的从价关税税率，并假定该关税完全传递给下游生产商或消费者。因此，如果用 $p_{(r,i)}$ 表示 r 国 i 行业产品的国内价格，那么该商品在 s 国的销售价格为 $p_{(r,i)}(1 + \tau_{(r,i)s})$。同时，假设 $\tau_{(j)s}$ 表示 s 国对 j 行业产品所征收的平均从价关税税率，因此 j 行业产品在 s 国的价格为 $p_j(1 + \tau_{(j)s})$，如果不考虑中间投入成本的变化，此时该行业增加值相对于自由贸易情境下增加了 $p_j\tau_{(j)s}$。

然而，当 s 国对 j 行业的上游行业征收关税时，将同时增加 j 行业的进口中间品成本，同时也将通过国内生产链的传导，将该生产成本的上升传递至 j 行业生产所需要的其他国内中间品价格中，也将进一步通过 GVC，提高生产 (s, j) 所需的其他上游产品的价格，提高 (s, j) 的生产成本，降低 (s, j) 的增加值。同理，当 s 国之外的其他国家也征收进口关税时，这些关税成本也将通过 GVC 传递至生产 (s, j) 的上游进口中间品价格中，从而进一步降低 (s, j) 的增加值。

为了计算关税对 (s, j) 的有效保护率，我们利用 $\boldsymbol{\tau}_{rs} = \begin{bmatrix} \boldsymbol{\tau}_{(r,1)s} \\ \vdots \\ \boldsymbol{\tau}_{(r,i)s} \end{bmatrix}$（$K \times 1$

维）表示 s 国对 r 国各行业产品所征收的关税税率，其中 $\boldsymbol{\tau}_{(s,i)s}=0$。定义

$$\boldsymbol{\tau}=\begin{bmatrix}\boldsymbol{\tau}_{11} & \cdots & \boldsymbol{\tau}_{11} & \cdots & \boldsymbol{\tau}_{1N} & \cdots & \boldsymbol{\tau}_{1N}\\ \vdots & \ddots & \vdots & \ddots & \vdots & \ddots & \vdots\\ \boldsymbol{\tau}_{N1} & \cdots & \boldsymbol{\tau}_{N1} & \cdots & \boldsymbol{\tau}_{NN} & \cdots & \boldsymbol{\tau}_{NN}\end{bmatrix}$$ 为 $NK\times NK$ 维的全球双边关税税率

矩阵，其中 $\begin{bmatrix}\boldsymbol{\tau}_{1s}\\ \vdots\\ \boldsymbol{\tau}_{Ns}\end{bmatrix}$ 表示 s 国对所有国家各产品征收的关税税率。

首先，生产单位 (s,j) 产品所直接使用的上游进口品被征收的关税（直接投入关税）为 $\sum\limits_{r=1}^{N}\sum\limits_{i=1}^{K}\tau_{(r,i)}a_{(r,i)(s,j)}$。根据矩阵运算，我们可将世界各国各行业的直接投入关税一般化表示为 $\mathbf{u}(\boldsymbol{\tau}\circ\mathbf{A}_0)$，其中。为矩阵对应元素相乘，$\mathbf{u}$ 为所有元素均为 1 的 $1\times NK$ 的向量。[1]

为生产 (s,j) 的上游中间品，也需要消耗来自各国的进口品。在生产 (s,j) 产品过程中，除了直接消耗上游进口中间品外，还将通过消耗国内或进口中间品，间接地消耗来自国外的中间投入。因此，各国对各行业产品征收的关税，也将通过这种间接方式影响 (s,j) 的生产成本。不妨称 (s,j) 通过一次上游中间投入而消耗的进口品为一次间接消耗，那么一次间接消耗所包含的关税成本可以表示为 $\mathbf{u}(\boldsymbol{\tau}\circ\mathbf{A}_0)\mathbf{A}$，它表示为了生产 (s,j) 的中间投入品而消耗的进口中间品带来的关税成本。以此类推，二次间接消耗包含的关税成本为 $\mathbf{u}(\boldsymbol{\tau}\circ\mathbf{A}_0)\mathbf{A}^2$；第 k 次间接消耗所包含的关税成本为 $\mathbf{u}(\boldsymbol{\tau}\circ\mathbf{A}_0)\mathbf{A}^k$。将直接投入关税和所有间接的关税成本加总，就得到了生产各国各行业产品中包含的关税成本，即：

$$\boldsymbol{\mu}=\mathbf{u}(\boldsymbol{\tau}\circ\mathbf{A}_0)(\mathbf{I}+\mathbf{A}+\mathbf{A}^2+\mathbf{A}^3+\cdots)=\mathbf{u}(\boldsymbol{\tau}\circ\mathbf{A}_0)(\mathbf{I}-\mathbf{A})^{-1}\qquad(3.3)$$

其中 $\boldsymbol{\mu}=(\mu_{(1,1)},\cdots,\mu_{(s,j)})$ 为 $1\times NK$ 维，元素 $\mu_{(s,j)}$ 表示在现行关税水平下，生产单位 (s,j) 产品所完全包含的关税成本，同时也是 (s,j) 相对于自由贸易时生产成本的上升部分。因此，考虑所有国家关税水平

---

[1] 即 $\mathbf{u}=[1,\cdots,1]_{1\times NK}$。

时，世界关税对 s 国 j 行业的有效保护率为：

$$ERP\_GVC_{(s,j)} = \frac{\tau_{(j)s} - \mu_{(s,j)}}{1 - \sum\limits_{r=1}^{N} \sum\limits_{i=1}^{K} a_{(r,i)(s,j)}} \qquad (3.4)$$

让 τ 矩阵中除 s 国之外的所有国家进口关税均为 0，从而得到新的关税矩阵 $\tilde{\tau}$，用 $\tilde{\tau}$ 代替式（3.4）中的 τ，重新计算得到本国关税成本 $\tilde{\mu}_{(s,j)}$，并让其代替式（3.4）中的 $\mu_{(s,j)}$，即计算得到本国关税对 (s, j) 的关税有效保护率，我们用字母 ERP_OWN 表示，即：

$$ERP\_OWN_{(s,j)} = \frac{\tau_{(j)s} - \tilde{\mu}_{(s,j)}}{1 - \sum\limits_{r=1}^{N} \sum\limits_{i=1}^{K} a_{(r,i)(s,j)}} \qquad (3.5)$$

第四节　数　据　描　述

ERP_GVC 的测算建立在两类数据基础之上，一是世界投入产出表，二是双边从价关税税率。具体来说，本章利用来自 OECD 的世界投入产出表（Inter – Country Input – Output，ICIO）进行研究。[1] 它提供了 1996 年到 2011 年涵盖 34 个行业包括 64 个经济体的投入产出数据，其中 ROW 为除 ICIO 中 63 个经济体以外的世界其他经济体加总。[2] 相对于其他世界投入产出表，ICIO 表的一个显著优势是它考虑到中国和墨西哥加工贸易比重较高的特点，将中国和墨西哥的加工贸易生产和其他生产清晰区分出来。这对本章的测算非常重要，这是因为中国和墨西哥对用于加工出口生产的进口原材料实施零关税政策。因此，利用 ICIO 表可使得本章更为准确地测算

---

① 请参见 OECD 网站：http：//www. oecd. org/sti/ind/inter – country – input – output – tables. htm。

② 具体国家与行业分类请参见表 3 – 2 与图 3 – 9，ICIO 表共包括 34 个行业，但由于大多数经济体第 34 个行业（家政服务业）的产出均为 0，在具体测算中，我们将第 34 行业与第 33 行业（其他服务业）合并为一个行业。

各国各行业的关税有效保护率。

本章的双边关税税率来自世界银行（WITS，UNCTAD – TRAINS）收录的数据。① 该数据库提供了 ISIC 版本 3（ISIC3）四位行业编码分类的双边关税税率与双边贸易量。本章根据布兰查德等（Blanchard et al.，2016）的研究，采用实际关税税率（effectively applied rates）。

为了与 ICIO 表的经济体和行业分类一致，本章仍需对关税税率按照经济体和行业分类进行相应合并。首先，WITS 提供了 63 个 ICIO 经济体之间按照 ISIC3 分类的双边关税税率。其次，我们计算 63 个 ICIO 经济体与 ROW 间的双边关税税率。为此，我们将 63 个 ICIO 经济体与每个 ROW 国家的双边关税税率利用对应的进口额为权重，加权平均得到 ROW 整体与 63 个 ICIO 经济体间的按照 ISIC3 分类的关税税率。

此外，我们仍需将双边的关税税率由 ISIC3 四位行业分类转化为 ICIO 表的行业分类，利用 ISIC3 四位编码分类的进口额为权重，对关税税率进行加权平均得到 33 个行业中货物行业（1～17）的关税数据，服务行业（18～33）的关税为 0。由此，我们最终将 WITS 中的关税数据合并为按照 ICIO 表中的经济体与行业分类的双边关税税率。②

第五节　实证研究

基于 ICIO 表和双边关税数据，本章根据式（3.4）计算了 1996 年到 2011 年 64 个经济体 33 个行业（共有 64 × 33 × 16 = 33792 个观察值）的 *ERP_GVC*，并基于式（3.5）计算了本国关税的有效保护率 *ERP_OWN*。

---

① 请参见 WITS 网站：https：//wits. worldbank. org/。

② 由于一些国家与地区的特殊政策，本章处理关税数据时，遵循以下原则：其一，根据相关政策，欧盟内部关税、自由贸易港中国香港和新加坡进口关税、中国与墨西哥为加工贸易生产所用的进口中间投入关税为 0；其二，若一国数据在时间序列上缺失则用该国最相近的 4 年内的关税数据补充。

除此之外，为了探究新指标与传统 ERP 的差异，我们还根据式（3.1）和式（3.2）分别计算了传统的 ERP 指标，包括计算所有中间品关税的 *EPR_ALL* 和只计算最后生产阶段进口中间品关税的 *ERP_IMP*。

一、关税有效保护率概览

表 3 – 1 列出了四种 ERP 的描述性统计结果。其中，*ERP_GVC* 的均值为 6.00%，表明与世界自由贸易相比，现行的世界关税水平平均使得各国的增加值提高了 6.00%。ERP 越高，说明现行关税对各国国内产品的保护程度越高。

表 3 – 1 关税有效保护率描述性统计结果

变量	观测值数量	平均值（%）	标准差	最小值（%）	最大值（%）
ERP_GVC	33792	6.00	19.05	– 22.46	592.5
ERP_OWN	33792	6.02	18.70	– 22.87	591.2
ERP_ALL	33792	3.66	14.73	– 263.4	392.5
ERP_IMP	33792	6.57	19.48	– 17.73	595.1

资料来源：笔者根据计算结果自制。

ERP_GVC 最高的是 2007 年印度的食品饮料与烟草加工业，与自由贸易相比，关税政策使得印度该行业的国内增加值增长近 6 倍。这与印度该行业的超高关税是分不开的，2011 年印度对世界该行业的平均关税税率为 51.08%。最低的是 2007 年突尼斯的可回收利用产品与其他制造业，*ERP_GVC* 为负，表明突尼斯该行业不仅没有受到关税政策的保护，反而受到了损害，与自由贸易相比，其增加值下降了 22.46%。

表 3 – 1 显示，平均来看，*ERP_OWN* 略高于 *ERP_GVC*，但差异不大。这是因为 *ERP_OWN* 不考虑其他国家关税水平，仅仅计算了本国关税沿 GVC 叠加对关税有效保护率的影响，因此计算的上游关税成本较低，得到

的 ERP 较高。同时，我们发现各经济体各行业的 *ERP_GVC* 与 *ERP_OWN* 非常接近。这说明本国自身的关税水平对该国 ERP 起到决定性作用，远远高于其他国家关税政策对 ERP 的影响。受篇幅所限，下文将主要以 *ERP_GVC* 的分析为主，但这也代表了 *ERP_OWN* 的主要演变规律。

与传统 ERP 指标对比来看，*ERP_GVC* 明显高于传统的 *ERP_ALL*，显著低于 *ERP_IMP*。这是因为传统的 *ERP_ALL* 在计算时，假设国内中间投入也被征收关税，而这显然不符合现实，因此高估了上游产品的关税成本，低估了 ERP。而 *ERP_IMP* 仅考虑了最后生产阶段的进口中间投入，忽视了整个价值链上更上游的关税成本，因此在一定程度上低估了上游的关税成本，高估了 ERP。结果显示，本章提出的 *ERP_GVC* 克服了上述指标的缺陷，全面追踪了各产品生产链条上的所有生产环节中发生的关税，因此更为准确地衡量了实际的 ERP。

受篇幅所限，本章并没有具体列出各经济体各行业的 ERP，但测算结果显示 GVC 对关税有效保护率的影响不可小觑。通过对比各经济体各行业的 *ERP_GVC* 与 *ERP_IMP*，我们发现，考虑了 GVC 后，大多数经济体的关税有效保护率大幅降低。其中，下降幅度最大的是 2000 年塞浦路斯的石油加工、炼焦以及核燃料加工业，*ERP_GVC* 比 *ERP_IMP* 低 20.71%

根据式（3.4），*ERP_GVC* 的大小与两个因素密切相关，一是本国本行业的关税水平 $\tau_{(r,i)s}$；二是该产品参与价值链的深度，此项反映在世界投入产出矩阵 A 中。当其他条件不变时，一国关税水平越高，*ERP_GVC* 将越高。为验证该关系，图 3-2 展示了 1995~2011 年 64 个经济体的平均关税与 *ERP_GVC* 的散点图。图 3-2 显示，二者呈现显著的正相关关系，相关系数高达 84.76%，这表明本国关税水平的确是决定 *ERP_GVC* 的主要因素。除此之外，参与价值链的深度也将显著影响 *ERP_GVC*，根据式（3.4），在其他因素保持不变时，一国使用的进口中间投入品越多，生产成本中包含的关税成本越高，*ERP_GVC* 越低；同理，一国从高关税国家进口的中间投入品越多，*ERP_GVC* 越低；一国越处于 GVC 的下游，*ERP_GVC* 越低。

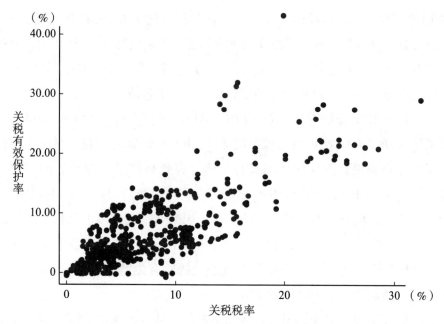

图 3 - 2　1996 ~ 2011 年经济体层面的关税税率与关税有效保护率

资料来源：笔者根据计算结果自制。

　　下文将分别从经济体层面、行业层面分别对 *ERP_GVC* 的特征和演变规律进行分析。用式（3.4）可计算得到 1996 ~ 2011 年各经济体各行业的 *ERP_GVC*。我们利用各行业增加值在各经济体中的比重，加权计算得到各年各经济体平均的 *ERP_GVC*。同理，利用各行业中，各经济体增加值在世界该行业总增加值中的比重为权重，加权计算得到各年各行业平均的 *ERP_GVC*（行业层面）。

二、经济体层面关税有效保护率分析

　　限于篇幅，表 3 - 2 仅展示了 64 个经济体加总的 1996 年和 2011 年的 *ERP_GVC*。[①] 表 3 - 2 显示，发达经济体的关税有效保护率显著低于发展中

[①]　其中 1996 年为本章所使用的数据的起始年，2011 年为最后一年。限于篇幅，具体分国家分行业的测算结果可向笔者索取。

经济体。[1] 2011 年 ERP_GVC 最高的 6 个经济体分别为摩洛哥、印度、突尼斯、泰国、中国和韩国，ERP_GVC 分别为 13.29%、12.98%、11.63%、10.87%、9.86% 和 9.39%，最低的 6 个经济体分别为新加坡、中国香港、卢森堡、文莱、马耳他和瑞士，ERP_GVC 分别为 -0.19%、-0.08%、-0.07%、-0.07%、-0.04% 和 -0.04%。在发达经济体中，2011 年欧盟 15 国、美国、加拿大、日本等地的 ERP_GVC 均较低，基本保持在 1% 以下。对新兴经济体而言，与美国和加拿大相邻的墨西哥 ERP_GVC 高达 6.55%，与日本相邻的中国和韩国 ERP_GVC 也分别高达 9.86% 与 9.39%。此外，ERP_GVC 较高的国家还有巴西、俄罗斯、沙特阿拉伯和印度尼西亚等。为进一步清楚显示国家收入水平与 ERP_GVC 的关系，本章同时利用 1996~2011 年经济体层面的 ERP_GVC 数据为因变量，对经济体层面的人均 GDP 对数进行回归，[2] 并控制了年份固定效应和国家固定效应。回归结果显示，人均 GDP 对数的系数显著为负，数值为 -2.492。这表明人均 GDP 平均每上升 1%，ERP_GVC 下降 -2.492%。

正如上文所述，ERP_GVC 主要与本国关税水平以及参与 GVC 的密切程度相关。根据 WITS 数据，发达经济体的平均关税水平远低于发展中经济体，这将直接使得发展中经济体对本国产业的保护程度高于发达经济体。图 3-3 展示了 1996~2011 年发达经济体与发展中经济体生产单位产出所使用的进口中间投入，它表明发达经济体产品生产使用的进口中间品比重远高于发展中经济体，反映了发达经济体参与全球化生产的程度高于发展中经济体。在其他情况不变时，这将使得发达经济体最终品生产中的关税成本高于发展中经济体，从而在一定程度上使得发达经济体的 ERP_GVC 低于发展中经济体。

---

[1]　本章中所提到的发达经济体是指：澳大利亚、奥地利、比利时、加拿大、捷克、丹麦、爱沙尼亚、芬兰、法国、德国、希腊、匈牙利、爱尔兰、意大利、日本、拉脱维亚、卢森堡、荷兰、新西兰、挪威、波兰、葡萄牙、斯洛伐克、斯洛文尼亚、西班牙、瑞典、瑞士、英国、美国、保加利亚、塞浦路斯、中国香港、立陶宛、马耳他和罗马尼亚，其余为发展中经济体。

[2]　本章人均 GDP 数据来自世界银行（World Bank）。

表 3-2 　　　　　1996 年和 2011 年世界 64 个经济体关税

有效保护率 ERP_GVC　　　　　　单位:%

经济体	1996 年	2011 年	经济体	1996 年	2011 年	经济体	1996 年	2011 年
欧盟 15 国	**0.49**	**0.19**	**欧盟 12 国**	**5.73**	**0.11**	**亚洲其他经济体**	**12**	**7.22**
奥地利	0.16	0.06	捷克	4.68	0.11	以色列	0.21	1.31
比利时	0.32	0.19	爱沙尼亚	-0.06	0.07	文莱	-0.67	-0.07
丹麦	0.39	0.09	匈牙利	11.57	-0.01	印度尼西亚	6.41	2.08
芬兰	0.48	0.04	拉脱维亚	1.79	-0.01	印度	28.27	12.98
法国	0.42	0.15	波兰	8.62	0.17	柬埔寨	0.32	5.47
德国	0.51	0.27	斯洛伐克	-0.17	0.17	马来西亚	4.41	5.41
希腊	0.28	0.09	斯洛文尼亚	-0.01	0.09	菲律宾	11.74	2.24
爱尔兰	0.63	0.31	保加利亚	-0.04	0.01	沙特阿拉伯	1.75	3.34
意大利	0.61	0.27	塞浦路斯	3.49	0.01	新加坡	-0.33	-0.19
卢森堡	0	-0.07	立陶宛	3.61	0.12	泰国	15.13	10.87
荷兰	0.46	0.23	马耳他	0.03	-0.04	越南	0.5	5.96
葡萄牙	0.43	0.1	罗马尼亚	0.03	0.09	**世界其他经济体**	**4.42**	**2.67**
西班牙	0.63	0.21	**南美洲**	**7.55**	**4.11**	冰岛	5.54	1.32
瑞典	0.34	0.09	智利	6.12	0.65	挪威	0.64	0.74
英国	0.5	0.12	阿根廷	5.76	3.13	瑞士	-0.04	-0.04
东亚	**8.39**	**5.8**	巴西	8.32	5.09	土耳其	5.16	7.79
日本	1.15	0.65	哥伦比亚	6.81	3.04	哥斯达黎加	7.11	1.46
韩国	19.96	9.39	秘鲁	9.07	0.94	克罗地亚	-0.06	1.51
中国	43.22	9.86	**北美自贸区**	**1.79**	**0.95**	摩洛哥	1.62	13.29
中国香港	-0.1	-0.08	加拿大	3.39	0.73	俄罗斯	5.27	3.49
中国台湾	5.8	2.15	墨西哥	12.78	6.55	突尼斯	21.08	11.63
大洋洲	**1.29**	**0.36**	美国	1.11	0.52	南非	5.73	2.39
澳大利亚	1.28	0.31				其他	5.31	1.94
新西兰	1.31	0.8						

　　注:本章中欧盟 15 国是指 2004 年之前加入欧盟的 15 个国家,包括英国、奥地利、德国、比利时、丹麦、瑞典、意大利、芬兰、葡萄牙、西班牙、荷兰、希腊、卢森堡、法国、爱尔兰。欧盟 12 国是指 2004~2012 年加入欧盟的 12 个国家,包括立陶宛、拉脱维亚、保加利亚、斯洛文尼亚、波兰、爱沙尼亚、匈牙利、斯洛伐克、捷克、罗马尼亚、马耳他、塞浦路斯。北美自由贸易区,指参与到北美自由贸易协定的美国、加拿大和墨西哥。大洋洲指澳大利亚和新西兰。亚洲其他经济体指除了中国、日本、韩国、中国香港、中国台湾外的其他亚洲地区。

　　资料来源:笔者根据计算结果自制。

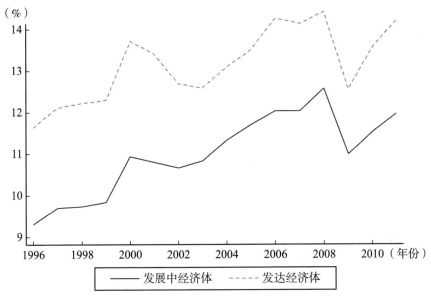

图 3 – 3　1996 ~ 2011 年发达经济体与发展中经济体
单位产出使用的进口中间投入

　　图 3 – 4 展示了 1996 ~ 2011 年世界平均 *ERP_GVC* 随时间的变化趋势。世界上大多数国家的 *ERP_GVC* 都随时间普遍下降，但在 2008 年金融危机后 *ERP_GVC* 有所上升。图 3 – 5 展示了世界 10 个代表性国家 1996 ~ 2011 年的 *ERP_GVC*。整体来看，这些国家的 *ERP_GVC* 均在波动中不断下降，这与它们的关税水平不断下降，以及各国对 GVC 参与度进一步加强密切相关。图 3 – 6 展示了 1996 ~ 2011 年世界平均关税水平以及单位产出平均使用的进口品，可以看出，世界平均关税水平在 2001 年之后迅速下降；同时，1996 ~ 2008 年，世界单位产出中进口中间投入的使用也明显上升，表明全球化生产的程度在 2008 年之前不断加深。这些因素都有效促进了世界 *ERP_GVC* 的下降。

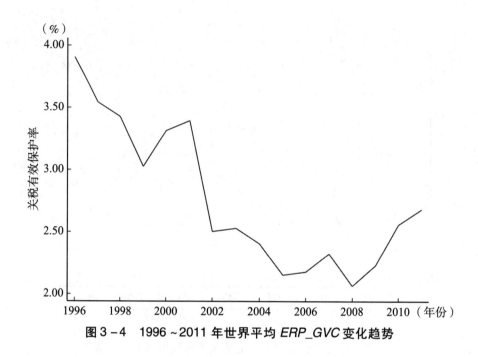

图 3-4　1996~2011 年世界平均 *ERP_GVC* 变化趋势

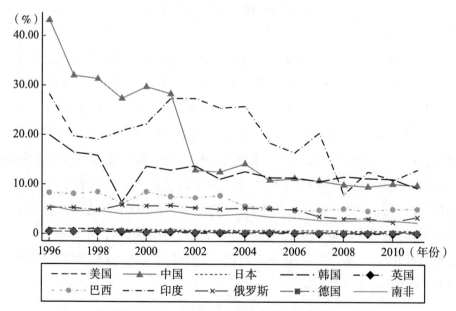

图 3-5　1996~2011 年世界主要国家 *ERP_GVC*

资料来源：笔者根据计算结果自制。

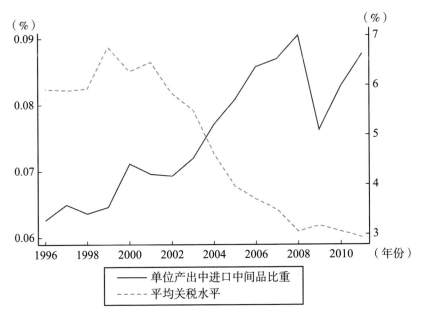

图 3 - 6　1996 ~ 2011 年世界平均关税水平及单位产出中进口中间品比重

资料来源：笔者根据计算结果自制。

从收入水平来看，发展中经济体 *ERP_GVC* 的下降幅度大于发达经济体，且各国 *ERP_GVC* 的变化程度各不相同。64 个经济体中 *ERP_GVC* 下降幅度最大的是中国，其次为韩国、匈牙利和印度。如图 3 - 5 所示，1996年至 2011 年，中国的 *ERP_GVC* 从 43.22% 大幅下降到 9.86%，这与中国关税的下降和 GVC 参与程度的上升密不可分。其间，中国平均进口关税水平从 19.87% 快速下降至 3.65%。特别是中国加入 WTO 之后，遵守对WTO 的承诺，关税水平大幅下降，本章结果表明中国为世界贸易自由化做出了重要贡献。此外，中国单位产出使用的进口中间投入随时间推移整体呈现上升态势，这意味着中间投入中关税成本的上升，并最终降低了中国的 *ERP_GVC*。

此外，在 64 个经济体中，印度和韩国的 *ERP_GVC* 也处于较高水平，且随时间推移降幅明显。1996 年至 2011 年，印度和韩国的 *ERP_GVC* 分别从 28.27% 和 19.96% 下降到 12.98% 和 9.39%，降幅均超过了 10%。同样的，关税水平的大幅度降低以及进口中间投入比重的升高也是它们 *ERP_GVC* 下降的重要原因。①

图 3-4 显示 2008 年金融危机后，世界大多数经济体的 *ERP_GVC* 改变了不断下降的态势，出现了一定程度的上升。这主要是由于金融危机导致的 GVC 链条缩短所致。金融危机导致世界贸易量大幅萎缩，各国生产处于去库存状态，生产中进口中间投入的比重出现不同程度的下降。例如，图 3-3 分别展示了发达经济体和发展中经济体单位产出中的进口中间投入，它们在 2008 年后均有明显下降，这将在一定程度上降低关税成本，提高 *ERP_GVC*。此外，图 3-6 表明，2008 年后世界关税水平仍然保持相对稳定。这说明在此期间，关税水平的变化对 *ERP_GVC* 的变化作用有限，对 *ERP_GVC* 起决定作用的是 GVC 的变化。②

三、地区层面关税有效保护率分析

同时，为了更直观地显示不同地区的 *ERP_GVC*，本章将 64 个经济体合并为八大主要区域，分别为欧盟 15 国、欧盟 12 国、北美自由贸易区（NAFTA）、东亚、南美洲、大洋洲、亚洲其他经济体和世界其他经济体。我们以各国增加值在所属地区的总增加值中的比重为权重，加权计算得到八个地区各年的 *ERP_GVC*，结果如图 3-7 所示。图 3-8 展示了 1996 ~ 2011 年世界八大地区单位产出直接使用的进口中间投入，使用进口中间品比例越高的地区通常来说 *ERP_GVC* 越低。

---

① 部分发展中经济体 *ERP_GVC* 随时间推移有了较大幅度的提升，如摩洛哥、柬埔寨、越南、沙特阿拉伯等。1996 年到 2011 年，这些国家单位产出使用的进口中间投入品均有所上升，这在一定程度上增加了上游中间品中隐含的关税成本，并降低了 *ERP_GVC*。但关税的上升又在一定程度上增加了 *ERP_GVC*。两种因素的效应相反，在相互作用后，由于关税上升对 *ERP_GVC* 的作用更大，因此最终导致了这些国家 *ERP_GVC* 随时间的上升。
② 对下文八大区域的分析可得到类似结论。

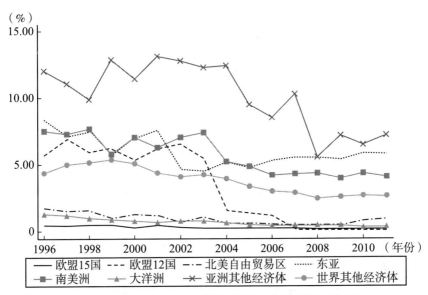

图 3 - 7　1996 ~ 2011 年世界分区域的 *ERP_GVC*

资料来源：笔者根据计算结果自制。

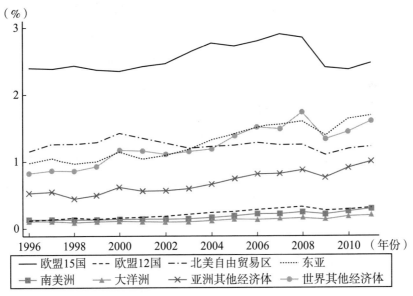

图 3 - 8　1996 ~ 2011 年世界八大地区单位产出直接使用的进口中间投入

资料来源：笔者根据计算结果自制。

整体来看，签订自由贸易协定的区域 ERP_GVC 较低，较多的发展中经济体 ERP_GVC 较高。2011 年，八个地区中，欧盟 12 国的 ERP_GVC 最低，平均为 0.11%，亚洲其他经济体 ERP_GVC 最高，平均为 7.22%。随着时间推移，NAFTA、欧盟 15 国和大洋洲的 ERP_GVC 始终保持在较低水平，1996 年均不到 2%，且随时间推移仍在一直下降。这与它们较低的关税水平密切相关，2011 年欧盟对世界的平均关税仅为 1.09%，美国为 1.51%，加拿大为 1.45%，均处于较低水平。[①] 图 3-7 同时表明，区域贸易协定的签订有效降低了 ERP_GVC。以欧盟 12 国为例，其 1996 年的 ERP_GVC 为 5.73%，在 2004 年其中 10 国加入欧盟后，ERP_GVC 快速下降至 1.59%，在 2007 年又有两国加入欧盟后，ERP_GVC 继续下降至 0.16%，甚至低于当年欧盟 15 国和 NAFTA 的 ERP_GVC。

与此相反，亚洲其他经济体的 ERP_GVC 在八大区域中一直处于最高水平。1996 年为 12.00%，并于 2001 年达到了最高水平 13.12%，远高于世界平均水平。这与这些国家较高的关税水平密切相关。本章的亚洲其他经济体中全部为发展中经济体，2011 年平均进口关税达到 4.39%，远超美国、欧洲等发达经济体的关税水平。但随着时间推移，1996~2011 年亚洲其他经济体 ERP_GVC 的降幅在八大区域中也为最大，其在 2004 年之前一直维持在 12.00% 左右，2011 年降为 7.22%。

此外，世界其他经济体和东亚的 ERP_GVC 也远高于欧盟和 NAFTA 地区。1996 年东亚 ERP_GVC 高达 8.39%，仅次于亚洲其他经济体，但在 2001 年中国加入 WTO 后，快速下降至 2002 年的 4.71%。关税水平的下降和中间品使用的增多是该变化的主要原因。

四、行业层面关税有效保护率分析

图 3-9 展示了 1996 年与 2011 年 33 个行业的平均 ERP_GVC。结果

---

① 由笔者计算得到。

显示，货物行业的 *ERP_GVC* 远高于服务行业，2011 年分别为 11.20% 和
−0.30% 。这意味着与自由贸易相比，世界各个经济体通过关税政策使
得货物行业的增加值平均上升 11.20% 。由于服务行业的关税水平为 0，
因此关税政策没有为服务行业提供相应的保护作用；相反由于服务行业
消耗了货物作为中间投入，因此货物的关税增加了服务行业的生产成本，
最终关税政策使得服务行业的增加值较自由贸易时平均下降了 0.30% 。
这表明全球贸易保护对服务业的增加值造成了一定的损害。由于服务业
之间的 *ERP_GVC* 差异较小，下文将行业层面分析的重点放在货物行业。

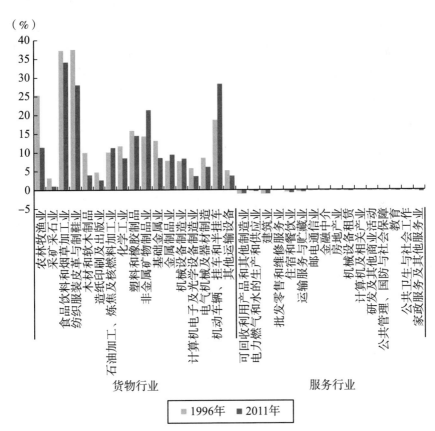

图 3－9　1996 年与 2011 年各行业关税有效保护率 *ERP_GVC*

资料来源：笔者根据计算结果自制。

根据图 3-9，不同的货物行业 ERP_GVC 差异显著。2011 年，ERP_GVC 最大的四个行业分别是食品饮料和烟草加工业，机动车辆、挂车和半挂车，纺织服装皮革与制鞋业，非金属矿物制品业，ERP_GVC 均超过 20%。此外，塑料和橡胶制品，农林牧渔业，石油加工、炼焦及核燃料加工业的 ERP_GVC 均超过了 10%。

随着时间推移，1996~2011 年大部分货物行业的 ERP_GVC 均呈下降态势，但机动车辆、挂车与半挂车，非金属矿物制品业，机械设备制造业，石油加工、炼焦及核燃料加工业等行业的 ERP_GVC 上升。但同时机动车辆、挂车与半挂车和非金属矿物制品的 ERP_GVC 明显上升，分别上升了 9.63% 和 6.99%。1996~2011 年，下降幅度最大的五个行业依次为农林牧渔业、纺织服装皮革与制鞋业、木材和软木制品、基础金属业和化学工业，ERP_GVC 分别下降 13.89%、9.42%、6.03%、4.63% 和 3.25%。这归功于生产的全球化与国际分工的不断深化，同时各国响应全球化进程，纷纷减少贸易壁垒，降低对本国相关行业的保护。金属制品业、石油加工、炼焦及核燃料加工业、机械设备制造业的 ERP_GVC 也有所上升，但升幅均不到 2%。

第六节　中美货物行业关税有效保护率对比

美国和中国是世界上最大的两个经济体，同时互为重要的贸易伙伴。根据 UN Comtrade 数据，2017 年美国从中国的货物进口额为 5261.5 亿美元，占美国总货物进口的 21.84%；美国对中国的货物出口额为 1303.7 亿美元，占美国货物总出口的 8.43%，中美贸易存在较大的贸易顺差。[1] 特朗普认为两国的贸易顺差长此以往会对美国整体利益造成损害，从上任开

---

[1]　UN Comtrade 数据请参见：https：//comtrade. un. org/data/。

始就连续发布文件计划对部分中国商品增加关税，两国的贸易摩擦频频发
生。下文我们将探究中美两国关税对国内行业的保护程度，以及特朗普关
税政策为两国关税有效保护率带来的影响。

一、中美关税有效保护率

表 3 - 3 列出了中国和美国 1996 年和 2011 年 17 个货物行业的 ERP_
GVC。结果显示，中国的 ERP_GVC 远高于美国，2011 年分别为 9.86% 和
0.52%。从 1996 年到 2011 年，中国的 ERP_GVC 明显下降，1996 年中国
的 ERP_GVC 为 43.22%，表明当时的世界关税体系比世界完全自由贸易使
得中国的增加值提高了 43.22%。随后中国的关税水平一直下降，尤其是
在 2001 年中国加入 WTO 后。这也反映了中国加入 WTO 后，认真履行了
入世承诺，降低关税，使得对本国产业的保护程度下降。

表 3 - 3　　　　　中美货物行业关税有效保护率 ERP_GVC　　　　单位：%

		关税有效保护率 ERP_GVC						美国对华关税上升幅度
		升关税前		升关税前		升关税后		
	行业	1996 年		2011 年		2011 年		
		美国	中国	美国	中国	美国	中国	
1	农林牧渔业	9.01	86.52	2.33	9.94	2.27	9.94	0.00
2	采矿采石业	1.08	1.75	-0.18	-0.31	-0.26	-0.31	0.00
3	食品饮料和烟草加工业	15.22	148.01	9.69	57.44	9.56	57.44	0.00
4	纺织服装皮革与制鞋业	31.55	109.92	19.59	36.17	19.66	36.17	0.00
5	木材和软木制品	1.66	57.68	3.69	1.29	3.54	1.29	0.00
6	造纸印刷及出版业	0.57	56.93	-0.33	6.92	-0.4	6.92	0.03
7	石油加工、炼焦及核燃料加工业	9.98	47.8	17.86	20.59	18.05	20.58	0.00

行业	关税有效保护率 ERP_GVC						美国对华关税上升幅度
	升关税前		升关税前		升关税后		
	1996 年		2011 年		2011 年		
	美国	中国	美国	中国	美国	中国	
8　化学工业	6.98	47.54	3.26	22.81	3.19	22.81	0.28
9　塑料和橡胶制品	5.68	75.33	6.01	31.73	6.02	31.73	0.05
10　非金属矿物制品业	11.86	66.13	8.52	45.97	8.73	45.97	0.00
11　基础金属业	6.66	39.78	1.87	10.39	2.84	10.39	2.90
12　金属制品业	4.92	75.37	3.84	37.84	3.99	37.84	0.52
13　机械设备制造业	4.23	47.34	1.91	21.92	5.22	21.92	7.02
14　计算机电子及光学设备制造业	2.76	38.36	0.29	13.98	2.41	13.97	3.07
15　电气机械及器材制造	2.8	57.54	1.72	12.19	3.37	12.19	2.18
16　机动车辆、挂车和半挂车	5.64	136.39	4.07	97.4	3.42	97.4	0.04
17　其他运输设备	2.96	27.11	0.72	8.50	1.96	8.50	7.75

资料来源：笔者根据计算结果自制。

二、特朗普对华关税政策对关税有效保护率的影响

　　本章针对美国贸易代表办公室（USTR）提出的 301 对华征税意见，利用美国国际贸易委员会（USITC）数据中 2016 年美国从中国进口的 HS8 位码的商品进口额为权重，[①] 计算了如果将 301 对华征税意见中的 HS8 位码进口商品关税提升至 25%，将导致 33 个行业的对华进口关税提高的幅度（见表 3 – 3）。结果显示，升幅明显的 5 个行业依次为其他运输设备、机械设备制造业、计算机电子及光学设备制造业、基础金属业和电气机械

---

① HS2017 下美国进出口量数据请参见 USITC 网站：https：//dataweb.usitc.gov/。为使 HS2017 与本章中所使用的 33 个行业分类对应，本章编制了对应表。

及器材制造，关税分别上升 7.75%、7.02%、3.07%、2.90% 和 2.18%。

我们进一步以 2011 年各个经济体关税水平为基准，计算得到 301 对华征税意见实施后，美国对中国 33 个行业进口产品所征收的关税税率，并利用式（3.4）计算了特朗普对华政策实施后的各国 *ERP_GVC*。表 3 - 3 包含了政策前后美国分行业 *ERP_GVC* 的变化。表 3 - 4 包含了政策前后中美两国总体 *ERP_GVC* 的变化。结果显示，美国加征关税带来的有效保护上升程度有限，特朗普对华政策使得美国总体 *ERP_GVC* 上升了 0.051%，而中国 *ERP_GVC* 的数值变动不大，仅下降了 0.001%。

表 3 - 4　　　　以 2011 年为基准美国提升关税后 *ERP_GVC*
变动最大的 10 个经济体　　　　　单位：%

经济体	升关税前	升关税后	差值	经济体	升关税前	升关税后	差值
美国	0.5176	0.5684	0.0507	新加坡	-0.1907	-0.1938	-0.0030
中国	9.8642	9.8629	-0.0012	马来西亚	5.4069	5.4038	-0.0030
爱尔兰	0.3113	0.3059	-0.0054	卢森堡	-0.0662	-0.0692	-0.0030
哥斯达黎加	1.4561	1.4511	-0.0049	韩国	9.3852	9.3824	-0.0028
加拿大	0.7286	0.7239	-0.0046	智利	0.6540	0.6519	-0.0020
墨西哥	6.5472	6.5431	-0.0041	冰岛	1.3207	1.3187	-0.0020

资料来源：笔者根据计算结果自制。

具体来说，与 2011 年的基准 *ERP_GVC* 相比，特朗普政策使得美国大部分行业的 *ERP_GVC* 上升。其中升幅明显的 5 个行业也是对华关税升幅最大的行业，即其他运输设备、机械设备制造业、计算机电子及光学设备制造业、基础金属业和电气机械及器材制造。受特朗普政策影响，它们的 *ERP_GVC* 分别从提升关税前的 0.72% 上升到提升关税后的 1.96%、从 1.91% 上升到 5.22%、从 0.29% 上升到 2.41%、从 1.87% 上升到 2.84%、从 1.72% 上升到 3.37%。这意味着特朗普政策使得美国 5 个行业的国内增加值明显上升，这与美国要重振制造业的决心相一致。2011 年这 5 个行业进口合计占美国从中国进口总量的 46.58%。美国若大幅提升这些行业的

ERP_GVC，势必对中国这些产品在美国市场的竞争力造成不利影响。根据 BEA 的统计数据，2017 年这 5 个行业在美国国民经济中的比重分别为 0.7%、0.8%、1.5%、0.3% 和 0.3%，占比较低，因此提升这些行业的关税对美国整体经济的影响是非常有限的①。

虽然本章仅考虑了特朗普对华的关税政策，但是由于关税成本沿 GVC 的传递效应，该政策也必将对其他经济体带来影响。利用式（3.4），本章同时计算了特朗普政策对其他经济体的 *ERP_GVC* 的影响。受篇幅所限，表 3-4 仅列出 *ERP_GVC* 变化最大的 10 个经济体。结果表明，特朗普对华政策将使得其他经济体的 *ERP_GVC* 有不同程度的下降，表明了对其他经济体有不同程度的损害。结果显示，爱尔兰的 *ERP_GVC* 受特朗普对华政策影响程度最大，即使如此，爱尔兰的 *ERP_GVC* 也仅仅下降了 0.005% 左右，仅为美国 *ERP_GVC* 升幅的 1/10。此外，加征关税对其他经济体和对中国的 *ERP_GVC* 的影响程度差异不大，说明特朗普对华关税政策不仅仅对中国，也对全球的产业保护带来一定的负面影响。因此，总体来看，美国此次单方面对中国部分商品提升关税，不仅对美国 *ERP_GVC* 的提升作用有限，对中国及世界其他经济体的 *ERP_GVC* 的负面影响也较微弱。

反观美国关税政策，它的确会使美国部分行业的 *ERP_GVC* 上升，但过高的保护率也将激发贸易摩擦，引致其他经济体纷纷对这些行业加高关税，设置贸易保护壁垒，这将大幅增加下游行业的生产成本，并加剧资源配置扭曲，对世界福利带来负面影响。

第七节　结　　论

在全球价值链背景下，本章充分考虑到国内和国际生产网络，提出了

---

① BEA 统计数据请参见：https：//www. bea. gov/iTable/iTable. cfm？ ReqID = 51&step = 1 # reqid = 51&step = 51&isuri = 1&5114 = a&5102 = 5。

一种崭新的测算关税有效保护率的指标 *ERP_GVC*，以更加准确地衡量关税对一国增加值的保护程度。同时，本章利用世界投入产出表实证计算了 1996～2011 年世界 64 个经济体 33 个行业的 *ERP_GVC*，并对 *ERP_GVC* 在国家和行业上的分布和发展规律进行了详细剖析。本章在中美贸易摩擦背景下，重点对比了中国和美国的 *ERP_GVC* 及发展水平，并针对 2018 年美国对中国实施的加征关税政策所带来的保护作用进行了评估。本章的主要结论有以下几点。

本章提出的 *ERP_GVC* 是对关税有效保护率的更准确测量。传统的关税有效保护率指标，由于忽视了整个价值链上更上游的关税成本，因此在一定程度上高估或低估了上游的关税成本，造成了对关税有效保护率的不准确测量。本章提出的 *ERP_GVC* 克服了上述指标的缺陷，全面追踪了生产链条上的所有生产环节中发生的关税，因此更为准确地衡量了实际的关税有效保护率。

本章发现发展中经济体的 *ERP_GVC* 普遍高于发达经济体。随时间推移，世界上大部分经济体 *ERP_GVC* 都有明显下降，其中发展中经济体的 *ERP_GVC* 下降更为明显。从行业层面来看，关税对货物行业给予了正向的保护作用，但却对服务行业带来了损害。

本章发现中国 *ERP_GVC* 普遍高于美国。但随着时间推移，中国各行业的 *ERP_GVC* 下降明显，表明中国为世界贸易自由化做出了重要贡献。本章同时测算了如果美国按照 301 对华征税意见提升对中国产品的关税水平，对中美两国以及世界其他经济体 *ERP_GVC* 的影响。研究发现，特朗普对华贸易政策将在一定程度上提高对美国其他运输设备、机械设备制造业、计算机电子及光学设备制造业、基础金属业和电气机械及器材制造的保护程度，但对美国整体的 *ERP_GVC* 影响较小，同时该政策将降低关税对中国产品的保护程度，但作用非常微弱。

根据以上分析，本章得出如下启示：（1）一国在制定关税政策时，应该充分考虑产业链上下游的影响，适度实施梯度关税税率具有一定的合理性。在 GVC 背景下，提高某行业的关税水平会提高对该行业的关税有效保护率，但将通过价值链效应，对下游行业或经济体的关税有效保护率产生负面影响。政策制定者在制定贸易政策上，应该充分考虑经济体间和行业间的生产网络传递效应，建立有梯度的关税水平，例如，对本国生产高度依赖的位于价值链上游的行业征收较低的关税，以提高下游行业的生产竞争力。（2）制定关税政策时，需要认识到关税政策的溢出效应。在 GVC 背景下，不仅本国关税水平将对本国经济带来重要影响，其他经济体的关税以及其他贸易政策也将通过价值链的传递效应影响本国的经济发展。政策制定者在制定贸易政策时应该统筹全局，充分考虑 GVC 和其他经济体的关税政策。（3）在 GVC 不断深入发展的背景下，中美之间的贸易摩擦会对世界其他国家造成影响，但美国加征关税对其自身的产业保护非常有限，对中国和其他经济体关税有效保护率的负面影响也很小。

参考文献：

［1］段玉婉、杨翠红：《基于不同贸易方式生产异质性的中国地区出口增加值分解》，载《世界经济》2018 年第 4 期。

［2］王直、魏尚进、祝坤福：《总贸易核算法：官方贸易统计与全球价值链的度量》，载《中国社会科学》2015 年第 9 期。

［3］余心玎、杨军、王苒、王直：《全球价值链背景下中间品贸易政策的选择》，载《世界经济研究》2016 年第 12 期。

［4］张杰、陈志远、刘元春：《中国出口国内附加值的测算与变化机制》，载《经济研究》2013 年第 10 期。

［5］A. C. Ma and A. Van Assche, The Role of Trade Costs in Global Production Networks: Evidence from China's Processing Trade Regime. World Bank Working Paper, No. 5490, 2010.

［6］A. Diakantoni, H. Escaith, M. Roberts and T. Verbeet, Accumulating Trade Costs and Competitiveness in Global Value Chains. WTO Staff Working Paper, 2017.

［7］B. Balassa, Tariff Protection in Industrial Countries: An Evaluation.

Journal of Political Economy, Vol. 73, No. 6, 1965, pp. 573 – 594.

［8］ B. Chen, H. Ma and D. S. Jacks, Revisiting the Effective Rate of Protection in the Late Stages of Chinese Industrialisation. *World Economy*, Vol. 40, No. 2, 2017, pp. 424 – 438.

［9］ B. Los, M. P. Timmer and G. de Vries, How Global are Global Value Chains? A New Approach to Measure International Fragmentation. *Journal of Regional Science*, Vol. 55, No. 1, 2015, pp. 66 – 92.

［10］ B. Los, M. P. Timmer and G. de Vries, Tracing Value – Added and Double Counting in Gross Exports: Comment. *American Economic Review*, Vol. 106, No. 7, 2016, pp. 1958 – 1966.

［11］ C. L. Barber, Canadian Tariff Policy. *Canadian Journal of Economics and Political Science*, Vol. 22, No. 4, 1955, pp. 513 – 540.

［12］ C. Yang, E. Dietzenbacher, J. Pei, X. Chen, K. Zhu and Z. Tang, Processing Trade Biases the Measurement of Vertical Specialization in China. *Economic Systems Research*, Vol. 27, No. 1, 2015, pp. 60 – 76.

［13］ D. Ciuriak and J. Xiao, Should Canada Unilaterally Adopt Global Free Trade. Commissioned Study, Canadian Council of Chief Executives, 2014.

［14］ D. Hummels, J. Ishii and K. M. Yi, The Nature and Growth of Vertical Specialization in World Trade. *Journal of International Economics*, Vol. 54, No. 1, 2001, pp. 75 – 96.

［15］ E. J. Blanchard, C. P. Bown, and R. C. Johnson, Global Supply Chains and Trade Policy. Policy Research Working Paper, 2016.

［16］ H. L. Kee and H. Tang, Domestic Value Added in Exports: Theory and Firm Evidence from China. *American Economic Review*, Vol. 106, No. 6, 2016, pp. 1402 – 1436.

［17］ H. L. Kee and M. Olarreaga, Import Demand Elasticities and Trade Distortions. *Review of Economics and Statistics*, Vol. 90, No. 4, 2008, pp. 666 – 682.

[18] H. L. Kee, A. Nicita and M. Olarreaga, Estimating Trade Restrictiveness Indices. *Economic Journal*, Vol. 119, No. 534, 2009, pp. 172 – 199.

[19] H. Ma, Z. Wang and K. Zhu, Domestic Content in China's Exports and Its Distribution by Firm Ownership. *Journal of Comparative Economics*, Vol. 43, No. 1, 2015, pp. 3 – 18.

[20] J. Dean, K. Fung and Z. Wang, Measuring Vertical Specialization: The Case of China. *Review of International Economics*, Vol. 19, No. 4, 2011, pp. 609 – 625.

[21] J. E. Anderson and J. P. Neary, A New Approach to Evaluating Trade Policy. *Review of Economic Studies*, Vol. 63, No. 1, 1993, pp. 107 – 125.

[22] J. E. Anderson and J. P. Neary, Trade Reform with Quotas, Partial Rent Retention, and Tariffs. *Econometrica*, Vol. 60, No. 1, 1992, pp. 57 – 76.

[23] K. M. Yi, Can Vertical Specialization Explain the Growth of World Trade. *Journal of Political Economy*, Vol. 111, No. 1, 2003, pp. 52 – 102.

[24] Koopman, R., Z. Wang, and S. J. Wei, Estimating Domestic Content in Exports When Processing Trade is Pervasive. *Journal of Development Economics*, Vol. 99, No. 1, 2012, pp. 178 – 189.

[25] L. Alfaro, D. Chor, P. Antràs, and P. Conconi, Internalizing Global Value Chains: A Firm – Level Analysis. NBER Working Paper, 2015.

[26] M. J. Ferrantino, Using Supply Chain Analysis to Examine the Costs of Non – Tariff Measures (NTMS) and the Benefits of Trade Facilitation. WTO Staff Working Paper, 2012.

[27] M. P. Timmer, A. Erumban, B. Los, R. Stehrer, and G. de Vries, Slicing up Global Value Chains. *Journal of Economic Perspectives*, Vol. 28, No. 2, 2014, pp. 99 – 118.

[28] P. Antràs, D. Chor, T. Fally and R. Hillberry, Measuring the Upstreamness of Production and Trade Flows. *American Economic Review: Papers &*

Proceedings, Vol. 102, No. 3, 2012, pp. 412 – 416.

[29] R. Baldwin, and A. J. Venables, Spiders and Snakes: Offshoring and Agglomeration in the Global Economy. *Journal of International Economics*, Vol. 90, No. 2, 2010, pp. 245 – 254.

[30] R. C. Feenstra, Estimating the Effects of Trade Policy. *Handbook of International Economics*, Vol. 3, No. 5, 1995, pp. 1553 – 1595.

[31] R. Johnson and G. Noguera, Accounting for Intermediates: Production Sharing and Trade in Value Added. *Journal of International Economics*, Vol. 86, No. 2, 2012, pp. 224 – 236.

[32] R. Koopman and Z. Wang, Tracing Value – Added and Double Counting in Gross Exports. *American Economic Review*, Vol. 104, No. 2, 2014, pp. 459 – 494.

[33] T. Fally, On the Fragmentation of Production in the US. University of Colorado – Boulder, 2011.

[34] W. M. Corden, The Structure of a Tariff System and the Effective Protective Rate. *Journal of Political Economy*, Vol. 74, No. 3, 1966, pp. 221 – 237.

[35] X. Chen, L. Cheng, K. Fung, L. Lau, Y. Sung, K. Zhu, C. Yang, J. Pei, and Y. Duan, Domestic Value Added and Employment Generated by Chinese Exports: A Quantitative Estimation. *China Economic Review*, Vol. 23, No. 4, 2012, pp. 850 – 864.

[36] Z. Wang, S. J. Wei, X. Yu and K. Zhu, Measures of Participation in Global Value Chains and Global Business Cycles. NBER Working Paper, 2017a.

[37] Z. Wang, S. J. Wei, X. Yu and K. Zhu, Characterizing Global Value Chains: Production Length and Upstreamness. NBER Working Paper, 2017b.

第四章

全球价值链视角下的『距离之谜』探究*

---

* 本章相关内容已经发表在以下论文中：段玉婉、洪槟瀚、陈斌开：《全球价值链视角下的"距离之谜"探究》，载《世界经济》2021 年第 10 期。

第一节　引　言

国际贸易作为经济增长的重要引擎，促进了各国的经济增长。习近平在党的十九大上指出：开放带来进步，封闭必然落后。开放是顺应国内外经济发展大势的必然选择，也是国家繁荣发展的必由之路。探究贸易的影响因素一直是相关研究的重要内容，在影响贸易的众多因素中，学者们普遍认为地理距离是至关重要的一项贸易成本（Borchert and Yotov，2017；Anderson and van Wincoop，2003；Head and Mayer，2014）。随着技术进步和基础设施的不断完善，地理距离对国际贸易的阻碍作用应该随时间推移逐渐减弱，然而大量基于贸易引力模型的经验研究并没有发现该减弱趋势，甚至还得出距离弹性会随时间推移不断增加（Brun et al.，2005；Coe et al.，2007）。这一悖论被称为"距离之谜"（Cairncross，1997）。已有研究从遗漏变量、处理零贸易等不同方面对某一时段和一定样本的"距离之谜"给予了部分解释（Brun et al.，2005；Coe et al.，2007）。本章则对已有文献进行重要补充，从崭新的角度提出全球价值链是自20世纪90年代以来影响"距离之谜"的一个重要因素。

全球价值链的形成和发展是当前世界经济的重要特征。近30年来，信息技术快速发展，全球生产分工日益细化，产品的生产不再由一个国家独立完成，而是被分割为不同的生产环节由不同国家共同完成，形成一条国际生产供应和价值创造的价值链。全球价值链把世界各国的经济紧密融合在一起，为增长、发展和就业提供了新的前景。根据世界银行2019年的报告，全球价值链贸易已占到世界贸易总量的50%，是推动全球经济发展的重要力量。[①]

---

① 全球价值链促进了增长但势头减弱，见 https://www.shihang.org/ext/zh/home。

全球价值链的快速发展改变了世界经济格局,也改变了国家间的贸易、投资和生产联系,对传统贸易理论和经验研究的结论,以及贸易政策的制定带来新挑战。本章在此背景下,综合考虑全球价值链因素,尝试对国际贸易经典悖论"距离之谜"进行重新审视。这不仅是对国际贸易经验研究领域的一个重要贡献,同时也为在全球价值链背景下重新审视国际贸易理论和经验结论奠定重要基础,对在新时代背景下解读贸易增长、坚定不移"以开放促发展"具有重要现实意义。

在全球价值链背景下,产品由分布在不同国家的多个生产阶段共同完成,阶段越多,产品跨越国境的次数越多,国际分工模式和贸易量对贸易成本的变化越敏感(Antràs and de Gortari,2020)。此外,产品多次跨越国境将导致总贸易核算对贸易量的重复计算,从而夸大实际的贸易量;距离越近的国家间贸易成本越小,国际分工越细化,中间品的跨境次数越多,总贸易的重复计算问题也越严重,因此贸易量对距离的变化也就越敏感。换句话说,全球价值链将使距离越近的国家间贸易量增长越快,呈现较高的距离弹性。随着近些年国际分工程度的不断加深,这种效应不断加强,从而出现距离弹性随时间推移而增加的趋势。

本章将从理论和经验上证明全球价值链是造成20世纪90年代后"距离之谜"产生的重要原因。我们首先建立多阶段生产的李嘉图模型,通过对比传统贸易模式(不存在全球价值链)和全球价值链贸易模式下的距离弹性,从理论上证明全球价值链会增加距离对贸易的影响。我们进而利用2000~2014年42个经济体的跨国面板数据,基于引力模型对本章理论进行经验检验。结果表明,在考虑全球价值链因素后,距离弹性随时间推移而下降,从而解释了"距离之谜"现象。本章还同时检验了全球价值链影响距离弹性的作用机制,并进行了一系列的稳健性检验和异质性分析,研究结果证实了本章结论的稳健性。

本章余下部分安排为:第二节是文献综述;第三节建立多阶段生产的李嘉图模型,从理论上解释全球价值链对距离弹性的影响;第四节介绍计量模型和数据;第五节为实证分析和稳健性检验;第六节为结论。

第二节　文 献 综 述

本章与"距离之谜"和全球价值链两个方面的文献密切相关。在"距离之谜"方面，已有研究主要利用引力模型分析距离对贸易量的影响及其随时间的变化。迪斯迪尔和海德（Disdier and Head，2008）对 103 篇经济学文献中有关距离对贸易影响的经验研究结果进行"元分析"（meta-analysis），发现大部分研究中的距离弹性并没有随时间推移而减小。但他们并未对出现"距离之谜"的原因给出解释。

根据已有文献，"距离之谜"产生的原因可以概括为三个方面。第一，模型设计不当，存在遗漏变量偏差，导致不能对距离弹性进行准确估计（Brun et al.，2005；Carrère and Schiff，2005）。布伦等（Brun et al.，2005）运用 1962～1996 年 130 个经济体的数据，将基础设施质量、油价指数以及初级产品出口占总出口的比重加入模型，发现距离对贸易的影响在逐年下降。伯格斯特兰德等（Bergstrand et al.，2015）尝试将经济合作协议和国家的固定效应加入模型，但"距离之谜"现象并未消失。第二，贸易量的测量影响了距离弹性的估计。费尔贝迈尔和科勒（Felbermayr and Kohler，2006）认为遗漏含零贸易量可能会影响距离弹性的估计，他们用 Tobit 回归处理含零样本，发现对"距离之谜"现象有解释作用。拉齐等（Larch et al.，2016）、席尔瓦和滕雷罗（Silva and Tenreyro，2006）认为应利用泊松伪极大似然（PPML）估计处理零贸易量。博斯凯和布尔霍尔（Bosquet and Boulhol，2015）发现使用普通最小二乘（OLS）会发现"距离之谜"，但如果利用 PPML 估计，则能缓解"距离之谜"现象，但不会完全消失。第三，贸易国家构成和产品构成的变化，带来了"距离之谜"现象。卡雷尔等（Carrère et al.，2013）利用 1970～2006 年 176 个经济体的数据进行回归，发现"距离之谜"仅在低收入经济体间的贸易中存在，在中高收入经济体间并不存在。林和西姆（Lin and Sim，2012）发现距离较远的经济体间更多的是贸易扩展边际增加，贸易量的增加相对较慢；而距离较近的经济体间更多的是集约边际增加，这就造成距离对贸易的作用看似是在逐年增加的。约托夫（Yotov，2012）认为估计"距离之谜"的样本中应该同时包括国内贸易和国际贸易，他们利用 OLS 和 PPML 方法的估计结果表明，1965～2005 年贸易的距离弹性分别下降了 28% 和 37%。博尔切特和约托夫（Borchert and Yotov，2017）在约托夫（Yotov，2012）基础上进一步利用面板数据回归，发现 1986～2006 年距离弹性下降了10%。贝特隆和弗伦德（Berthelon and Freund，2008）认为产品间可替代性会随时间不断增加，而对于同质化产品，购买者更愿意就近采购，这增加了距离的重要性。综上所述，已有研究提出了众多不同的可能造成"距离之谜"现象的原因，但研究的样本期相对较早，鲜有文献针对近年的"距离之谜"进行研究。由于世界贸易和经济形势的不断变化，影响贸易和距离弹性的因素也在不断变化，在此背景下，本章将主要针对 21 世纪以来的"距离之谜"进行检验和解释。

全球价值链是 20 世纪末期开始兴起的新现象，并在 21 世纪得以快速发展，它是当今全球经济的一个重要特征。目前，全球价值链的研究思想和方法已广泛渗透到经济学相关的各个领域，成为宏观经济、产业经济和国际贸易的研究热点。其中，全球价值链的测度是近年来该领域的核心研究问题，全球价值链测度研究的主要任务之一是还原经济全球化下国际贸易的真实格局，准确反映各国在全球贸易中的获益情况。投入产出模型凭借其独特的优势成为追踪全球价值链的主流方法，众多研究利用该方法在国家或行业层面对全球价值链进行了系统研究。胡默斯等（Hummels et al.，2001）与易（Yi，2003）定义垂直专门化率为一国单位出口品中包含的进口品，用于衡量一国的垂直分工程度。约翰逊和诺格拉（Johnson and Noguera，2012a）提出基于国际投入产出模型测算双边贸易中国内和国外增加值的方法，并证实了利用贸易总值口径和增加值贸易口径衡量的双边贸易差额具有很大差异，并认为增加值贸易可以更好地反映双方的贸易获益情况（Foster and Stehrer，2013；Timmer et al.，2013）。约翰逊和诺格拉（Johnson and Noguera，2012b）测算了1970~2010年的增加值贸易，发现增加值贸易与总贸易之比逐年减小，这表明总贸易统计带来的重复计算问题在逐年加剧。库普曼等（Koopman et al.，2014）将出口总值按照价值流向分解为增加值出口、返回的国内增加值、国外增加值和纯重复计算的中间品贸易等组成部分（KWW方法）。王直等（2015）将KWW方法延伸至双边贸易和部门层面。而洛斯等（Los et al.，2016）在KWW方法基础上，利用"情景假设法"提出了一种分解一国单边和双边贸易流的简便方法。王直等（Wang et al.，2017a，2017b）提出衡量全球价值链参与度、生产链长度和跨境次数的指标。此外，由于中国的"世界加工厂"地位，众多学者特别研究了中国在全球价值链中的地位（罗长远和张军，2014；Kee and Tang，2016；戴翔，2016；潘文卿和李根强，2018；倪红福，2017）。例如，刘等（Lau et al.，2007）、库普曼等（Koopman et al.，2012）及陈等（Chen et al.，2012）利用区分加工贸易和一般贸易的投入产出表测算了中国出口中的国内增加值率，结果表明基于贸易总值的测算远远高估了中国在中美贸易中的顺差地位。段玉婉等（Duan et al.，2012）与李鑫茹等（2018）考虑到资本等要素收入的所有权问题，研究了中国单位出口中的国民收入含量。除了全球价值链测度方面外，还有一些文献研究了全球价值链参与对生产率（吕越等，2017）、研发创新（吕越等，2018）及贸易政策制定（Blanchard et al.，2017）的影响。此外，一些研究基于跨国面板或企业微观数据研究了国家或企业参与全球价值链的影响因素（Lu et al.，2018；盛斌和景光正，2019）。

综上所述，"距离之谜"和全球价值链均是国际贸易领域非常重要的研究问题，但尚未有研究将二者紧密联系，本章弥补该不足，从全球价值链这一崭新角度重新解释"距离之谜"。我们首先建立理论模型，通过对比传统贸易（不存在全球价值链）和全球价值链贸易的不同生产模式，解释全球价值链对距离弹性的影响渠道和机理。其次，在理论模型基础上，利用2000~2014年跨国面板数据探究全球价值链对距离弹性及其动态变化的影响。

第三节　理论模型

本章借鉴易（Yi，2010）的理论模型框架，建立多阶段生产的李嘉图模型，并在此基础上，分别推导得到全球价值链贸易模式和传统贸易模式下的距离弹性，从理论上探讨全球价值链对"距离之谜"现象的影响机理。

一、模型基本设定

为简单起见，我们假设世界有两个对称地区：本国和外国。用上标 H 和 F 分别表示本国和外国的生产或消费活动。各国均生产连续产品 $z \in [0, 1]$，产品的生产共包括两个生产阶段。第一阶段生产中间产品，第二阶段使用第一阶段生产的中间产品生产最终产品，用于居民消费。下面我们以本国生产为例进行说明。在第一个阶段，厂商利用中间投入与劳动生产中间产品，生产函数为柯布－道格拉斯（C－D）形式：

$$y_1^H(z) = A^H(z) l_1^H(z)^{1-\alpha_1} M_1^H(z)^{\alpha_1} \tag{4.1}$$

其中，$y_1^H(z)$ 为本国产品 z 第一阶段产品的产出，$M_1^H(z)$ 和 $l_1^H(z)$ 分别为本国生产第一阶段产品时使用的中间投入和劳动投入，根据 C－D 生产函数的性质和企业成本最小化条件，α_1 和 $1-\alpha_1$ 分别为中间投入成本和劳动投入成本占第一阶段总生产成本的比重。为简单起见，假设中间投入 $M_1^H(z)$ 全部由本国提供。$A^H(z)$ 是本国生产产品 z 的生产率，我们参考伊顿和科图姆（Eaton and Kortum，2002）的设定，假设 $A^H(z)$ 服从 Frechét 分布，分布函数为：

$$P(A^H(z) \leqslant x) = e^{-T^H x^{-\theta}} \tag{4.2}$$

其中，T^H 是常数，反映本国平均生产率水平；当给定形状参数 θ 时，

T^H 越大，本国的平均生产率越高。θ（$\theta > 0$）反映了生产率在不同产品 z 间的分散程度。θ 越大，生产率的分散程度越小。在国际贸易中，T^H 体现了一国的绝对优势，而 θ 决定了一国在不同产品上的比较优势（Caliendo and Parro，2015）。

第二阶段的投入品为劳动和第一阶段的产出，生产函数为：

$$y_2^H(z) = A^H(z) l_2^H(z)^{1-\alpha_2} x_1^H(z)^{\alpha_2} \tag{4.3}$$

其中，$x_1^H(z)$ 与 $l_2^H(z)$ 分别是第二阶段生产所需要的第一阶段产品数量和劳动投入。α_2 和 $1-\alpha_2$ 分别为第一阶段产品作为投入成本和劳动投入占第二阶段总生产成本的比重。

本国和外国的代表性消费者的效用函数形式相同，以本国消费者为例，效用函数为：

$$U^H = \exp\left(\int_0^1 \ln c^H(z)\,\mathrm{d}z\right) \tag{4.4}$$

其中，$c^H(z)$ 为本国居民在产品 z 上的消费量；居民收入仅来自工资，消费满足预算约束：

$$\int_0^1 p^H(z) c^H(z)\,\mathrm{d}z = w^H l^H \tag{4.5}$$

其中，w^H 为本国的工资水平，l^H 为本国劳动力总量，$p^H(z)$ 表示最终品 z 的价格；式（4.4）表明消费者对不同产品 z 的消费占总消费的比重相等。

我们区分传统贸易模式（没有全球价值链分工）和全球价值链贸易模式，并对比这两种情形下距离对贸易的不同作用。为简化模型，本章根据国际贸易模型的经典假设（Caliendo and Parro，2015；Dornbusch et al.，1977）做出如下假设：第一，产品市场为完全竞争市场；第二，产品在国家间的贸易仅存在距离成本 d（$d \geq 0$），而且国内贸易的贸易成本为 0；第三，各国劳动力在国家内部自由流动，但不能跨国流动，这表明同一国家内部的工资水平相同；第四，各国贸易平衡；第五，对同一产品 z，各国产品无质量等差异。

二、传统贸易模式

我们首先假设不存在全球价值链生产，产品 z 仅有一个生产环节，此时仅有最终品贸易，没有中间品贸易，我们称之为"传统贸易"。此时，本国产品 z 的生产函数为：

$$y^H(z) = A^H(z) l^H(z)^{1-\alpha} M^H(z)^\alpha \tag{4.6}$$

其中，$l^H(z)$ 和 $M^H(z)$ 分别为劳动投入和原材料投入，α 为原材料投入占生产成本的比重。定义本国相对于外国的生产率为 $A^r(z) = \dfrac{A^H(z)}{A^F(z)}$。根据 Frechét 分布的性质，可得：

$$A^r(z) = \left(\frac{T^H}{T^F}\right)^{\frac{1}{\theta}} \left(\frac{1-z}{z}\right)^{\frac{1}{\theta}} \tag{4.7}$$

我们采用多恩布什等（Dornbusch et al., 1977）的方法，将产品 z 按照相对生产率 $A^r(z)$ 从大到小排序。$A^r(z)$ 越小，本国相对生产率越高，生产成本越低，在国际分工时，本国越倾向于生产 z。不妨分别用 $p^H(z)$ 与 $p^F(z)$ 表示本国与外国生产的产品 z 的价格，w^H 和 w^F 分别为本国与外国的工资，P^H 和 P^F 分别为本国和外国的原材料价格。在完全竞争市场条件下，由企业利润最大化条件可知：

$$p^H(z) = \frac{\varphi_1 (w^H)^{1-\alpha} (P^H)^\alpha}{A^H(z)} \tag{4.8}$$

其中，$\varphi_1 = (1-\alpha)^{-(1-\alpha)} \alpha^{-\alpha}$ 为常数。类似地，外国产品 z 的生产者价格为 $p^F(z) = \dfrac{\varphi_1 (w^F)^{1-\alpha} (P^F)^\alpha}{A^F(z)}$，受贸易成本影响，外国产品在本国的售价为 $(1+d) p^F(z)$。

我们进一步确定国际分工分界点 z^H，假设对任一产品 z，各国总是在全球范围内寻找最便宜的国家购买。因此当 $p^H(z^H) < (1+d) p^F(z^H)$ 时，从本国购买，反之从国外进口。在国际分工分界点 z^H 上，本国和外国产品

在本国的消费价格相等，即：

$$\frac{(w^H)^{1-\alpha}(P^H)^{\alpha}}{A^H(z^H)} = \frac{(1+d)(w^F)^{1-\alpha}(P^F)^{\alpha}}{A^F(z^H)} \tag{4.9}$$

为剔除距离之外的因素对贸易量的影响，我们采用易（Yi，2010）的假设，即本国和外国的工资水平、平均生产率及中间品价格相同[①]。这就消除了本国生产的绝对优势，但不同产品的生产率仍不同，两国在不同产品上存在不同的比较优势。将式（4.7）代入式（4.9），整理得到生产分界点 z^H：

$$z^H = \frac{(1+d)^{\theta}}{1+(1+d)^{\theta}} \tag{4.10}$$

当 $z \in [0, z^H]$ 时，本国产品价格低于外国产品在本国的价格，本国将生产产品 z，反之本国将从外国进口产品（$z \in [z^H, 1]$）。根据式（4.10），距离成本对国际分工分界点具有决定性作用。距离成本 d 越小，z^H 越小，进口比例越高。本国对外国产品的进口量为：

$$X^{HF} = (1-z^H)w^H l^H \tag{4.11}$$

本国国内消费量为：

$$X^{HH} = z^H w^H l^H \tag{4.12}$$

本国进口相对于对本国产品的消费（简称国内消费）的比值：

$$\pi = \frac{X^{HF}}{X^{HH}} = (1+d)^{-\theta} \tag{4.13}$$

式（4.13）反映了距离对贸易的影响，表明距离弹性即为生产率分布的形状参数 θ。

三、全球价值链生产

全球价值链生产的典型特征是存在中间品贸易。在这种生产模式下，

[①] 根据易（Yi，2010）的研究，假设两国平均技术相等，模型在达到均衡时两国劳动力工资相等，由于模型中两国中间品的生产函数形式和参数相同，因此两国的中间品价格也相同。此处相当于仅假设本国和外国的平均技术相等。

一国可以将某个生产阶段外包给其他经济体。我们假设第一阶段生产只在最终消费国完成，第二阶段生产可以外包给其他经济体。也就是说，如果本国是产品 z 的最终消费国，那么 z 的第一阶段生产只在本国完成；第二阶段可在本国生产，也可外包给外国生产。用上标 HH 表示 2 个阶段均在本国生产；HF 则表示第一阶段在本国生产，第二阶段在外国生产。

第一阶段和第二阶段的生产函数分别见式（4.1）和式（4.3）。将式（4.1）代入式（4.3），可以得到 HH 模式下的生产函数：

$$y_2^{HH}(z) = A^H(z)^{\alpha_2} A^H(z) l_1^H(z)^{1-\alpha_1\alpha_2} M_1^H(z)^{\alpha_1\alpha_2} \quad (4.14)$$

HF 模式下的生产函数为：

$$y_2^{HF}(z) = A^H(z)^{\alpha_2} A^F(z) l_1^H(z)^{\alpha_2-\alpha_1\alpha_2} l_2^F(z)^{1-\alpha_2} M_1^H(z)^{\alpha_1\alpha_2} \quad (4.15)$$

HH 和 HF 模式下产品 z 的生产价格分别为：

$$p_2^{HH}(z) = \frac{\varphi_2(w^H)^{1-\alpha_1\alpha_2}(P^H)^{\alpha_1\alpha_2}}{A^H(z)^{1+\alpha_2}} \quad (4.16)$$

$$p_2^{HF}(z) = \frac{\varphi_2(w^F)^{1-\alpha_2}(1+d)^{(1-\alpha_1)\alpha_2}(P^H)^{\alpha_1\alpha_2}}{A^H(z)^{\alpha_2}A^F(z)} \quad (4.17)$$

其中，$\varphi_2 = (1-\alpha_2)^{-(1-\alpha_2)}\alpha_2^{-\alpha_2}$。在 $p_2^{HF}(z)$ 中存在（$1+d$）项是因为第一阶段产品由本国出口到外国需要付出距离成本（$1+d$）。由于存在距离成本，HF 模式下的产品 z 在本国的消费价格为 $(1+d)p_2^{HF}(z)$。

各国消费者从价格最低的国家购买产品 z。HH 和 HF 模式的相对生产率为 $\bar{A}^r(z) = \frac{A^H(z)^{1+\alpha_2}}{A^H(z)^{\alpha_2}A^F(z)} = \frac{A^H(z)}{A^F(z)}$，依然按照相对生产率 $\bar{A}^r(z)$ 递减的顺序排列产品 z，则存在生产分界点 $\bar{z}^H$，对产品 $z \in [0, \bar{z}^H]$，第二阶段由本国生产（HH 模式）；而对产品 $z \in [\bar{z}^H, 1]$，第二阶段由外国生产（HF 模式）。生产分界点 $\bar{z}^H$ 的第二阶段既可由本国生产，也可由外国生产，两种模式下，$\bar{z}^H$ 在本国的消费价格相等。即：

$$(1+d)p_2^{HF}(\bar{z}^H) = p_2^{HH}(\bar{z}^H) \quad (4.18)$$

仍假设本国和外国的平均生产率和工资均相等，根据式（4.18）可以计算得到生产分界点：

$$\bar{z}^H = \left[1 + (1+d)^{-\theta(1+\alpha_2)}\right]^{-1} \qquad (4.19)$$

本国居民收入为 $w^H l^H$，其中 $\bar{z}^H w^H l^H$ 用于购买 HH 模式产品，$(1 - \bar{z}^H) w^H l^H$ 用于购买 HF 模式产品，因此本国对最终产品 z 的总进口为 $(1 - \bar{z}^H) w^H l^H$。

同理，外国也可以选择将第二个生产阶段外包给其他经济体（FH 模式）或者自己生产（FF 模式），可依据上述逻辑推导出生产分界点 $\bar{z}^F = \left[1 + (1+d)^{-\theta(1+\alpha_2)}\right]^{-1}$，对产品 $z \in [0, \bar{z}^F]$，采用 FH 模式生产；而对产品 $z \in [\bar{z}^F, 1]$，采用 FF 模式生产。根据式（4.19）可知，有 $\bar{z}^F = 1 - \bar{z}^H$，因此外国对产品 z 的总进口为 $(1 - \bar{z}^H) w^F l^F$；同时，本国为生产这些产品，需要从外国进口 $\alpha_2 (1 - \bar{z}^H) w^F l^F$ 的第一阶段中间产品。假定两国资源禀赋相同，本国总进口为 $\bar{X}^{HF} = (1 + \alpha_2)(1 - \bar{z}^H) w^H l^H$，本国对本国产品的消费为 $\bar{X}^{HH} = (1 + \alpha_2) \bar{z}^H w^H l^H$。因此，本国总进口与国内消费的比重（即贸易份额）为：

$$\bar{\pi} = \frac{\bar{X}^{HF}}{\bar{X}^{HH}} = (1+d)^{-\theta(1+\alpha_2)} \qquad (4.20)$$

对比全球价值链贸易和传统贸易，即式（4.20）和式（4.13），距离弹性由原来的 θ 增加到 $\theta(1+\alpha_2)$。这表明全球价值链分工会增强距离对国际贸易的影响，即在全球价值链背景下，距离对贸易的影响比传统贸易模式下更强。

事实上，$(1+\alpha_2)$ 表示产品在生产和贸易过程中在本国和外国间的平均跨境次数。在全球价值链模式中，本国从外国的最终品进口为 $X^{HF} = (1 - \bar{z}^H) w^H l^H$，其中来自外国的增加值为 $V^{HF} = (1 - \alpha_2)(1 - \bar{z}^H) w^H l^H$，这部分增加值仅从外国跨境 1 次到本国；在总进口中来自本国的增加值为 $V^{HHI} = \alpha_2 (1 - \bar{z}^H) w^H l^H$，这部分增加值先从本国出口至外国再进口至本国，因此跨境 2 次。两部分增加值的平均跨境次数为 $CB^{HF} = \dfrac{V^{HF} + 2V^{HHI}}{X^{HF}} = 1 + \alpha_2$。[①] 根

---

① 请参考王直等（Wang et al., 2017b）对跨境次数的定义和测量指标。

据式（4.20），在全球价值链生产中，距离对贸易的影响系数等于产品的平均跨境次数乘以传统贸易中的距离弹性。

当生产阶段进一步细化，更多生产阶段可以外包到其他经济体生产，跨境次数会不断增加，距离对贸易的影响系数也会不断增加。因此，当国际分工程度随时间不断细化，距离弹性将不断上升，出现"距离之谜"现象。

四、全球价值链生产下的增加值贸易

根据前文理论分析，相对于传统贸易模式，在全球价值链贸易模式下的本国国际贸易量变化包括两部分原因：其一，中间品贸易的重复计算。在上述模型中，本国从外国进口的第一阶段产品 $\alpha_2(1-\bar{z}^H)w^F l^F$ 的价值，不仅计入本国进口，还将计入本国的最终品出口；而本国从国外进口的最终产品，也包含了本国出口到国外的第一阶段中间品。其二，外包带来的国际分工分界点的变化。根据式（4.18）~式（4.20）可知，在全球价值链生产中，距离成本不仅影响最终品的贸易量，也影响外包选择，从而影响总贸易量，中间产品跨境次数越频繁，距离成本对总贸易的影响也越大。

如果去除总贸易核算的重复计算问题，全球价值链模式下的距离弹性是否会更接近传统贸易的距离弹性呢？增加值贸易剔除了总贸易量的重复计算问题，被认为可以真实反映一国贸易状况（Johnson and Noguera，2012a；Timmer et al.，2013）。因此，我们进一步分析距离对增加值贸易的影响。根据约翰逊和诺格拉（Johnson and Noguera，2012a）的定义，A国从B国的增加值进口（V^{AB}）是指B国为满足A国的最终需求而进行生产从而产生的B国增加值。

在传统贸易模式下，一国产品完全由本国完成，本国的出口总值全部为本国增加值，此时总贸易和增加值贸易的统计相等。因此，式（4.13）对增加值贸易同样适用，增加值贸易的距离弹性仍为 θ。

在全球价值链模式下，V^{HF} 为本国从外国的增加值进口。本国对本国最终产品消费量为 $X^{HH} = \bar{z}^H w^H l^H$，这些产品均由本国生产，是本国的增加值。在本国从外国进口的最终品中，第一阶段产品由本国提供，为 $\alpha_2(1 - \bar{z}^H)w^H l^H$，这是本国的增加值并最终由本国居民消费的部分。因此，本国对本国的增加值贸易为 $V^{HH} = [\alpha_2(1 - \bar{z}^H) + \bar{z}^H]w^H l^H$。[①] 本国增加值进口额与国内增加值贸易的比值为：

$$\frac{V^{HF}}{V^{HH}} = \frac{(1 - \alpha_2)(1 - \bar{z}^H)w^H l^H}{[\alpha_2(1 - \bar{z}^H) + \bar{z}^H]w^H l^H} = \frac{1 - \alpha_2}{\alpha_2 + (1 + d)^{\theta(1 + \alpha_2)}} \tag{4.21}$$

对式（4.21）两边取自然对数，并对 $\ln(1 + d)$ 求导可得增加值贸易口径下的距离弹性：

$$\frac{\mathrm{d}\ln \dfrac{V^{HF}}{V^{HH}}}{\mathrm{d}\ln(1 + d)} = -\theta(1 + \alpha_2)\frac{(1 + d)^{\theta(1 + \alpha_2)}}{\alpha_2 + (1 + d)^{\theta(1 + \alpha_2)}} \tag{4.22}$$

可以看出，增加值贸易口径下的距离对贸易的影响小于总贸易口径下的 $\theta(1 + \alpha_2)$。增加值贸易剔除了总贸易中的重复计算问题，在一定程度上缓解了产品跨境生产对距离弹性的影响。同时，增加值贸易的距离弹性大于 θ，即大于传统贸易模式的距离弹性。这表明即使剔除了总贸易的重复计算问题，依然无法消除全球价值链对于距离弹性的放大作用。

第四节 计量模型和数据

一、计量方程及变量描述

我们基于引力模型，分别采用总贸易数据和增加值贸易数据，使用式

---

① 由于居民存在预算约束，在均衡时有 $V^{HF} + V^{HH} = w^H l^H$，$V^{HH}$ 也可以由该式计算得到。

（4.23）~式（4.25）回归分析距离对贸易的影响及其随时间的变化。式
（4.23）为总贸易回归模型，即文献中的经典贸易引力模型（Bergstrand
et al.，2015；Borchert and Yotov，2017），因变量为双边总贸易额的对数
值。式（4.24）在式（4.23）的基础上控制了双边贸易产品的跨境次数。
根据式（4.20），在全球价值链生产模式下，距离对贸易的影响等于产品
跨境次数乘以传统贸易模式下的距离弹性，因此我们将跨境次数和距离的
乘积放入回归方程。该乘积项的系数即为控制全球价值链因素后的距离弹
性，该乘积项是在全球价值链背景下新的测量距离的变量，它考虑了贸易
品多次跨越国境，测量了贸易品的实际"旅行"距离。式（4.25）则在式
（4.24）基础上将因变量替换为增加值贸易，探究剔除总贸易的重复计算
问题是否会影响距离弹性。

$$\ln GT_{ijt} = \beta_0 + \sum_{t=t_0}^{T} \beta_1^{\ t} D_t \ln distw_{ij} + \psi X + \chi_i + \eta_j + \lambda_t + \varepsilon_{ijt} \qquad (4.23)$$

$$\ln GT_{ijt} = \beta_0 + \sum_{t=t_0}^{T} \beta_1^{\ t} CB_{ijt} D_t \ln distw_{ij} + \psi X + \chi_i + \eta_j + \lambda_t + \varepsilon_{ijt} \qquad (4.24)$$

$$\ln VAT_{ijt} = \beta_0 + \sum_{t=t_0}^{T} \beta_1^{\ t} CB_{ijt} D_t \ln distw_{ij} + \psi X + \chi_i + \eta_j + \lambda_t + \varepsilon_{ijt} \qquad (4.25)$$

上述方程中，i 和 j 表示国家 i 和 j，t 表示年份。GT_{ijt} 表示 t 年 i 国对 j
国的出口总值，VAT_{ijt} 表示 t 年 j 国从 i 国的增加值进口额，$distw_{ij}$ 是本章核
心变量，表示 i 国和 j 国间的距离。D_t 是 1 组年份哑变量。β_1^t 表示 t 年距
离对贸易的影响，其绝对值代表了距离弹性。如果 β_1^t 的绝对值随时间推移
而越来越大，表明存在"距离之谜"；反之，如果 β_1^t 绝对值随时间的推移
而越来越小，则表明不存在"距离之谜"。CB_{ijt} 表示 t 年 i 国和 j 国间贸易
品的平均跨境次数。χ_i 和 η_j 分别表示出口国和进口国的固定效应，λ_t 表示
年份固定效应，ε_{ijt} 是随机误差项。X 是控制变量，包括除距离之外的其他
可能影响双边贸易的因素，例如是否拥有共同边界、是否拥有共同语言、
是否签订贸易协定等（Anderson and van Wincoop，2003；McCallum，1995；
Helpman et al.，2008）。

我们利用国际投入产出模型计算增加值进口和平均跨境次数。j 国从 i

国的增加值进口指 i 国为满足 j 国的最终需求而产生的 i 国增加值，即：

$$VAT_{ij} = \sum_{k=1}^{N} (\mathbf{v}_i \mathbf{B}_{ik} \mathbf{f}_{kj}) \tag{4.26}$$

其中，$\mathbf{v}_i$ 为 i 国增加值系数行向量；$\mathbf{f}_{kj}$ 为 j 国从 k 国的最终品进口列向量。$\mathbf{B}$ 为国际列昂惕夫逆矩阵，其子矩阵 $\mathbf{B}_{ik}$ 是为生产 1 单位 k 国各行业最终产品而完全消耗的来自 i 国的各行业产出。

我们使用王直等（Wang et al.，2017b）的方法计算 i 国对 j 国出口品的平均跨境次数[1]：

$$CB_{ij} = \frac{\sum_{k=1}^{N} (\mathbf{v}_i \mathbf{B}_{ik} \mathbf{e}_{kj})}{\mathbf{v}_i \mathbf{L}_{ii} \mathbf{e}_{ij}} \tag{4.27}$$

其中，$\mathbf{L}_{ii}$ 为 i 国的国内列昂惕夫逆矩阵。$\mathbf{e}_{ij}$ 为 i 国向 j 国的总出口列向量。式（4.27）的分母表示 i 国向 j 国的总出口中隐含的 i 国增加值；分子表示 i 国向 j 国的总出口中增加值跨越国境的总次数。

二、数据来源

本章贸易数据主要来自 World Input – Output Database（WIOD）2016 年版数据，它包括了 2000～2014 年的 43 个经济体[2]。我们利用式（4.26）和式（4.27）测算双边跨境次数和增加值贸易额。距离数据来自迈耶和齐格纳戈（Mayer and Zignago，2011）的研究，他们以各城市在本国的人口比重为权重计算两国平均距离，充分考虑了人口分布对贸易的影响。相关变量介绍和描述性统计如表 4–1 所示，数据均来自 CEPII 数据库[3]。

---

[1] 跨境次数的推导过程请参考王直等（Wang et al.，2017b）和张等（Zhang et al.，2017）的研究。根据 WIOD 数据，一个国家的出口中有 90% 左右为本国的国内增加值，因此我们用 i 国向 j 国的总出口中 i 的增加值的平均跨境次数代表 i 国对 j 国出口中所有增加值的平均跨境次数。增加值贸易和跨境次数均随时间发生变化，式（4.26）和式（4.27）省略了下标时间 t。

[2] 受控制变量数据限制，最终回归样本中包括 42 个经济体。WIOD 数据参见：http://www.wiod.org/database。

[3] 变量简介请见 http://www.cepii.fr/。

表 4 – 1　　　　　　　　　引力模型相关变量

变量	含义	单位	观测值	平均值	标准误	最小值	最大值
CB_{ijt}	跨境次数	—	25830	1.54	0.30	1.01	2.58
$\ln distw_{ij}$	距离取对数	千米	1722	8.05	1.07	5.08	9.81
$\ln VAT_{ijt}$	增加值贸易取对数	百万美元	25830	6.11	2.19	−1.47	16.58
$\ln GT_{ijt}$	总贸易取对数	百万美元	25830	6.29	2.40	−3.54	17.19
$contig_{ij}$	是否有共同边界	0，1 变量	1722	0.06	0.24	0.00	1.00
$comlang\_off_{ij}$	是否有共同语言	0，1 变量	1722	0.05	0.22	0.00	1.00
fta_wto_{ijt}	是否在同一个区域贸易协定内	0，1 变量	25830	0.51	0.50	0.00	1.00
col_{ij}	是否曾存在殖民关系	0，1 变量	1722	0.02	0.13	0.00	1.00
$tdiff_{ij}$	时差	小时	1722	3.63	3.42	0.00	11.58
pop_{it}	进口国或出口国人数	百万人	630	101.61	263.26	0.38	1364.27
eu_{it}	进口国或出口国是否加入欧盟	0，1 变量	630	0.55	0.50	0.00	1.00
$comcur_{ijt}$	是否用共同货币	0，1 变量	25830	0.11	0.31	0.00	1.00
$comrelig_{ij}$	是否有共同宗教	0，1 变量	1722	0.20	0.27	0.00	0.98
$\ln gdpcap_{it}$	进口国或出口国人均 GDP 取对数	美元/人	630	9.79	1.06	6.13	11.67

注：对于取对数的变量，变量单位指的是其在取对数之前的单位。
资料来源：笔者根据计算结果自制。

第五节　经验分析

一、基准回归分析

（一）基本回归结果

表 4 – 2 展示了基于式（4.23）~ 式（4.25）的回归结果。我们首先采

用总贸易回归模型式（4.23）来检验"距离之谜"。考虑到 WIOD 数据库中仅包括 40 多个经济体，此处采用 UN COMTRADE 数据库中更全的样本检验"距离之谜"，该数据库包括 1995～2014 年 220 个经济体的全部商品贸易数据，具体回归结果见表 4－2 第（1）列。从中可知，1995～2014 年总贸易的距离弹性不断波动，但整体呈不断增加趋势，由 1995 年的 1.431 上升到 2014 年的 1.612，即存在"距离之谜"，这与已有文献结论一致（Carrère and Schiff，2005；Coe et al.，2007；Disdier and Head，2008）。表 4－2 第（2）列展示了基于 WIOD 数据的总贸易回归结果，距离弹性从 2000 年的 1.379 增加到 2014 年的 1.430。第（4）列展示了基于式（4.24）的回归结果，它考虑了全球价值链模式下贸易品多次跨越边境，反映了全球价值链对距离弹性的影响。在控制了全球价值链因素后，"距离之谜"消失，距离弹性随时间呈缓慢下降趋势，具体从 2000 年的 0.464 下降到 2014 年的 0.424。该结果验证了全球价值链是出现"距离之谜"现象的一个重要原因。同时，对比第（4）列与第（2）列结果，在控制全球价值链因素后，距离弹性明显下降，这与前文理论模型发现相一致。我们进一步剔除总贸易统计的重复计算问题，利用增加值贸易作为因变量进行回归，结果见表 4－2 第（6）列。从中可知，基于增加值贸易的距离弹性小于总贸易的距离弹性，验证了理论模型中的式（4.22）。在加入跨境次数后，增加值贸易与总贸易的回归结果在时间趋势上类似，距离弹性由 2000 年的 0.271 下降至 2014 年的 0.241，"距离之谜"消失。

表 4－2　主要回归结果

变量	总贸易回归（全样本）	总贸易回归（不加入跨境）		加入跨境的总贸易回归		加入跨境的增加值贸易回归	
	（1）	（2）	（3）	（4）	（5）	（6）	（7）
	OLS	OLS	PPML	OLS	PPML	OLS	PPML
β_1^{1995}	-1.431***(0.024)	—	—	—	—	—	—

续表

变量	总贸易回归 （全样本）	总贸易回归 （不加入跨境）		加入跨境的 总贸易回归		加入跨境的增加值 贸易回归	
	（1）	（2）	（3）	（4）	（5）	（6）	（7）
	OLS	OLS	PPML	OLS	PPML	OLS	PPML
β_1^{1996}	-1.221^{***} （0.028）	—	—	—	—	—	—
β_1^{1997}	-1.353^{***} （0.024）	—	—	—	—	—	—
β_1^{1998}	-1.416^{***} （0.022）	—	—	—	—	—	—
β_1^{1999}	-1.437^{***} （0.021）	—	—	—	—	—	—
β_1^{2000}	-1.545^{***} （0.021）	-1.379^{***} （0.028）	-0.218^{***} （0.005）	-0.464^{***} （0.004）	-0.097^{***} （0.001）	-0.271^{***} （0.003）	-0.056^{***} （0.001）
β_1^{2001}	-1.544^{***} （0.021）	-1.386^{***} （0.028）	-0.220^{***} （0.005）	-0.467^{***} （0.004）	-0.098^{***} （0.001）	-0.274^{***} （0.003）	-0.057^{***} （0.001）
β_1^{2002}	-1.551^{***} （0.021）	-1.385^{***} （0.027）	-0.219^{***} （0.005）	-0.466^{***} （0.004）	-0.096^{***} （0.001）	-0.274^{***} （0.004）	-0.056^{***} （0.001）
β_1^{2003}	-1.581^{***} （0.021）	-1.383^{***} （0.027）	-0.216^{***} （0.005）	-0.457^{***} （0.004）	-0.092^{***} （0.001）	-0.271^{***} （0.004）	-0.054^{***} （0.001）
β_1^{2004}	-1.588^{***} （0.021）	-1.346^{***} （0.027）	-0.200^{***} （0.005）	-0.446^{***} （0.004）	-0.085^{***} （0.001）	-0.260^{***} （0.003）	-0.049^{***} （0.001）
β_1^{2005}	-1.602^{***} （0.020）	-1.358^{***} （0.027）	-0.202^{***} （0.005）	-0.438^{***} （0.004）	-0.082^{***} （0.001）	-0.255^{***} （0.003）	-0.047^{***} （0.001）
β_1^{2006}	-1.584^{***} （0.020）	-1.378^{***} （0.027）	-0.204^{***} （0.005）	-0.428^{***} （0.004）	-0.078^{***} （0.001）	-0.249^{***} （0.003）	-0.045^{***} （0.001）
β_1^{2007}	-1.595^{***} （0.020）	-1.380^{***} （0.027）	-0.202^{***} （0.005）	-0.424^{***} （0.004）	-0.076^{***} （0.001）	-0.240^{***} （0.003）	-0.042^{***} （0.001）

续表

变量	总贸易回归(全样本)	总贸易回归(不加入跨境)		加入跨境的总贸易回归		加入跨境的增加值贸易回归	
	(1)	(2)	(3)	(4)	(5)	(6)	(7)
	OLS	OLS	PPML	OLS	PPML	OLS	PPML
β_1^{2008}	-1.620*** (0.020)	-1.365*** (0.027)	-0.199*** (0.005)	-0.417*** (0.004)	-0.073*** (0.001)	-0.235*** (0.003)	-0.041*** (0.001)
β_1^{2009}	-1.632*** (0.021)	-1.384*** (0.027)	-0.204*** (0.005)	-0.436*** (0.004)	-0.079*** (0.001)	-0.254*** (0.003)	-0.045*** (0.001)
β_1^{2010}	-1.622*** (0.020)	-1.399*** (0.027)	-0.207*** (0.005)	-0.419*** (0.003)	-0.075*** (0.001)	-0.240*** (0.003)	-0.042*** (0.001)
β_1^{2011}	-1.638*** (0.021)	-1.396*** (0.027)	-0.206*** (0.005)	-0.410*** (0.003)	-0.072*** (0.001)	-0.232*** (0.003)	-0.04*** (0.001)
β_1^{2012}	-1.626*** (0.021)	-1.417*** (0.027)	-0.210*** (0.005)	-0.417*** (0.004)	-0.073*** (0.001)	-0.237*** (0.003)	-0.041*** (0.001)
β_1^{2013}	-1.649*** (0.021)	-1.411*** (0.027)	-0.208*** (0.005)	-0.418*** (0.004)	-0.073*** (0.001)	-0.238*** (0.003)	-0.045*** (0.001)
β_1^{2014}	-1.612*** (0.021)	-1.430*** (0.028)	-0.210*** (0.005)	-0.424*** (0.004)	-0.074*** (0.001)	-0.241*** (0.003)	-0.042*** (0.001)
观测值	381907	25830	25830	25830	25830	25830	25830
R^2	0.741	0.885		0.976		0.979	

注：*、**和***分别表示在10%、5%和1%的水平下显著，括号内的值为稳健标准误。所有回归都含有表4-1列出的控制变量，限于篇幅未报告，详细过程备索。此外，也都控制了时间、进口国及出口国固定效应。表4-3到表4-5同。

资料来源：笔者根据计算结果自制。

（二）对基准回归的稳健性检验

现实中，一些经济体间的贸易量为0，在OLS回归中，这些样本自动被处理为缺失值，这可能会对距离弹性的估计带来偏误。为避免零贸易量带来的影响，我们沿用席尔瓦和滕雷罗（Silva and Tenreyro，2006）的做法，采用 PPML 进行回归估计，结果如表 4 - 2 的第 (3) 列、第 (5) 列及第 (7) 列所示。结果仍然表明，在加入跨境次数后，无论是总贸易回归还是增加值贸易回归，距离弹性均随时间呈下降趋势，证实了全球价值链是出现"距离之谜"现象的一个重要原因。

为避免数据样本选取对本章结果带来影响，本章同时使用 WIOD 2013 年版本的数据再次进行回归分析。具体结果见表 4 - 3 第 (1) ~ (3) 列。结果显示，在总贸易回归中距离弹性仍无显著下降趋势，表明存在"距离之谜"，而在控制了全球价值链因素后，距离弹性随时间显著下降，再次表明全球价值链是解释"距离之谜"的重要原因。

此外，在基准回归中，我们使用的总贸易和增加值贸易的统计数据均来自 WIOD，它不仅包括商品贸易，还包括服务贸易。由于已有文献对于"距离之谜"的探索主要聚焦在商品贸易（Bergstrand et al.，2015；Borchert and Yotov，2017），全球价值链生产也更多地发生在制造业行业，因此我们仅考虑制造业产品的总贸易和增加值贸易，重新对式 (4.23) ~ 式 (4.25) 进行估计，具体结果见表 4 - 3 的第 (4) ~ (6) 列，结论依然稳健。

表 4 - 3　　　　　　　　　　稳健性检验结果 I

变量	使用 WIOD2013 年数据			仅制造业贸易		
	总贸易回归（不加入跨境）	加入跨境的总贸易回归	加入跨境的增加值贸易回归	总贸易回归（不加入跨境）	加入跨境的总贸易回归	加入跨境的增加值贸易回归
	(1)	(2)	(3)	(4)	(5)	(6)
β_1^{2000}	-1.403 *** (0.029)	-0.411 *** (0.007)	-0.487 *** (0.004)	-1.430 *** (0.028)	-0.391 *** (0.006)	-0.267 *** (0.004)
β_1^{2001}	-1.334 *** (0.030)	-0.393 *** (0.008)	-0.473 *** (0.004)	-1.432 *** (0.028)	-0.392 *** (0.006)	-0.268 *** (0.004)
β_1^{2002}	-1.432 *** (0.028)	-0.404 *** (0.007)	-0.490 *** (0.004)	-1.420 *** (0.027)	-0.388 *** (0.006)	-0.265 *** (0.004)

续表

变量	使用 WIOD2013 年数据			仅制造业贸易		
	总贸易回归（不加入跨境）	加入跨境的总贸易回归	加入跨境的增加值贸易回归	总贸易回归（不加入跨境）	加入跨境的总贸易回归	加入跨境的增加值贸易回归
	（1）	（2）	（3）	（4）	（5）	（6）
β_1^{2003}	−1.428*** (0.028)	−0.404*** (0.007)	−0.477*** (0.004)	−1.408*** (0.027)	−0.376*** (0.005)	−0.258*** (0.004)
β_1^{2004}	−1.425*** (0.027)	−0.394*** (0.006)	−0.467*** (0.003)	−1.367*** (0.026)	−0.363*** (0.005)	−0.246*** (0.004)
β_1^{2005}	−1.431*** (0.027)	−0.365*** (0.006)	−0.446*** (0.003)	−1.371*** (0.026)	−0.352*** (0.005)	−0.242*** (0.004)
β_1^{2006}	−1.434*** (0.027)	−0.369*** (0.006)	−0.449*** (0.003)	−1.399*** (0.026)	−0.349*** (0.005)	−0.237*** (0.003)
β_1^{2007}	−1.438*** (0.027)	−0.371*** (0.006)	−0.442*** (0.003)	−1.399*** (0.026)	−0.344*** (0.005)	−0.228*** (0.003)
β_1^{2008}	−1.423*** (0.027)	−0.355*** (0.006)	−0.433*** (0.003)	−1.378*** (0.026)	−0.337*** (0.005)	−0.223*** (0.003)
β_1^{2009}	−1.407*** (0.027)	−0.343*** (0.006)	−0.418*** (0.003)	−1.379*** (0.026)	−0.348*** (0.005)	−0.240*** (0.003)
β_1^{2010}	−1.406*** (0.027)	−0.330*** (0.006)	−0.400*** (0.003)	−1.407*** (0.026)	−0.338*** (0.005)	−0.227*** (0.003)
β_1^{2011}	−1.418*** (0.027)	−0.322*** (0.005)	−0.395*** (0.003)	−1.411*** (0.026)	−0.330*** (0.004)	−0.220*** (0.003)
β_1^{2012}	−1.431*** (0.027)	−0.321*** (0.005)	−0.391*** (0.003)	−1.424*** (0.026)	−0.334*** (0.005)	−0.223*** (0.003)
β_1^{2013}	−1.396*** (0.027)	−0.303*** (0.005)	−0.379*** (0.003)	−1.420*** (0.027)	−0.336*** (0.005)	−0.225*** (0.003)
β_1^{2014}	−1.410*** (0.027)	−0.330*** (0.006)	−0.414*** (0.003)	−1.434*** (0.027)	−0.340*** (0.005)	−0.230*** (0.003)

续表

变量	使用 WIOD2013 年数据			仅制造业贸易		
	总贸易回归（不加入跨境）	加入跨境的总贸易回归	加入跨境的增加值贸易回归	总贸易回归（不加入跨境）	加入跨境的总贸易回归	加入跨境的增加值贸易回归
	（1）	（2）	（3）	（4）	（5）	（6）
观测值	20220	20220	20220	25830	25830	25829
R^2	0.901	0.936	0.979	0.913	0.955	0.973

资料来源：笔者根据计算结果自制。

跨境次数除影响距离对贸易的作用外，也可能直接影响贸易额。为排除跨境次数对贸易额的直接作用而带来的估计偏差，本章将跨境次数作为控制变量加入回归模型中再次回归，结果见表4－4的第（1）~（2）列，从中可知，本章经验研究结果具有稳健性，在总贸易回归中存在"距离之谜"现象，但当控制全球价值链因素后，距离弹性随时间显著下降。此外，我们也尝试控制反映全球价值链参与度的其他指标再次回归，见表4－4第（3）~（4）列，回归结果仍表明本章结论稳健[①]。

本章主要研究距离对贸易的影响，核心变量是地理距离，距离是外生的。但在式（4.24）和式（4.25）中我们关心的是跨境次数与距离交互项的系数，跨境次数的内生性可能会导致对距离弹性的估计偏误。为此，我们使用跨境次数的滞后1期作为其工具变量，并利用两阶段最小二乘方法重新估计，结果见表4－4的第（5）~（6）列。从中可知，全球价值链是造成近年来"距离之谜"现象出现的一个重要原因。同时，我们分别对回归方程在经济体和时间层面的标准误进行聚类，结果仍然显著和稳健。综上可知，本章主要回归结果是稳健的。

[①] 我们控制了进口国和出口国的后项参与度（Wang et al. , 2017），数字来自 UIBE GVC indicators，参见：http://rigvc. uibe. edu. cn/english/D_E/database_database/index. htm。

表 4 - 4　　　　　　　　　　　　稳健性检验结果Ⅱ

变量	直接控制跨境次数		控制全球价值链参与程度		工具变量	
	加入跨境的总贸易回归	加入跨境的增加值贸易回归	加入跨境的总贸易回归	加入跨境的增加值贸易回归	加入跨境的总贸易回归	加入跨境的增加值贸易回归
	（1）	（2）	（3）	（4）	（5）	（6）
β_1^{2000}	−0.214 *** (0.008)	−0.206 *** (0.006)	−0.448 *** (0.002)	−0.259 *** (0.002)	—	—
β_1^{2001}	−0.217 *** (0.008)	−0.209 *** (0.006)	−0.449 *** (0.002)	−0.260 *** (0.002)	−0.472 *** (0.003)	−0.281 *** (0.002)
β_1^{2002}	−0.216 *** (0.007)	−0.208 *** (0.006)	−0.449 *** (0.002)	−0.260 *** (0.002)	−0.470 *** (0.003)	−0.281 *** (0.002)
β_1^{2003}	−0.207 *** (0.007)	−0.206 *** (0.006)	−0.445 *** (0.002)	−0.259 *** (0.002)	−0.460 *** (0.003)	−0.277 *** (0.002)
β_1^{2004}	−0.195 *** (0.008)	−0.195 *** (0.006)	−0.443 *** (0.002)	−0.257 *** (0.002)	−0.450 *** (0.003)	−0.267 *** (0.002)
β_1^{2005}	−0.187 *** (0.007)	−0.189 *** (0.006)	−0.438 *** (0.002)	−0.253 *** (0.002)	−0.440 *** (0.003)	−0.260 *** (0.002)
β_1^{2006}	−0.179 *** (0.007)	−0.184 *** (0.006)	−0.431 *** (0.002)	−0.248 *** (0.001)	−0.432 *** (0.003)	−0.254 *** (0.002)
β_1^{2007}	−0.175 *** (0.007)	−0.175 *** (0.006)	−0.427 *** (0.002)	−0.245 *** (0.001)	−0.427 *** (0.003)	−0.246 *** (0.002)
β_1^{2008}	−0.167 *** (0.007)	−0.170 *** (0.006)	−0.425 *** (0.002)	−0.243 *** (0.001)	−0.419 *** (0.003)	−0.240 *** (0.002)
β_1^{2009}	−0.185 *** (0.007)	−0.188 *** (0.006)	−0.443 *** (0.002)	−0.259 *** (0.001)	−0.440 *** (0.003)	−0.260 *** (0.002)
β_1^{2010}	−0.169 *** (0.007)	−0.175 *** (0.006)	−0.429 *** (0.002)	−0.248 *** (0.001)	−0.422 *** (0.003)	−0.245 *** (0.002)
β_1^{2011}	−0.161 *** (0.007)	−0.166 *** (0.006)	−0.422 *** (0.002)	−0.242 *** (0.002)	−0.412 *** (0.003)	−0.235 *** (0.002)
β_1^{2012}	−0.168 *** (0.007)	−0.172 *** (0.006)	−0.423 *** (0.002)	−0.244 *** (0.002)	−0.419 *** (0.003)	−0.241 *** (0.002)

续表

变量	直接控制跨境次数		控制全球价值链参与程度		工具变量	
	加入跨境的总贸易回归	加入跨境的增加值贸易回归	加入跨境的总贸易回归	加入跨境的增加值贸易回归	加入跨境的总贸易回归	加入跨境的增加值贸易回归
	(1)	(2)	(3)	(4)	(5)	(6)
β_1^{2013}	-0.169^{***} (0.007)	-0.173^{***} (0.006)	-0.424^{***} (0.002)	-0.245^{***} (0.002)	-0.422^{***} (0.003)	-0.242^{***} (0.002)
β_1^{2014}	-0.175^{***} (0.007)	-0.177^{***} (0.006)	-0.427^{***} (0.002)	-0.247^{***} (0.002)	-0.424^{***} (0.003)	-0.245^{***} (0.002)
观测值	25830	25830	25830	25830	24108	24108
R^2	0.978	0.980	0.976	0.979	0.976	0.979

资料来源：笔者根据计算结果自制。

（三）影响渠道再检验

（1）跨境次数变化模式。理论模型证明跨境次数越多，距离弹性会越大，距离近的经济体间贸易额也会越高。我们仍需证明国际分工程度随时间推移越来越深化，跨境次数也越来越多，这样才能完整解释距离弹性随时间增加的现象。图4-1展示了2000～2014年跨境次数的变化，结果表明，除2009年外，跨境次数随时间不断增加，证实国际分工程度随时间不断深化，验证了本章预期的全球价值链对"距离之谜"的影响渠道①。

本章理论模型证明了在全球价值链生产模式中，分工越细，贸易量对贸易成本的敏感度越高，这正是全球价值链生产模式中距离弹性较大的主要原因：跨境次数越多的贸易越容易发生在距离较近的经济体之间。为了

---

① 2009年跨境次数出现了明显下滑，其主要原因可能是2008年全球金融危机发生后，世界总需求下降，受销量限制，许多企业不再大量购买中间产品，而主要消耗库存，这使中间品贸易量急剧下滑，中间品跨境次数显著降低（Bems et al., 2011, 2013）。这也使得跨境次数不能很好地解释此段时间总贸易回归中距离弹性的上升，因此在加入了跨境次数的回归方程中，2009年的距离弹性仍上升。

对此进行验证，本章同时探究了跨境次数与距离之间的关系。我们以双边贸易的跨境次数为因变量，以距离为自变量，并控制了贸易量、时间及经济体固定效应等因素进行回归，结果发现距离对跨境次数的影响显著为负，验证了距离越近的经济体间的国际分工程度越细化，跨境次数越多。

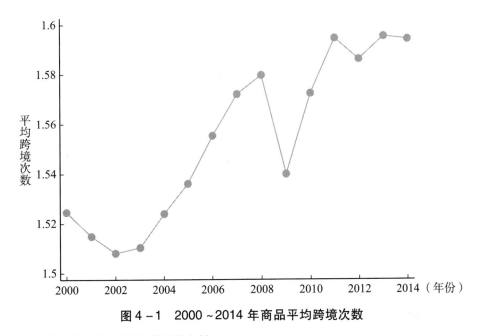

图 4 - 1　2000 ~ 2014 年商品平均跨境次数

资料来源：笔者根据计算结果自制。

（2）中间品和最终品贸易。传统贸易与全球价值链生产模式的一个重要区别是存在中间品贸易。在传统贸易模式下，产品的所有生产环节均在一国生产完成，因此只有最终品贸易，没有中间品贸易；而在全球价值链生产模式下，产品的不同生产阶段可以外包给不同国家进行专业化生产，因此出现大量中间品贸易。直观的，如果全球价值链现象是造成"距离之谜"的一个重要原因，那么"距离之谜"应该主要存在于中间品贸易中，而在加入了跨境次数后，中间品贸易的"距离之谜"现象应该消失。

我们将双边总贸易分为两类：中间品贸易和最终品贸易，并分别以两类贸易的对数值为因变量重新回归，验证两类贸易中的距离弹性随时间的变化趋势。其中，双边中间品和双边最终品的贸易数据均来自 WIOD 2016 年版本。

表 4-5 第（1）列和第（2）列展示了基于式（4.23）的总贸易回归结果，其中因变量分别是中间品贸易和最终品贸易的对数值。从中可知，中间品贸易的距离弹性随时间不断增加，由 2000 年的 1.446 增加到 2014 年的 1.505，表明中间品贸易存在"距离之谜"现象。但最终品贸易的距离弹性则相对较为稳定，在 1.320 附近波动，在 2008 年全球金融危机之前还呈现出距离弹性下降的趋势[①]。

表 4-5 中间品贸易与最终品贸易回归结果

变量	总贸易回归		加入跨境的总贸易回归	
	中间品贸易	最终品贸易	中间品贸易	最终品贸易
	（1）	（2）	（3）	（4）
β_1^{2000}	-1.446*** (0.030)	-1.336*** (0.030)	-0.466*** (0.005)	-0.448*** (0.005)
β_1^{2001}	-1.455*** (0.029)	-1.340*** (0.029)	-0.471*** (0.005)	-0.448*** (0.005)
β_1^{2002}	-1.459*** (0.029)	-1.335*** (0.028)	-0.470*** (0.005)	-0.443*** (0.005)
β_1^{2003}	-1.457*** (0.029)	-1.328*** (0.028)	-0.462*** (0.005)	-0.433*** (0.005)
β_1^{2004}	-1.430*** (0.029)	-1.275*** (0.028)	-0.452*** (0.005)	-0.421*** (0.005)

[①] 受 WIOD 数据的限制，表 4-3～表 4-5 仅呈现了 2000～2014 年距离弹性的变化，虽然结果表明存在"距离之谜"现象，但由于时间序列较短，距离弹性的变化相对较小。我们使用芬斯特拉等（Feenstra et al.，2005）整理的 1962～2000 年的 150 个经济体的双边贸易数据再次对"距离之谜"进行验证，根据 BEC（Broad Economic Categories）分类，将双边贸易分为中间品贸易和最终品贸易，并利用式（4.24）进行回归，得到总贸易、中间品贸易及最终品贸易的距离弹性，结果仍证明"距离之谜"的存在。

续表

变量	总贸易回归		加入跨境的总贸易回归	
	中间品贸易	最终品贸易	中间品贸易	最终品贸易
	（1）	（2）	（3）	（4）
β_1^{2005}	−1.438*** (0.028)	−1.286*** (0.028)	−0.442*** (0.005)	−0.413*** (0.005)
β_1^{2006}	−1.465*** (0.028)	−1.302*** (0.028)	−0.433*** (0.005)	−0.405*** (0.005)
β_1^{2007}	−1.464*** (0.028)	−1.300*** (0.028)	−0.430*** (0.005)	−0.399*** (0.005)
β_1^{2008}	−1.448*** (0.028)	−1.285*** (0.028)	−0.424*** (0.005)	−0.388*** (0.005)
β_1^{2009}	−1.472*** (0.028)	−1.295*** (0.028)	−0.442*** (0.005)	−0.407*** (0.005)
β_1^{2010}	−1.483*** (0.028)	−1.325*** (0.028)	−0.425*** (0.005)	−0.393*** (0.005)
β_1^{2011}	−1.475*** (0.028)	−1.332*** (0.028)	−0.415*** (0.004)	−0.388*** (0.004)
β_1^{2012}	−1.497*** (0.028)	−1.334*** (0.028)	−0.424*** (0.004)	−0.388*** (0.004)
β_1^{2013}	−1.488*** (0.029)	−1.335*** (0.028)	−0.424*** (0.004)	−0.389*** (0.004)
β_1^{2014}	−1.505*** (0.030)	−1.352*** (0.029)	−0.428*** (0.004)	−0.396*** (0.004)
观测值	25830	25830	25830	25830
R^2	0.871	0.885	0.959	0.960

资料来源：笔者根据计算结果自制。

表4−5第（3）列和第（4）列展示了加入跨境次数后基于式（4.24）的总贸易回归结果。中间品贸易回归结果显示，在加入跨境次数

后，距离弹性呈平稳下降趋势，由 2000 年的 0.466 下降到 2014 年的 0.428，表明跨境次数可以很好地解释中间品贸易的"距离之谜"。这些结果都验证了全球价值链是造成"距离之谜"现象产生的一个重要原因。

二、按收入水平分类的回归分析

在全球价值链分工背景下，产品生产被分割为不同生产阶段，不同国家专业化生产其中的某个或某几个环节，这种生产模式使发展中国家能利用自己的比较优势参与全球化生产。那么全球价值链是否对不同收入水平经济体之间贸易的"距离之谜"具有异质性影响？为回答该问题，本章将主回归中的经济体按照收入水平分为高收入经济体和其他经济体，分别估计高收入经济体间、其他经济体间和高收入与其他经济体间的距离弹性。我们参照世界银行的划分，将美国、德国、日本、韩国等 34 个经济体归为高收入经济体[①]；将中国、俄罗斯、墨西哥、土耳其、巴西和保加利亚 6 个中高收入经济体以及印度和印度尼西亚 2 个中低收入经济体归为其他经济体。

限于篇幅，我们用图 4-2 展示回归系数。图 4-2 展示了 2000~2014 年不同收入水平经济体间距离弹性的变化（将 2000 年的距离弹性标准化为 1）。

根据图 4-2（a），由高收入经济体间不加入跨境次数的总贸易回归结果可知，2000~2004 年距离弹性呈下降趋势，但自 2005 年后，实际的距离弹性在波动中增加，从 1.384 增加至 2014 年的 1.390。这说明高收入经济体间的贸易存在"距离之谜"。在加入跨境次数后，2005~2014 年总贸易回归和增加值贸易回归的距离弹性较为相似，均整体呈下降趋势，说明全球价值链分工对高收入经济体间贸易的"距离之谜"有较强解释力。

[①]　世界银行按照收入水平将经济体分为高收入、中高收入、中低收入和低收入 4 类，具体分类可详见：https：//data. worldbank. org/income - level。

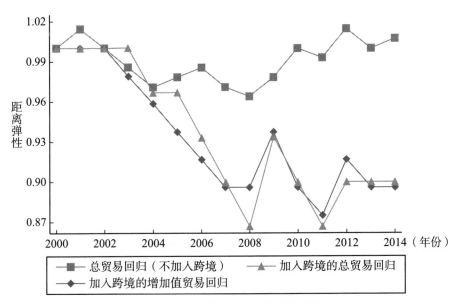

（a）高收入经济体间贸易的距离弹性

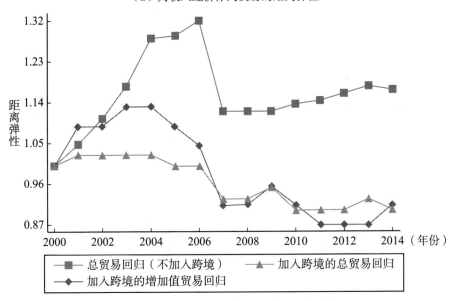

（b）高收入与其他经济体间贸易的距离弹性

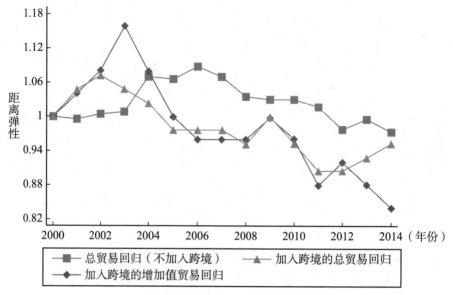

（c）其他经济体间贸易的距离弹性

图4－2　不同收入水平经济体间贸易的距离弹性

资料来源：笔者根据计算结果自制。

图4－2（b）描绘了高收入经济体与其他经济体间贸易的距离弹性的变化情况，不加入跨境次数的总贸易回归结果显示，2000～2006年以及2007年后，距离弹性均呈上升趋势。而在加入了跨境次数后，总贸易与增加值贸易的回归结果均表明距离弹性整体呈下降的趋势，说明全球价值链对高收入经济体和其他经济体间的"距离之谜"现象有较好解释[1]。

图4－2（c）描绘了其他经济体间的距离弹性变化情况。不加入跨境次数的总贸易回归结果显示，距离弹性整体呈下降趋势，说明近年来其他经济体间的贸易不存在"距离之谜"现象，加入跨境次数后的距离弹性仍呈下降趋势。

---

[1] 在加入跨境次数的回归中，2000～2003年高收入与其他经济体间贸易的距离弹性虽呈上升趋势，但显著小于没有加入跨境次数时的距离弹性的上升幅度，这表明全球价值链对期间的"距离之谜"有一定解释力度，但仍有一些其他因素促使了"距离之谜"现象的产生。在增加值贸易回归中，2002～2003年高收入与其他经济体间的距离弹性上升幅度进一步减少。

三、对主要经济体的回归分析

下面分析全球价值链是否能解释经济体层面贸易的"距离之谜"。为此，本章基于式（4.23）~式（4.25）进行分经济体的回归分析。例如，在对德国进行分析时仅保留出口地或进口地为德国的样本进行回归。限于篇幅，本章仅列出一些主要经济体的回归结果，包括德国、法国、中国、韩国、日本及美国。距离弹性如图 4-3 所示（2000 年的回归系数被标准化为 1）。

结果显示，在不加入跨境次数时，法国和德国总贸易回归的距离弹性都呈上升趋势，而日本和韩国的距离弹性随时间变化不大。在加入跨境次数后，这四个国家不论是总贸易回归还是增加值贸易回归的距离弹性都呈下降趋势，这表明全球价值链分工对这些经济体的"距离之谜"有很好的解释作用。

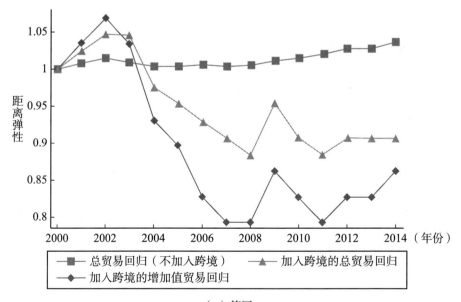

（a）德国

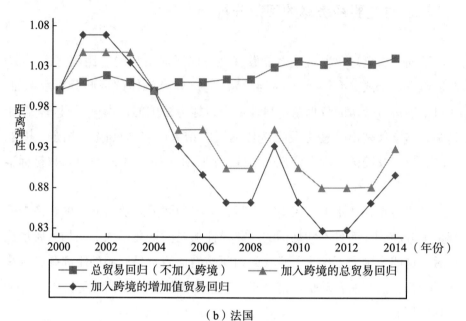

（b）法国

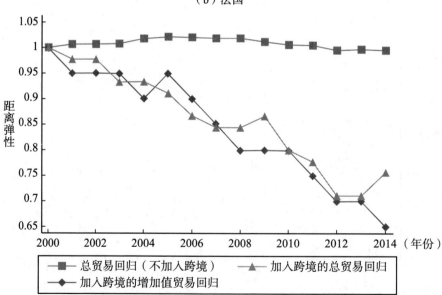

（c）韩国

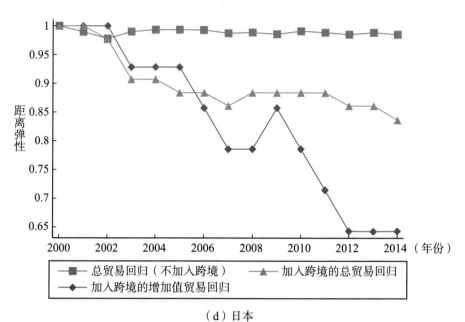

（d）日本

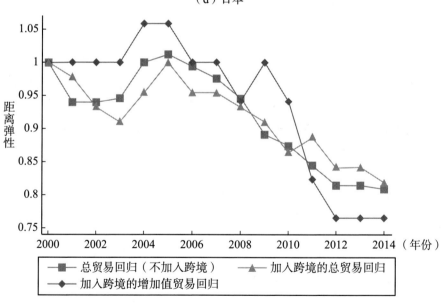

（e）中国

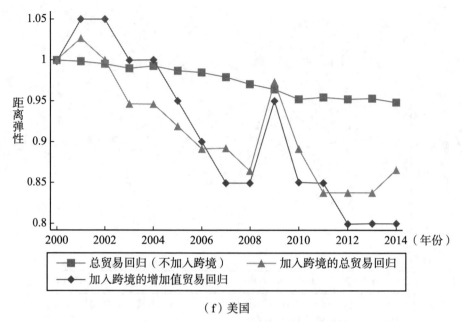

（f）美国

图4-3   主要经济体贸易的距离弹性

资料来源：笔者根据计算结果自制。

与上述经济体不同，图4-3（e）和图4-3（f）结果表明，中国和美国的贸易并不存在"距离之谜"现象，这与已有文献结论一致。博尔切特和约托夫（Borchert and Yotov，2017）基于总贸易量回归的结果显示，1986~2006年，中国的距离弹性下降了50%，美国的距离弹性下降了5%[①]。

第六节   结   论

本章从一个崭新角度重新解释了国际贸易领域的重要悖论——"距离

[①] 唐宜红与林发勤（2009）利用引力模型回归发现，距离对中国双边投资的影响弹性在1991~2005年也呈下降趋势。

之谜"现象,从理论和实证上证明全球价值链是造成"距离之谜"现象的一个重要原因。在理论方面,我们建立多阶段生产的李嘉图贸易模型,通过对比全球价值链贸易模式和传统贸易模式下距离对贸易的影响,证明全球价值链提高了贸易的距离弹性;全球价值链的快速发展,使得贸易额对贸易成本的敏感程度不断增加,从而出现"距离之谜"现象。在实证方面,本章利用世界投入产出数据库(WIOD)提供的跨国面板数据分别对双边总贸易额和双边增加值贸易额建立引力模型进行回归分析。研究发现,不考虑全球价值链因素时,距离弹性随时间不断增加,出现"距离之谜"现象。但当加入跨境次数,控制全球价值链因素影响后,"距离之谜"现象消失,这表明全球价值链是"距离之谜"现象的一个重要解释。该结论在经过内生性、更换数据来源等一系列稳健性检验后依然成立。进一步的异质性分析结果显示,全球价值链对中间品贸易、高收入经济体间贸易、高收入经济体和中低收入经济体间贸易中的"距离之谜"现象均有较好的解释。

本章结论具有以下启示:第一,全球价值链已成为当前国际分工的主导形式,它改变了国际贸易和投资的格局,同时也对传统的贸易理论和实证结论带来挑战,因此在国际贸易的理论和实证研究中应切实将全球价值链纳入考虑,以正确解读世界经济和贸易的发展规律。第二,在全球价值链背景下,距离等贸易成本对贸易的阻碍作用比传统贸易更为显著。因此,全球价值链要求各国进一步削减关税和非关税贸易壁垒、实施高效的贸易便利措施、降低与时间和不确定性相关的贸易成本,积极推动贸易自由化,以促进世界经济增长和发展。第三,本章理论模型不仅适用于国际贸易,同时也适用于国内地区间贸易。在国内价值链不断深化的背景下,我国应该进一步改善国内交通和通信基础设施、健全物流服务体系和现代流通体系,以降低地区间贸易成本,促进国内市场一体化,推动形成宏大顺畅的国内经济循环,从而加快形成以国内大循环为主体、国内国际双循环相互促进的新发展格局。

参考文献：

［1］戴翔：《中国制造业出口内涵服务价值演进及因素决定》，载《经济研究》2016 年第 9 期。

［2］Lau, L. J.、陈锡康、杨翠红、Cheng, L. K.、Fung, K. C.、Sung, Y.、祝坤福、裴建锁、唐志鹏：《非竞争型投入占用产出模型及其应用——中美贸易顺差透视》，载《中国社会科学》2007 年第 5 期。

［3］李鑫茹、陈锡康、段玉婉、祝坤福：《国民收入视角下的中美贸易平衡分析》，载《世界经济》2018 年第 6 期。

［4］罗长远、张军：《附加值贸易：基于中国的实证分析》，载《经济研究》2014 年第 6 期。

［5］吕越、陈帅、盛斌：《嵌入全球价值链会导致中国制造的"低端锁定"吗?》，载《管理世界》2018 年第 8 期。

［6］吕越、黄艳希、陈勇兵：《全球价值链嵌入的生产率效应：影响与机制分析》，载《世界经济》2017 年第 7 期。

［7］倪红福：《中国出口技术含量动态变迁及国际比较》，载《经济研究》2017 年第 1 期。

［8］潘文卿、李跟强：《中国区域的国家价值链与全球价值链：区域互动与增值收益》，载《经济研究》2018 年第 3 期。

［9］盛斌、景光正：《金融结构、契约环境与全球价值链地位》，载《世界经济》2019 年第 4 期。

［10］苏庆义：《中国省级出口的增加值分解及其应用》，载《经济研究》2016 年第 1 期。

［11］唐宜红、林发勤：《距离对中国双边直接投资的影响及其动态变化》，载《数量经济技术经济研究》2009 年第 4 期。

［12］王直、魏尚进、祝坤福：《总贸易核算法：官方贸易统计与全球价值链的度量》，载《中国社会科学》2015 年第 9 期。

［13］A. C. Disdier and K. Head, The Puzzling Persistence of the Distance

Effect on Bilateral Trade. *The Review of Economics and Statistics*, Vol. 90, No. 1, 2008, pp. 37 - 48.

[14] B. Los, M. P. Timmer and G. J. de Vries, Tracing Value - Added and Double Counting in Gross Exports: Comment. *The American Economic Review*, Vol. 106, No. 7, 2016, pp. 1958 - 1966.

[15] C. Bosquet and H. Boulhol, What is Really Puzzling about the "Distance Puzzle"? *Review of World Economics*, Vol. 151, No. 1, 2015, pp. 1 - 21.

[16] C. Carrère and M. Schiff, On the Geography of Trade: Distance Is Alive and Well. *Revue Économique*, Vol. 56, No. 6, 2005, pp. 1249 - 1274.

[17] C. Carrère, J. de Melo and J. Wilson, The Distance Puzzle and Low - Income Countries: An Update. *Journal of Economic Surveys*, Vol. 27, No. 4, 2013, pp. 717 - 742.

[18] D. Coe, A. Subramanian and N. Tamirisa, The Missing Globalization Puzzle. *IMF Staff Papers*, Vol. 54, No. 1, 2007, pp. 34 - 58.

[19] D. Hummels, J. Ishii and K - M. Yi, The Nature and Growth of Vertical Specialization in World Trade. *Journal of International Economics*, Vol. 54, No. 1, 2001, pp. 75 - 96.

[20] E. Helpman, M. Melitz and Y. Rubinstein, Estimating Trade Flows: Trading Partners and Trading Volumes. *The Quarterly Journal of Economics*, Vol. 223, No. 2, 2008, pp. 441 - 487.

[21] E. J. Blanchard, C. P. Bown and R. C. Johnson, Global Value Chains and Trade Policy. NBER Working Papers, No. w21883, 2017.

[22] F. Cairncross, *The Death of Distance: How the Communications Revolution Will Change Our Lives*. Boston, MA: Harvard Business School Press, 1997, pp. 1 - 303.

[23] F. Lin and N. C. S. Sim, Death of Distance and the Distance Puzzle. *Economics Letters*, Vol. 116, No. 2, 2012, pp. 225 - 228.

[24] G. J. Felbermayr and W. Kohler, Exploring the Intensive and Extensive Margins of World Trade. *Review of World Economics*, Vol. 142, No. 4, 2006, pp. 642 – 674.

[25] H. Kee and H. Tang, Domestic Value Added in Exports: Theory and Firm Evidence from China. *The American Economic Review*, Vol. 106, No. 6, 2016, pp. 1402 – 1436.

[26] I. Borchert and Y. V. Yotov, Distance, Globalization, and International Trade. *Economics Letters*, Vol. 153, No. 1, 2017, pp. 32 – 38.

[27] J. E. Anderson and E. van Wincoop, Gravity with Gravitas: A Solution to The Border Puzzle. *The American Economic Review*, Vol. 93, No. 1, 2003, pp. 170 – 192.

[28] J. Eaton and S. Kortum, Technology, Geography and Trade. *Econometrica*, Vol. 70, No. 5, 2002, pp. 1741 – 1779.

[29] J. F. Brun, C. Carrere, P. Guillaumont and J. de Melo, Has Distance Died? Evidence from a Panel Gravity Model. *World Bank Economic Review*, Vol. 19, No. 1, 2005, pp. 99 – 120.

[30] J. H. Bergstrand, M. Larch and Y. V. Yotov, Economic Integration Agreements, Border Effects, and Distance Elasticities in the Gravity Equation. *European Economic Review*, Vol. 78, No. 1, 2015, pp. 307 – 327.

[31] J. M. C. Silva Santos and S. Tenreyro, The Log of Gravity. *The Review of Economics and Statistics*, Vol. 88, No. 4, 2006, pp. 641 – 658.

[32] J. McCallum, National Borders Matter Canada – U. S. Regional Trade Patterns. *The American Economic Review*, Vol. 85, No. 3, 1995, pp. 615 – 623.

[33] K. Head and T. Mayer, Gravity Equations: Workhorse, Toolkit, and Cookbook. *Handbook of International Economics*, Vol. 4, 2014, pp. 131 – 195.

[34] K – M. Yi, Can Multistage Production Explain the Home Bias in

Trade? *The American Economic Review*, Vol. 100, No. 1, 2010, pp. 364 – 393.

[35] K – M. Yi, Can Vertical Specialization Explain the Growth of World Trade? *Journal of Political Economy*, Vol. 111, No. 1, 2003, pp. 52 – 102.

[36] L. Caliendo and F. Parro, Estimates of the Trade and Welfare Effects of NAFTA. *Review of Economic Studies*, Vol. 82, No. 1, 2015, pp. 1 – 44.

[37] M. Berthelon and C. Freund, On the Conservation of Distance in International Trade. *Journal of International Economics*, Vol. 75, No. 2, 2008, pp. 310 – 320.

[38] M. Larch, P. J. Norbäck, S. Sirries and D. M. Urban, Heterogeneous Firms, Globalisation and the Distance Puzzle. *The World Economy*, Vol. 39, No. 9, 2016, pp. 1307 – 1338.

[39] M. P. Timmer, B. Los, R. Stehrer and G. J. de Vries, Fragmentation Incomes, and Jobs: An Analysis of European Competitiveness. *Economic Policy*, Vol. 28, No. 76, 2013, pp. 613 – 661.

[40] N. Foster and R. Stehrer, Value Added Content of Trade: A Comprehensive Approach. *Economics Letters*, Vol. 120, 2013, pp. 354 – 357.

[41] P. Antras and A. de Gortari, The Geography of Global Value Chains. *Econometrica*, Vol. 88, No. 4, 2020, pp. 1553 – 1598.

[42] R. Bems, R. C. Johnson and K – M. Yi, The Great Trade Collapse. *Annual Review of Economics*, Vol. 5, No. 1, 2013, pp. 375 – 400.

[43] R. Bems, R. C. Johnson and K – M. Yi, Vertical Linkages and the Collapse of Global Trade. *The American Economic Review: Papers and Proceedings*, Vol. 101, No. 3, 2011, pp. 308 – 312.

[44] R. C. Feenstra, R. E. Lipsey, H. Deng, A. C. Ma and H. Mo, World Trade Flows: 1962 – 2000. NBER Working Papers, No. w11040, 2005.

[45] R. C. Johnson and G. Noguera, Accounting for Intermediates: Production Sharing and Trade in Value Added. *Journal of International Economics*,

Vol. 86, No. 2, 2012a, pp. 224 – 236.

[46] R. C. Johnson and G. Noguera, Fragmentation and Trade in Value – added over Four Decades. NBER Working Papers, No. w18186, 2012b.

[47] R. Dornbusch, S. Fischer and P. A. Samuelson, Comparative Advantage, Trade, and Payments in a Ricardian Model with a Continuum of Goods. *The American Economic Review*, Vol. 67, No. 5, 1977, pp. 823 – 839.

[48] R. Koopman, Z. Wang and S – J. Wei, Estimating Domestic Content in Exports when Processing Trade is Pervasive. *Journal of Development Economics*, Vol. 99, No. 1, 2012, pp. 178 – 189.

[49] R. Koopman, Z. Wang and S – J. Wei, Tracing Value – added and Double Counting in Gross Exports. *The American Economic Review*, Vol. 104, No. 2, 2014, pp. 459 – 494.

[50] T. Mayer and S. Zignago, Notes on CEPII's Distance Measures: The GeoDist database. CEPII Working Paper, No. 2011 – 25, 2011.

[51] X. Chen, L. K. Cheng, K. C. Fung, L. J. Lau, Y. W. Sung, K. Zhu, C. Yang, J. Pei and Y. Duan, Domestic Value Added and Employment Generated by Chinese Exports: A Quantitative Estimation. *China Economic Review*, Vol. 23, No. 4, 2012, pp. 850 – 864.

[52] Y. Duan, C. Yang, K. Zhu and X. Chen, Does Domestic Value Added Induced by China's Exports Really belong to China? *China and World Economy*, Vol. 20, No. 5, 2012, pp. 83 – 102.

[53] Y. Lu, H. Shi, W. Luo and B. Liu, Productivity, Financial Constraints, and Firms' Global Value Chain Participation: Evidence from China. *Economic Modelling*, Vol. 73, No. 1, 2018, pp. 184 – 194.

[54] Y. V. Yotov, A Simple Solution to the Distance Puzzle in International Trade. *Economics Letters*, Vol. 117, No. 3, 2012, pp. 794 – 798.

[55] Z. Wang, S – J. Wei, X. Yu and K. Zhu, Measures of Participation in Global Value Chains and Global Business Cycles. NBER Working papers,

No. w23222, 2017a.

［56］Z. Wang, S – J. Wei and K. Zhu, Characterizing Global Value Chains: Production Length and Upstreamness. NBER Working Papers, No. w23261, 2017b.

［57］Z. Zhang, K. Zhu, and G. J. D. Hewings, The Effects of Border – Crossing Frequencies Associated with Carbon Footprints on Border Carbon Adjustments. *Energy Economics*, Vol. 65, No. 1, 2017, pp. 105 – 114.

第五章

全球价值链背景下的贸易自由化与中美贸易摩擦*

---

* 本章相关内容已经发表在以下论文中：段玉婉、陆毅、蔡龙飞：《全球价值链与贸易的福利效应：基于量化贸易模型的研究》，载《世界经济》2022 年第 6 期。

第一节　研究背景

近年来，由于贸易保护主义和孤立主义抬头，全球一体化受到严峻挑战。2018 年后，特朗普政府频频采取贸易保护措施，多次对中国商品加征关税。2020 年，随着新冠疫情在全球蔓延，美国政府为推卸责任、转移视线，大力推动美国与中国的科技"脱钩"。在此背景下，中国坚定不移地坚持全方位对外开放，继续推动国际贸易和投资自由化，《中共中央关于制定国民经济和社会发展第十四个五年规划和二〇三五年远景目标的建议》更是强调中国将"实行高水平对外开放，开拓合作共赢新局面"，为促进中国经济增长乃至提振全球经济提供了有力保障。

全球价值链是当前国际贸易和投资的显著特征，它改变了世界经济格局，使得生产要素在全球范围内重新整合，同时也使贸易政策和摩擦的波及范围更广，经济代价更大。由于生产越来越难以分清国界，一国的贸易保护政策和经济冲击可能通过价值链的传导反馈作用对自身经济造成严重伤害，其他经济体也会因全球价值链的断裂受到冲击。因此，全球价值链是量化研究贸易政策经济效应不可忽略的重要背景。同时，贸易政策也将对全球价值链的演变产生重要影响。全球价值链是贸易自由化的重要产物，而贸易摩擦可能促使现有的产业链回流或转移，从而重构全球价值链，改变国际分工格局，影响一国在全球价值链中的地位。全球价值链关乎中国经济的高质量发展，中央给予了高度重视。习近平在多个重要场合强调，要促进中国产业迈向全球价值链中高端，培育若干世界级先进制造业集群。目前，中国发展正处于重要战略机遇期，所面临的国内外环境发生着深刻复杂的变化。在全球价值链背景下，贸易政策的变动如何影响中国经济及在全球价值链上的位置？回答该问题对更好地提升和巩固外循环，加快形成"双循环"新发展格局和促进中国经济高质量发展具有重要现实意义。

目前鲜有学者将全球价值链特征纳入模型，量化研究贸易政策的福利效应及对全球价值链的重塑效应。一些学者虽将行业间投入产出联系纳入量化贸易模型（quantitative trade model），但他们并未真正区分中间品和最终品，也没有考虑产品用于不同行业中间投入时的异质性（Caliendo and Parro, 2015；Święcki, 2017），因此并不能系统反映全球价值链特征，不能准确量化贸易政策的福利效应及对全球价值链的重塑效应。中间品和最终品的贸易政策冲击对经济的影响渠道和作用效果截然不同（樊海潮和张丽娜，2018），最终品关税下降将降低居民消费品价格，提高居民福利；中间品关税下降并不直接影响居民消费价格，而是通过降低下游行业生产成本，以促进出口和国内消费影响福利。笼统将中间品和最终品统一处理，将错估贸易的福利效应。因此，将全球价值链纳入贸易模型，有区别地量化研究中间品和最终品贸易自由化的福利效应对中国未来贸易政策的制定具有重要现实意义。

本章将量化贸易模型和国际投入产出模型紧密结合，区分中间品和最终品在生产和贸易中的差异，建立囊括全球价值链的多国家多行业一般均衡模型，分别估计中间品和最终品的贸易弹性，量化分析中国加入世界贸易组织（WTO）及中美贸易摩擦对世界主要地区福利、产业结构和全球价值链位置的影响。本章内容的边际贡献包括：第一，拓展卡里恩多和帕罗（Caliendo and Parro, 2015）提出的模型（以下简称 CP 模型），区分中间品和最终品，反映了二者生产率在行业和国家分布中的异质性。考虑到同一投入品用于不同行业中间投入时的贸易份额存在异质性，从而将整个全球生产网络纳入量化贸易模型中，准确量化了全球价值链背景下贸易政策的福利效应。本章经验研究结果表明，如果不考虑这些异质性，中国加入WTO 为中国带来的福利效应将被低估约35%。第二，分别估计了各行业中间品的贸易弹性和最终品的贸易弹性，为后续研究奠定数据基础。第三，量化研究了关税冲击对全球价值链的重塑效应，以及其对各国产业结构升级和在全球价值链中位置的影响。

本章第二节回顾已有文献；第三节分析全球价值链中的典型事实；第四节构建囊括全球价值链的多国家多行业一般均衡模型；第五节介绍数据并进行参数估计；第六节经验分析中国加入 WTO 及中美贸易摩擦中的关税变化对中国和世界其他主要地区福利和产业结构升级的影响；第七节进行总结。

第二节　文献综述

本章与基于量化贸易模型的贸易福利分析和全球价值链研究密切相关。首先，贸易的福利效应一直是国际贸易领域的热点问题。文献较早利用可计算的一般均衡（CGE）模型，在经典的阿明顿（Armington）假设下，量化贸易政策的福利效应（Bröcker and Schneider，2002）。随着贸易理论的发展和计算机求解技术的进步，近年来量化贸易模型成为研究贸易福利效应的主流分析工具。特别的，EK 模型基于李嘉图比较优势理论建立了多国家和多部门的一般均衡分析框架（Eaton and Kortum，2002），为量化分析贸易的福利效应奠定了重要基础。后续研究从不同方面对其进行拓展，量化分析了不同因素对贸易政策的福利效应、就业效应、分配效应等的影响（Parro，2013；Nigai，2016；Święcki，2017）。CP 模型重点将投入产出联系纳入量化贸易模型，评估了北美自由贸易协定（NAFTA）对美国、加拿大、墨西哥和其他地区福利的影响，并发现考虑行业间生产网络后，贸易自由化的福利效应有明显提升，表明了投入产出联系在贸易福利效应中的重要作用。在 CP 模型基础上，学者们相继进行拓展更新，探讨贸易的福利效应。例如，通过放松国家内部劳动力在行业间自由流动的假设，加入劳动力在行业间流动的摩擦，可发现如果忽略行业间劳动力流动摩擦，将严重高估贸易自由化对劳动边际报酬较低产品的净出口国的福利效应（Święcki，2017）。卡里恩多等（Caliendo et al.，2021）则考虑了劳动在行业间的流动成本等，重新量化贸易的福利效应。此外有一些其他学者也将投入产出联系纳入一般均衡模型，研究国内贸易成本或劳动力流动成本对福利的影响（Tombe and Zhu，2019；Fan et al.，2019；Caliendo et al.，2018；Albrecht and Tombe，2016）。特别的，郭美新等（2018）利用 CP 模型量化研究了中美贸易摩擦对各国福利的影响。然而，上述研究并没有区分中间品和最终品，也忽略了同行业中间投入品在不同行业使用时的贸易份额异质性，也无法准确刻画全球生产网络，从而无法准确衡量贸易政策的福利效应，本章将对此进行补充。

其次，本章也与全球价值链方面的文献密切相关。目前，全球价值链方面的研究主要集中在基于核算方法构建全球价值链的测度指标及经验分析，或利用结构模型和简约式方程估计全球价值链对经济的影响，或全球价值链参与的影响因素分析（Acemoglu et al.，2016；Bernard et al.，2019）。在全球价值链测度方面，投入产出模型是主流研究工具。研究者们基于单国或多国投入产出模型、企业微观数据提出或计算一国单位出口中的国内增加值或国民收入（Chen et al.，2012；Koopman et al.，2012；Ma et al.，2015；Kee and Tang，2016）、垂直专门化率（Hummels et al.，1998）、增加值贸易（Johnson and Noguera，2012）、上游度（Antràs et al.，2012）等指标，试图还原在经济全球化背景下国际贸易的格局，准确反映各国在全球贸易中的获益情况以及在全球价值链中的位置（Timmer et al.，2019）。特别的，还有学者研究了关税成本沿价值链传导对产品生产成本、消费者购买价格及对国内产品保护程度的影响（Rouzet and Miroudot，2013；段玉婉等，2018；Duan et al.，2020）。但这些研究从核算角度展开，没有考虑关税变化对产品间相互替代的影响，无法考虑关税变化对中间品和最终品贸易份额的影响，因此不能很好地研究关税变化的福利效应。

最后，一些研究在宏观或贸易领域探讨了全球价值链或行业间投入产出联系在解释经济现象或评估外生冲击经济效应中的重要性（Acemoglu et al.，2016；Blanchard et al.，2016；Bernard et al.，2019）。齐鹰飞和李苑菲（2019）利用阿西莫格鲁等（Acemoglu et al.，2016）的分析框架刻画了关税冲击在国际生产网络中的传导机制及其对福利的影响，但忽视了关税冲击对国家间相对工资和国际生产网络重塑的影响等。还有些研究基于微观数据建立计量方程研究了中间品贸易自由化对企业行为的影响（Yu，2015；陈雯和苗双有，2016；Brandt et al.，2018）。这些研究充分说明中间品关税和最终品关税对企业的影响不同，但并没有基于一般均衡模型综合衡量对一国福利的影响。本章将通过改进 CP 模型，将全球价值链加入量化贸易模型中，量化研究贸易政策的福利效应，以对已有文献进行补充。

第三节　典型事实分析

本节将展示中间品和最终品在关税、贸易份额上的差异，以及同一中间品用于不同行业生产时贸易份额的差异，从而说明在模型中区分中间品和最终品贸易以及中间投入在行业间具有异质性的重要性。

一、中国的关税变化

中国加入 WTO 以来经历了显著的进口贸易自由化过程，图 5 - 1 展示了中国 1996 ~ 2016 年中间品和最终品的关税税率，二者呈现出不同变化。1997 年之前中间品和最终品关税水平相似，但随后中间品关税一直低于最终品关税。2000 ~ 2007 年，中间品平均关税税率从 13.43% 下降到 3.47%，最终品关税税率从 15.80% 下降到 6.39%。在 2007 年以后，最终品关税缓慢上升，而中间品关税则继续下降，二者差异不断扩大。中间品和最终品关税及其变化趋势的不同表明分别衡量二者的福利效应是必要的。

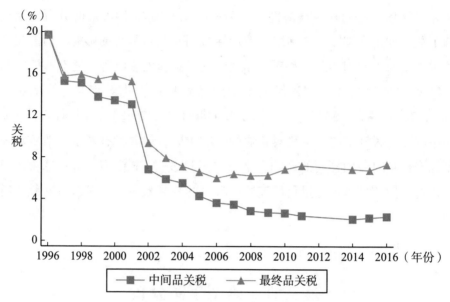

图 5 - 1 1996 ~ 2016 年中国中间品和最终品关税的变化趋势

资料来源：WTO – WITS 数据库。

二、中间品和最终品贸易份额

中间品和最终品在世界市场中的贸易份额不同。图 5 - 2 刻画了在 2014 年世界投入产出数据库（WIOD）中 GDP 排名前 20 的国家的制造业贸易中，各国使用中间品和消费最终品由本国提供的份额，二者呈较大差异。例如，在澳大利亚生产消耗的中间品中，有 67.51% 由本国提供，而最终品只有 49.08% 由本国提供。而贸易自由化的福利效应主要由总消费中国内消费占比和贸易弹性决定（Arkolakis et al.，2012），因此中间品和最终品消费中国内消费占比不同表明二者贸易自由化的福利效应也不同。

同一国家在购买的中间品和最终品中来自其他国家的贸易份额也各不相同，本章还计算了各国使用的制造业中间品和最终品中来自各国的贸易份额，二者也存在较大差异。以美国为例，在 2014 年美国消耗的制造业中间品中，来自中国的比例为 3.1%，而其消耗的制造业最终品，来自中国的比例为 7.3%。这反映了各国在中间品和最终品上有不同的比较优势。

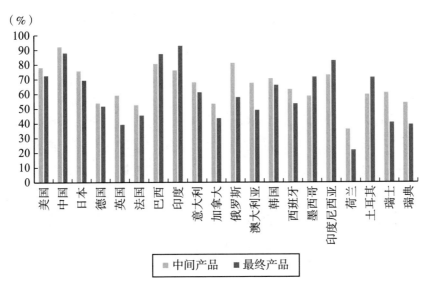

图 5-2　2014 年主要经济体制造业中间品和最终品中的国内消费份额
资料来源：世界投入产出数据库（WIOD）。

三、贸易份额在行业间的异质性

贸易份额在行业间具有异质性。对于来自同一行业的中间品，当它用于一国不同行业生产的中间投入时，来自各地区的贸易份额各不相同。我们以中国和美国对纺织服装中间品的使用为例进行说明。基于 WIOD 数据，2014 年美国计算机和电子设备制造业生产消耗的纺织服装行业产品来自中国的比重为 9.9%，而美国食品行业生产消耗的纺织服装行业产品中来自中国的比重仅为 4.6%。这表明为准确衡量一国一行业在全球生产中扮演的角色，理论模型需要完整刻画行业间贸易份额的异质性。

第四节　囊括生产网络的量化贸易模型

为将第三节的典型事实纳入模型，本章在 CP 模型基础上，区分中间品和最终品贸易，详细刻画各国各行业间特定的贸易成本，从而将全球价值链纳入一般均衡模型中，准确刻画贸易政策的变动对全球价值链的重塑效应，以及对各国在全球价值链中的地位和福利的影响。本章还将生产函数从柯布－道格拉斯（C－D）函数一般化为常替代弹性（CES）函数，以使模型更具一般性。假设世界共有 N 个国家，J 个行业，分别用下标 n、i、h 代表国家，用 j、k 代表行业。假设世界各行业生产均处于完全竞争市场，且规模报酬不变。

一、生产

假设每个行业生产两类产品：中间品和最终品。中间品只用作各行业生产产品所需要的中间投入，最终品只用作居民消费。同行业的中间品和最终品都包括 1 个连续的产品种类 $\omega^j \in (0, 1)$。各国各行业按 CES 生产函数进行生产，同行业中间品和最终品生产的生产效率不同[①]。国家 n 行业 j 的产出为：

$$q_n^{jH}(\omega^j) = z_n^{jH}(\omega^j) \{ (\gamma_n^j)^{1/\eta} [l_n^{jH}(\omega^j)]^{(\eta-1)/\eta}$$
$$+ \sum_k (\gamma_n^{kj})^{1/\eta} [m_n^{kjH}(\omega^j)]^{(\eta-1)/\eta} \}^{\eta/(\eta-1)} \quad (5.1)$$

其中，$H \in \{I, F\}$，表明产品为中间品（I）或最终品（F）；$q_n^{jI}(\omega^j)$ 和 $q_n^{jF}(\omega^j)$ 分别为 n 国 j 行业中间品和最终品的产出。$l_n^{jH}(\omega^j)$ 为劳动力投

[①]　生产函数的设定与 CP 模型有两点不同，一是本章区分了中间品和最终品，二者的生产技术不同；二是本章的生产函数为 CES，而 CP 模型生产函数为 C－D 形式，本章设定更具一般性。

入，$m_n^{kjH}(\omega^j)$ 为国家 n 行业 j 生产所使用的来自行业 k 的中间投入，γ_n^j 和 γ_n^{kj} 分别为劳动力投入和来自 k 行业中间投入的权重，η 为劳动和来自不同行业中间品投入间的替代弹性。$z_n^{jH}(\omega^j)$ 为生产效率。n 国 j 行业产品的生产者价格为 $c_n^j/z_n^{jH}(\omega^j)$，c_n^j 为成本最小化时一个投入束的单位成本：

$$c_n^j = \left[\gamma_n^j (w_n)^{1-\eta} + \sum_k \gamma_n^{kj} (P_n^{kj})^{1-\eta} \right]^{1/(1-\eta)} \tag{5.2}$$

其中，w_n 为国家 n 的工资，P_n^{kj} 为国家 n 行业 j 生产使用的 k 行业中间品的综合价格。定义 $\xi_n^j = w_n l_n^j/c_n^j$ 和 $\xi_n^{kj} = P_n^{kj} m_n^{kj}/c_n^j$ 分别为 j 行业生产成本中劳动投入和来自 k 行业的中间投入所占的份额，根据成本最小化条件，可得 $\xi_n^j = \gamma_n^j (w_n/c_n^j)^{1-\eta}$ 和 $\xi_n^{kj} = \gamma_n^{kj} (P_n^{kj}/c_n^j)^{1-\eta}$。

二、贸易和价格

各国可从本国和其他各国购买中间品和最终品，国家间贸易往来存在中间品关税成本 $\tau_{in}^{jI} \geq 0$、最终品关税成本 $\tau_{in}^{jF} \geq 0$、行业间的特定贸易成本 d_{in}^{jk} 和 d_{in}^{jF}，有 $\tau_{nn}^{jI} = \tau_{nn}^{jF} = 0$。$d_{in}^{jk} \geq 1$ 表示国家 i 的行业 j 产品出口至国家 n 并被用于行业 k 的中间投入遭受的贸易成本；d_{in}^{jF} 为国家 i 行业 j 产品出口至国家 n 用于居民最终需求遭受的特定贸易成本①。行业间特定贸易成本的设定使模型中的双边贸易额能够反映不同行业使用同一行业中间投入的贸易份额的不同，从而能完全与国际投入产出表的数据相契合，更准确地反映各国各行业在全球价值链中的地位。这也是本章模型与 CP 模型的主要区别之一。

综上所述，当国家 i 生产的行业 j 中间品用作国家 n 行业 k 的中间投入时，其面临的贸易成本为 $\kappa_{in}^{jk} = (1 + \tau_{in}^{jk}) d_{in}^{jk}$，产品销售价格为 $c_i^j \kappa_{in}^{jk}/z_{in}^{jI}(\omega^j)$；最终品面临的贸易成本为 $\kappa_{in}^{jF} = (1 + \tau_{in}^{jF}) d_{in}^{jF}$，产品销售价格为 $c_i^j \kappa_{in}^{jF}/z_{in}^{jF}(\omega^j)$。

对同一产品种类，各国各行业从本国和其他各国中选择最便宜的供应

---

① 这些成本包括冰山成本、税收或政府为保护国内特定行业发展设置的其他贸易障碍等。

商购买产品。国家 n 行业 k 购买的中间品价格为 $p_n^{jk}(\omega^j) = \min_i\{c_i^j\kappa_{in}^{jk}/z_i^{jl}\}$，购买的最终品价格为 $p_n^{jF}(\omega^j) = \min_i\{c_i^j\kappa_{in}^{jF}/z_i^{jF}\}$。在以最低价格购买 ω^j 后，各国以 CES 生产函数将不同的产品种类合成为行业层面的中间品和最终品：$Q_n^{jk} = \left[\int r_n^{jk}(\omega^j)^{1-1/\sigma^j}\mathrm{d}\omega^j\right]^{\sigma^j/(\sigma^j-1)}$ 和 $Q_n^{jF} = \left[\int r_n^{jF}(\omega^j)^{1-1/\sigma^j}\mathrm{d}\omega^j\right]^{\sigma^j/(\sigma^j-1)}$，其中 $k = 1, \cdots, J$；$r_n^{jk}(\omega^j)$（或 $r_n^{jF}(\omega^j)$）为国家 n 的行业 k（或居民 F）以最低价格购买的中间品（或最终品）。σ^j 为行业 j 不同产品种类间的替代弹性。本章中间品 Q_n^{jk} 仅能用作行业 k 生产的中间投入，最终品 Q_n^{jF} 仅能用作本国居民的最终消费。这与 CP 模型有重要区别，CP 模型中的中间合成品既可以用于本国各行业生产中的中间投入，也可以用于本国居民消费，因此并没有真正地区分中间品和最终品。

国家 n 购买的行业 j 中间品和最终品的合成价格分别为 $P_n^{jk} = \left[\int p_n^{jk}(\omega^j)^{1-\sigma^j}\mathrm{d}\omega^j\right]^{1/(1-\sigma^j)}$ 和 $P_n^{jF} = \left[\int p_n^{jF}(\omega^j)^{1-\sigma^j}\mathrm{d}\omega^j\right]^{1/(1-\sigma^j)}$，$k = 1, \cdots, J$。假设企业的生产效率 $z_n^{jl}(\omega^j)$ 和 $z_n^{jF}(\omega^j)$ 分别服从 Fréchet 分布，分布函数分别为 $e^{-\lambda_n^{jl}z_j^{-\theta^j}}$ 和 $e^{-\lambda_n^{jF}z_j^{-\theta^{jF}}}$，其中 $\lambda_n^{jl} > 0$ 和 $\lambda_n^{jF} > 0$ 反映了各国各行业的平均技术水平，$\theta^{jl} > 0$ 和 $\theta^{jF} > 0$ 反映了技术在不同产品种类间的分散程度。根据 Fréchet 分布的性质，国家 n 使用的来自行业 j 中间品和最终品的合成品价格分别为：

$$P_n^{jk} = K^j\left[\sum_i\lambda_i^{jl}(c_i^j\kappa_{in}^{jk})^{-\theta^{jl}}\right]^{-1/\theta^{jl}} \tag{5.3}$$

$$P_n^{jF} = K^j\left[\sum_i\lambda_i^{jF}(c_i^j\kappa_{in}^{jF})^{-\theta^{jF}}\right]^{-1/\theta^{jF}} \tag{5.4}$$

其中，$K^j = \Gamma\left[1 + (1-\sigma^j)/\theta^j\right]^{1/(1-\sigma^j)}$ 为常数；$\Gamma(.)$ 为伽马函数。国家 n 行业 k 消耗的行业 j 中间品和最终品来自国家 i 的比重分别为：

$$\pi_{in}^{jk} = \left[\lambda_i^{jl}(c_i^j\kappa_{in}^{jk})^{-\theta^{jl}}\right]/\left[\sum_h\lambda_h^{jl}(c_h^j\kappa_{hn}^{jk})^{-\theta^{jl}}\right] \tag{5.5}$$

$$\pi_{in}^{jF} = \left[\lambda_i^{jF}(c_i^j\kappa_{in}^{jF})^{-\theta^{jF}}\right]/\left[\sum_h\lambda_h^{jF}(c_h^j\kappa_{hn}^{jF})^{-\theta^{jF}}\right] \tag{5.6}$$

式（5.5）和式（5.6）不仅能反映现实世界中同一行业的中间品和最终品贸易份额的不同，还能反映出同一行业的产品用于同一个国家不同行业的中间投入时贸易份额的不同，这是 CP 模型做不到的。

我们分别用 X_n^{jk} 和 X_n^{jF} 表示国家 n 行业 k 在行业 j 中间投入上的支出和居民在行业 j 最终产品上的总支出。因此国家 n 对国家 i 行业 j 中间品和最终品的出口额分别为 $E_{ni}^{jI} = \sum_k X_i^{jk} \pi_{ni}^{jk}/(1+\tau_{ni}^{jk})$ 和 $E_{ni}^{jF} = X_i^{jF} \pi_{ni}^{jF}/(1+\tau_{ni}^{jF})$（FOB 价格），国家 n 从国家 i 进口的 j 行业中间品和最终品分别为 $M_{in}^{jI} = \sum_k X_n^{jk} \pi_{in}^{jk}/(1+\tau_{in}^{jk})$ 和 $M_{in}^{jF} = X_n^{jF} \pi_{in}^{jF}/(1+\tau_{in}^{jF})$（FOB 价格）。国家 n 的总贸易赤字为：

$$D_n = \sum_j \sum_{i \neq n} M_{in}^{jI} + \sum_j \sum_{i \neq n} M_{in}^{jF} - \sum_j \sum_{i \neq n} E_{ni}^{jI} - \sum_j \sum_{i \neq n} E_{ni}^{jF} \quad (5.7)$$

我们采用贸易文献中的经典假设，假设一国的总贸易赤字外生给定，但各行业的贸易赤字由模型内生决定（Ossa，2014；Caliendo and Parro，2015）。

三、居民

国家 n 拥有 L_n 个代表性家户，家户消费最终品并获得效用，效用最大化问题为：

$$\max_{C_n^j} \prod_j C_n^{j\alpha_n^j} \quad (5.8)$$

$$\text{s.t.} \sum_j P_n^{jF} C_n^j = V_n \text{ 和 } \sum_j \alpha_n^j = 1$$

其中，C_n^j 为国家 n 居民对行业 j 最终品的消费，P_n^{jF} 为国家 n 行业 j 最终品的消费者价格；α_n^j 为居民在行业 j 最终品上的支出在 n 国居民总支出中所占的比重。V_n 为居民总收入，来自工资、关税收入和贸易赤字，即 $V_n = w_n L_n + R_n + D_n$。其中，$R_n = \sum_j \sum_i \tau_{in}^{jI} M_{in}^{jI} + \sum_j \sum_i \tau_{in}^{jF} M_{in}^{jF}$。国家 n 的整体消费者价格为 $P_n = \prod_j (P_n^{jF}/\alpha_n^j)^{\alpha_n^j}$。

四、均衡

中间品和最终品市场出清条件分别为：

$$X_n^{jk} = \xi_n^{jk} \sum_j \sum_s \frac{X_i^{ks} \pi_{ni}^{ks}}{1 + \tau_{ni}^{ks}} + \xi_n^{jk} \sum_i \frac{X_i^{kF} \pi_{in}^{kF}}{1 + \tau_{in}^{kF}} \tag{5.9}$$

$$X_n^{jF} = V_n \alpha_n^j \tag{5.10}$$

式（5.9）右边第一项为国家 n 生产 k 行业中间品消耗的来自 j 行业的中间投入；右边第二项为国家 n 生产 k 行业最终品消耗的来自 j 行业的中间投入。二者之和为国家 n 行业 k 在 j 行业中间品上的总支出 X_n^{jk}。劳动力市场出清条件为：

$$w_n L_n = \sum_j \xi_n^j \sum_i (\sum_k E_{ni}^{jk} + E_{ni}^{jF}) \tag{5.11}$$

其中，$\sum_k E_{ni}^{jk} + E_{ni}^{jF}$ 表示国家 n 行业 j 中间品和最终品的总产出，因此式（5.11）右边表示国家 n 生产活动对劳动的总需求。

式（5.2）~ 式（5.6）和式（5.9）~ 式（5.11）给出了一般均衡所需要满足的条件。关税的变化将引起各国工资、价格水平、国家间贸易量和居民福利的变化。我们采用求相对变化（exact-hat）的方法求解模型，该方法的最大优点是各变量的相对变化可以由关税等变量的相对变化求出，而无需估计每个技术参数。用 $\hat{x} = x'/x$ 表示变量 x 在新均衡状态相对于旧均衡状态的相对变化，x' 为新均衡状态下的变量。分别对式（5.2）~ 式（5.6）和式（5.9）~ 式（5.11）求相对变化，可以得到求解新均衡所需要的方程：

$$X_n^{jk'} = \left(\frac{\hat{w}_n}{\hat{c}_n^j}\right)^{1-\eta} \xi_n^j \sum_s \sum_i \frac{X_i^{ks'} \pi_{ni}^{ks'}}{1 + \tau_{ni}^{ks'}} + \left(\frac{\hat{P}_n^{kj}}{\hat{c}_n^j}\right)^{1-\eta} \xi_n^{jk} \sum_i \frac{X_i^{kF'} \pi_{ni}^{kF'}}{1 + \tau_{ni}^{kF'}} \tag{5.12}$$

$$X_n^{jF'} = V_n' \alpha_n^j \tag{5.13}$$

$$w_n' L_n = \sum_j \xi_n^j \left(\frac{\hat{w}_n}{\hat{c}_n^j}\right)^{1-\eta} (\sum_k E_{ni}^{jk'} + E_{ni}^{jF'}) \tag{5.14}$$

其中，式（5.12）和式（5.13）为新均衡下的市场出清条件，式（5.14）为劳动力市场出清。有 $\hat{c}_n^j = [\xi_n^j \hat{w}_n^{1-\eta} + \sum_k \xi_n^{kj}(\hat{P}_n^{kj})^{1-\eta}]^{1/(1-\eta)}$、$\hat{P}_n^{jk} = [\sum_i \pi_{in}^{jk}(\hat{c}_i^j \hat{\kappa}_{in}^{jk})^{-\theta^j}]^{-1/\theta^j}$、$\hat{\pi}_{in}^{jk} = (\hat{c}_i^j \hat{\kappa}_{in}^{jk}/\hat{P}_n^{jk})^{-\theta^j}$ 及 $\hat{\kappa}_{in}^{jk} = 1 + \tau_{in}^{jk'}/(1 + \tau_{in}^{jk})$，其中 $k = 1, \cdots, J-1, J, F$。给定关税变化，利用上述方程组可以计算得到各国的工资水平、中间品和最终品的产品价格、产出和双边贸易额的变化。

五、福利的变化及分解

本章理论模型中一国的福利为该国的实际收入，即：$W_n = V_n/P_n$。对此式进行全微分，保留一阶导并进行整理，可将福利的变化分解为贸易量效应和贸易条件效应[①]：

$$\mathrm{dln}W_n \approx \frac{1}{V_n}\Big[\sum_j \sum_i M_{in}^{jI}\tau_{in}^{jI}(\mathrm{dln}M_{in}^{jI} - \mathrm{dln}c_i^j) + \sum_j \sum_i M_{in}^{jF}\tau_{in}^{jF}(\mathrm{dln}M_{in}^{jF} - \mathrm{dln}c_i^j)$$
$$+ \sum_j \sum_i (E_{ni}^{jI}\mathrm{dln}c_n^j - M_{in}^{jI}\mathrm{dln}c_i^j) + \sum_j \sum_i (E_{ni}^{jF}\mathrm{dln}c_n^j - M_{in}^{jF}\mathrm{dln}c_i^j)\Big]$$

$$(5.15)$$

式（5.15）约等号右侧前两项代表贸易的规模效应，衡量了关税变化通过影响中间品和最终品进口量影响关税收入带来的实际收入变化。关税下降将提高本国进口，在其他变量不变时，贸易量增加越多，实际收入增加越多，福利效应越大。约等号右侧后两项为贸易条件效应，衡量了关税变化通过影响中间品和最终品的出口和进口相对价格，而对福利产生的影响。出口品相对于进口品价格上升，表明一国可以通过国际贸易获得更多收入，改善贸易条件，福利上升。

图5-3清晰展示了关税变动对一国福利的主要影响渠道。以一国的关税下降为例，首先，这将直接降低该国的进口品价格，提高进口量，降

[①]　该分解采用贸易文献中的经典做法，仅保留一阶效应，因此式（5.15）中为约等号。

低居民消费价格，因此关税下降可通过贸易量效应提高本国福利。其次，进口量的增加将挤压本国生产规模，并通过投入产出关系影响本国上游行业的生产；国内生产规模下降将降低本国相对工资水平，降低居民收入；关税税率的下降也将直接减少本国的关税收入。由此，关税下降会通过影响居民收入降低居民福利。最后，工资水平的下降将降低国内各行业的生产成本，并通过投入产出联系向下游传递，最终生产成本的降低将提高本国出口额，改变国家间贸易份额，进而影响居民福利。中间品和最终品的关税下降对福利的影响不同：最终品关税下降将直接降低居民消费价格，提高居民福利；中间品关税下降，不直接影响居民消费价格，而是通过降低下游行业生产成本影响贸易份额和产品价格，从而影响福利。综上所述，关税通过不同渠道对福利的影响是多方向的，只有定量分析才能得知关税下降是否能提高福利。

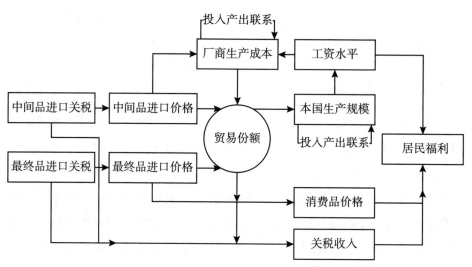

图 5-3　关税变动对居民福利的影响渠道

资料来源：笔者自制。

六、实际工资变化

结合上文，各国实际工资的变化可分解为最终品和投入产出联系效应[①]：

$$\ln\frac{\hat{w}_n}{\hat{P}_n} = \underbrace{-\sum_j \alpha_n^j \frac{1}{\theta^{jF}}\ln(\hat{\pi}_{nn}^{jF})}_{\text{最终品效应}} + \underbrace{\frac{1}{1-\eta}\sum_j \alpha_n^j \ln\left\{\frac{1}{\xi_n^j} - \frac{1}{\xi_n^j}\sum_k\left[\xi_n^{kj}\left(\frac{\hat{P}_n^{kj}}{\hat{c}_n^j}\right)^{1-\eta}\right]\right\}}_{\text{投入产出联系效应}}$$

(5.16)

其中，等式右边第一项显示了贸易成本通过影响最终品中的贸易份额影响实际工资。当 $\xi_n^j = 1$ 时，式（5.16）等号右侧只有第一项为最终品效应，表明实际工资的变化由各行业的国内消费比重、贸易弹性以及各行业产品在居民消费中的比重决定，这与其他学者推导得到的贸易自由化的福利效应充分统计量（Arkolakis et al.，2014）相一致。等式右侧第二项为投入产出联系效应，反映了贸易成本通过投入产出联系带来的实际工资变化。

七、全球价值链中的位置和产业结构升级

产业升级包括工艺流程、产品、功能和产业间升级（Humphrey and Schmitz，2002），本章主要聚焦产业间升级。根据其他学者展示的衡量一国产业升级的主要指标（Tian et al.，2019），我们选用出口的国内增加值率（DVA）、增加值出口与出口总值比重（VAX）、高科技行业在增加值出口中的份额（VAH）及增加值出口中的劳动生产率（LAP）考察政策变动对一国产业升级的影响。

基于前文量化贸易模型，我们简要介绍这些指标的计算方法。定义

[①]　当贸易差额为 0 时，实际工资等同于福利。

$\alpha_{in}^{jk} = (\xi_n^{jk} \pi_{in}^{jk})/(1 + \tau_{in}^{jl})$ 表示生产单位国家 n 行业 k 产品需要的来自国家 i 行业 j 的中间品的量，即直接消耗系数。α_{in}^{jk} 形成的 $J \times J$ 维矩阵 $\mathbf{A}_{in}$，表示国家 n 生产单位各行业产品直接消耗的国家 i 各行业的产品，定义全球中间投入系数矩阵为 $\mathbf{A} = \begin{pmatrix} \mathbf{A}_{11} & \cdots & \mathbf{A}_{1N} \\ \vdots & \ddots & \vdots \\ \mathbf{A}_{N1} & \cdots & \mathbf{A}_{NN} \end{pmatrix}$。$\mathbf{B} = (\mathbf{O} - \mathbf{A})^{-1} = \begin{pmatrix} \mathbf{B}_{11} & \cdots & \mathbf{B}_{1N} \\ \vdots & \ddots & \vdots \\ \mathbf{B}_{N1} & \cdots & \mathbf{B}_{NN} \end{pmatrix}$ 为列昂惕夫逆矩阵，其子矩阵 $\mathbf{B}_{in}$ 刻画了国家 n 为生产单位最终品完全消耗的来自国家 i 的各行业产品，$\mathbf{O}$ 为单位矩阵。$\boldsymbol{\xi}_n$ 为国家 n 的增加值系数行向量，第 j 个元素为 ξ_n^j。用 $\mathbf{e}_n$ 表示国家 n 的出口向量，第 j 个元素为国家 n 行业 j 的总出口 $E_n^j = \sum_i (E_{ni}^{jF} + E_{ni}^{jl})$；定义 $\mathbf{e}_{ni}^F$ 为国家 n 向国家 i 的最终品出口向量，第 j 个元素为 E_{ni}^{jF}。

基于上述变量，可以计算一系列反映产业结构升级的指标。国家 n 单位出口中的国内增加值，即出口的国内增加值率为：

$$DVA_n = \xi_n (\mathbf{O} - \mathbf{A}_{nn})^{-1} \mathbf{e}_n (\mathbf{u}\mathbf{e}_n)^{-1} \tag{5.17}$$

其中，$\mathbf{u}$ 为求和行向量，$\mathbf{u}\mathbf{e}_n$ 表示国家 n 的总出口。DVA_n 越高说明出口的附加值率越高，因此在一定程度上代表产业升级。增加值出口表示一国某行业为满足其他国家的最终需求进行的生产活动产生的增加值（Johnson and Noguera，2012），它包括本国该行业向国外出口的产品中的国内增加值，不包括本国的增加值在经过全球价值链后又被本国居民消费的部分。一国增加值出口与总出口的比率为：

$$VAX_n = (\xi_n \sum_i \mathbf{B}_{ni} \mathbf{e}_{ni}^F)(\mathbf{u}\mathbf{e}_n)^{-1} \tag{5.18}$$

定义 ξ_n^G 为高科技行业增加值率；ξ_n^G 中只有高科技行业保留 ξ_n 的增加值系数，而其他行业的增加值系数均为 0。国家 n 的高科技行业增加值出口在总增加值出口中的份额为：

$$VAH_n = (\sum_i \xi_n^G \mathbf{B}_{ni} \mathbf{e}_{ni}^F)(\mathbf{u}\mathbf{v}_n)^{-1} \tag{5.19}$$

定义 s_n 为国家 n 的就业系数行向量，式（5.19）表示国家 n 生产各行业单位产品需要的劳动力。出口的劳动生产率为：

$$LAP_n = (\mathbf{uv}_n)\left(\sum_i \mathbf{s}_n \mathbf{B}_{ni} \mathbf{e}_{ni}^F\right)^{-1} \tag{5.20}$$

式（5.20）表示国家 n 为满足国外最终需求所进行的生产活动中单位劳动创造的增加值，反映了一国劳动生产率。我们计算了各国在全球生产中的上游度（Antràs et al.，2012），该值越大，表明该国的生产距离最终需求的位置越远。

利用基期数据，可计算基期各国的各项产业升级指标。在反事实分析中，关税的变化将带来贸易比重和全球投入产出矩阵的变化，进而引起上述各项指标的变化。将新变量分别代入上述公式即可测算出反事实分析下各指标的数值及其相对于基期的变化。

第五节　数据及模型参数校准

一、数据

求解均衡需要各国分行业的增加值系数（ξ_n^j）、中间投入系数（ξ_n^{kj}）、最终消费比重（α_n^j）、基期各国在各行业产品中的支出（X_n^{jk} 和 X_n^{jF}）、双边贸易比重（π_{in}^{jk} 和 π_{in}^{jF}）及就业系数向量（$\mathbf{s}_n$）等。这些数据均来自 WIOD（2016 版）。WIOD 提供了 2000～2014 年的世界投入产出表，涵盖了世界 43 个国家（地区）和 1 个合并的世界其他地区（ROW），总共包括 56 个行业。由于个别地区行业存在 0 产出的现象，本章把 44 个地区合并为 32 个，将 56 个行业合并为 18 个商品部门和 20 个服务部门[1]。其中，本章的

---

[1]　国家（地区）列表（部分）请见表 5-5，可贸易品部门列表请见表 5-3。

高科技行业包括电子设备（13，即按上述 38 个行业分类的第 13 个行业，下同）、电气设备（14）、机械设备（15）、汽车制造（16）及其他交通运输（17）。各国各行业的增加值和消耗的各行业中间投入相应除以各国各行业的总产出得到增加值系数（ξ_n^j）和中间投入系数（ξ_n^{kj}）。根据 WIOD 提供的各国分行业的最终消费、中间品和最终品双边贸易额得到 X_n^{jk}、X_n^{jF}、α_n^j 和双边贸易比重 π_{in}^{jk}、π_{in}^{jF}。

本章模型 CES 生产函数中劳动和中间投入之间的替代弹性 η 取值为 0.5（Baqaee and Farhi，2019a，2019b）。本章的关税数据来自 WTO – WITS 数据库的实际有效关税（effective applied tariff），它提供了各国按照 HS6 位码分类的商品的双边关税税率和贸易额；联合国 BEC 分类提供了 HS 分类商品属于中间品、消费品或资本品的判定。我们利用 HS6 位码商品与联合国 BEC 分类的对应表以及 HS6 位码商品与 WIOD 行业的对应表，利用双边进口额为权重对关税进行加权平均，计算得到了按照 WIOD 行业分类的 18 个商品部门的双边中间品关税税率和最终品关税税率。服务业的关税税率设为 0。

二、贸易弹性的估计

本章模型中同一个行业的中间品和最终品具有不同贸易弹性，需要分别估计。我们采用 CP 模型的思路，使用双边贸易额进行估计，建立贸易份额、关税和贸易弹性间的计量方程①：

$$\ln\left(\frac{\pi_{ni}^{jk}\pi_{ih}^{jk}\pi_{hn}^{jk}}{\pi_{in}^{jk}\pi_{hi}^{jk}\pi_{nh}^{jk}}\right) = -\theta^{jH}\ln\left(\frac{\tilde{\tau}_{ni}^{jk}\tilde{\tau}_{ih}^{jk}\tilde{\tau}_{hn}^{jk}}{\tilde{\tau}_{in}^{jk}\tilde{\tau}_{hi}^{jk}\tilde{\tau}_{nh}^{jk}}\right) + \tilde{\varepsilon}^{jk}, \quad j=1,\cdots,J \qquad (5.21)$$

$$\ln\left(\frac{\pi_{ni}^{jF}\pi_{ih}^{jF}\pi_{hn}^{jF}}{\pi_{in}^{jF}\pi_{hi}^{jF}\pi_{nh}^{jF}}\right) = -\theta^{jF}\ln\left(\frac{\tilde{\tau}_{ni}^{jF}\tilde{\tau}_{ih}^{jF}\tilde{\tau}_{hn}^{jF}}{\tilde{\tau}_{in}^{jF}\tilde{\tau}_{hi}^{jF}\tilde{\tau}_{nh}^{jF}}\right) + \tilde{\varepsilon}^{jF} \qquad (5.22)$$

---

① 根据式（5.5）和式（5.6）可得贸易份额与贸易成本间的关系，后将其对数线性化，对冰山成本分解后，贸易成本可参数化为对称的双边贸易成本、进口固定效应、出口固定效应、在出口行业和进口国家上的固定效应及随机误差的函数。

其中，$\tilde{\varepsilon}^{jk}$ 和 $\tilde{\varepsilon}^{jF}$ 为随机扰动项。我们分别使用 WIOD 中提供的中间品和最终品贸易份额和来自 WITS 的关税数据估计各行业贸易弹性。个别行业的贸易弹性不显著或符号异常，我们采用其他学者的做法（Bartelme et al.，2018；Shapiro，2021），利用已有文献中行业层面的贸易弹性的中值代替[1]（Bagwell et al.，2018；Caliendo and Parro，2015；Giri et al.，2021）[2]。贸易弹性估计结果见表 5-1。

表 5-1　　　　　　　　中间品和最终品的贸易弹性估计结果

行业	中间品	最终品	行业	中间品	最终品
农业	9.11 (2.01)	9.11 (2.01)	非金属矿物	1.67*** (0.14)	2.95 (0.49)
采矿	6.63*** (0.30)	2.53*** (1.33)	金属冶炼及压延	5.00*** (0.19)	3.71*** (0.86)
食品	4.42 (0.22)	4.42 (0.22)	金属制品	1.19*** (0.17)	1.28** (0.65)
纺织服装	3.31*** (0.13)	6.79 (0.74)	电子设备和仪器仪表	12.11*** (0.45)	5.47*** (1.18)
木制品	6.80*** (0.15)	2.27*** (0.64)	电气设备	4.15*** (0.20)	7.48 (1.03)
造纸	7.73*** (0.21)	13.07*** (0.95)	机械设备	5.82*** (0.19)	3.01*** (0.59)
印刷	4.94*** (0.18)	3.52*** (1.03)	汽车制造	7.30*** (0.20)	4.73*** (0.33)

---

[1]　这些行业包括农业、食品业、塑料和橡胶业；同时，纺织服装业、非金属矿物、电气设备、家具及其他制造业的最终品贸易弹性也使用已有文献的中值代替。

[2]　这些文献中的行业分类与本章存在一定不同，本章的一个行业可能包括了这些文献中的多个行业，此时我们采用已有文献做法（Shapiro，2021），以多个行业的贸易弹性方差的倒数为权重，对贸易弹性进行加权平均得到与本章行业分类一致的贸易弹性。

续表

行业	中间品	最终品	行业	中间品	最终品
化学工业	5.66 *** (0.16)	8.87 *** (0.65)	其他交通运输	2.28 *** (0.15)	1.04 * (0.55)
塑料和橡胶	3.44 (0.22)	3.44 (0.22)	家具及其他制造业	2.08 *** (0.11)	5.45 (0.79)

注：＊、＊＊、＊＊＊分别表示在10%、5%和1%水平下显著，括号内为标准误。
资料来源：笔者根据 WIOD、WITS 数据计算而得。

平均来看，中间品和最终品贸易弹性均在5左右，位于已有文献估计贸易弹性值的中间水平（Donaldson，2018；Broda and Weinstein，2006；Head and Mayer，2014；Burstein and Vogel，2017）。同时，中间品贸易弹性大于最终品的贸易弹性[①]，这表明本章分别估计中间品和最终品贸易弹性的合理性。

本章使用 Matlab 利用迭代法求解模型。在给定 $\hat{\kappa}_{ni}^{jl}$ 和 $\hat{\kappa}_{ni}^{jF}$ 后，猜测工资初值，并计算价格、贸易份额和支出的变化量，并验证式（5.14）是否成立，如果不成立，则调整初始工资，重新计算价格、贸易份额和支出的变化量，直到式（5.14）成立为止。最终，可计算新均衡相对于旧均衡的工资、价格、贸易份额、支出和福利的变化量。

第六节　经 验 分 析

本节分别量化分析在中国加入 WTO 后中间品和最终品的贸易自由化，

[①] 这与索德贝里（Soderbery，2018）的发现一致；索德贝里利用 1991～2007 年约 192 个国家的贸易和关税数据估计了 HS4 位码商品的贸易弹性。我们将 HS4 位码商品合并为中间品和最终品，发现中间品贸易弹性大于最终品贸易弹性。

以及中美贸易摩擦的福利效应和产业升级效应。首先，我们以 2000 年为基期，计算满足式（5.2）~ 式（5.6），式（5.9）~ 式（5.11）均衡条件的各变量。为避免贸易差额对模型结果产生影响，我们先将各国贸易差额调整为 0（$D_n = 0$）（Caliendo and Parro，2015；Ossa，2014），并利用式（5.12）~ 式（5.14）计算新的均衡，将其作为基期均衡，然后在该均衡状态下，计算给定的关税水平变化对各国福利的影响。其次，我们以 2014 年为基期均衡量化计算中美贸易摩擦的经济和福利效应。

一、中国加入 WTO 对福利和产业升级的影响

根据图 5 - 1 可知中国自 2007 年后关税基本保持稳定，因此我们用 2000 ~ 2007 年中国进口关税的变化代表中国加入 WTO 后的关税变化（Aichele and Heiland，2018）。在 2000 年基期均衡基础上，让其他国家的进口关税均保持在 2000 年水平，分别让中国对世界各国各行业的中间品进口关税、最终品进口关税或所有进口关税下降至 2007 年水平，从而量化中国加入 WTO 的关税变化对中国和世界主要地区福利和产业结构升级的影响。

（一）中国加入 WTO 对中国福利的影响

表 5 - 2 展示了量化所得结果。整体来看，中国在加入 WTO 后的关税下降有效提高了中国的福利水平（即实际 GDP），相对于 2000 年上升了 1.10%。为证明区分中间品和最终品贸易等异质性的重要性，本章测算了不同模型下的福利效应，并与本章结果进行对比。这些模型包括：（1）CP 模型；（2）在 CP 模型中区分各行业的中间品和最终品（简称中间品模型）；（3）在中间品模型基础上同时考虑贸易份额在各行业上的异质性（简称 CD 模型），该模型与本章最终模型的唯一区别是它的生产函数为

C－D 而非 CES 形式①。

　　基于同样的数据、国家和行业分类，我们分别利用 3 个模型，重新计算了中国加入 WTO 的福利效应，结果如表 5－2 所示。如果利用 CP 模型，中国加入 WTO 带来的关税下降仅使中国福利上升 0.72%，比本章基准模型计算的福利效应小 35%，这表明如果不区分中间品和最终品，贸易自由化的福利效应将被严重低估。如果区分中间品和最终品，使用中间品模型的结果显示，中国加入 WTO 使中国福利上升 1.12%；如果进一步考虑行业异质性，使用 CD 模型的结果显示，中国福利会上升 1.10%。这些结果都表明区分中间品和最终品是更准确计算贸易福利效应的关键。

　　本章还分别计算了中间品关税和最终品关税下降的福利效应。在中国加入 WTO 后，中间品和最终品关税分别平均下降 9.96% 和 9.42%②，降幅差异不大，但本章的反事实分析结果却显示，它们的福利效应有显著差异。表 5－2 显示，前者使中国的福利上升了 1.01%，而后者仅使福利上升了 0.02%。因此，中间品关税下降是中国加入 WTO 带来福利上升的主要原因。

表 5－2　　　　　　　　中国加入 WTO 的福利效应分析　　　　　　单位：%

模型种类	关税下降	福利	贸易条件	贸易量	实际工资变化		
					总变化	最终品	产业联系
本章模型（CES）	全部	1.10	－1.23	7.68	1.78	0.30	1.46
	中间品	1.01	－1.07	7.38	1.38	－0.31	1.68
	最终品	0.02	－0.31	0.74	0.47	0.72	－0.25

---

① 由于 CP 模型没有区分中间品和最终品，每个行业仅需 1 个贸易弹性，为与本章模型结果进行对比，我们用本章估计的各行业中间品和最终品贸易弹性的平均值作为 CP 模型中该行业的贸易弹性。同样为保证模型的可比性，在表 5－2 最后两行的中间品模型和 CD 模型中，我们也对同行业中间品和最终品使用相同的贸易弹性。
② 基于 WTO－WITS 数据库数据计算得出。

模型种类	关税下降	福利	贸易条件	贸易量	实际工资变化		
					总变化	最终品	产业联系
CD 模型（贸易弹性不同）	全部	1.13	− 1.27	8.07	1.77	1.20	0.55
	中间品	1.04	− 1.11	7.81	1.37	− 1.23	2.59
	最终品	0.02	− 0.31	0.73	0.48	2.83	− 2.35
CP 模型	全部	0.72	− 1.23	7.65	1.21	1.25	− 0.05
中间品模型	全部	1.12	− 1.31	8.25	1.75	1.21	0.53
CD 模型	全部	1.10	− 1.30	8.05	1.73	1.22	0.50

注：为保证不同模型结果的可比性，在最后三行的 CP 模型、中间品模型和 CD 模型中，对中间品和最终品，我们使用相同的贸易弹性进行计算。在 CES 模型和 CD 模型中，同行业中间品和最终品使用不同贸易弹性，该结果表明将 C－D 生产函数一般化为 CES 生产函数，对结果的影响较为有限。

资料来源：笔者根据计算结果自制。

　　我们利用式（5.15）可将福利效应分解为贸易条件效应和贸易量效应。根据表 5－2 结果，中国福利水平的上升主要源于贸易量效应的提高，贸易条件则有所恶化。中国在加入 WTO 后，关税大幅下降，使得进口价格下降，进口规模上升，贸易量效应得到改善。同时，对国外产品需求的上升导致国外相对工资水平上升，本国出口产品价格相对国外下降，因此贸易条件恶化。但出口品价格下降将促进出口，进一步改善贸易量效应，同时某行业出口规模扩大还将通过上下游关联带动国内上游行业的生产，从而缓解国内工资水平的下降和贸易条件的恶化。由于贸易量效应的提升大于贸易条件的恶化，关税的下降最终使得中国福利水平上升。

　　中间品关税的贸易量效应显著高于最终品关税，最终也使得中间品关税的福利效应远高于最终品关税。可能的原因在于，中间品关税下降除了直接增加进口从而改善贸易量效应外，还将降低下游产品的生产成本和出口价格，使下游产品在国际市场更具价格竞争力，扩大了出口，从而提高贸易量效应。中间品关税下降使中国的总出口增加 38.40％，而最终品关税下降仅带来9.51%的出口增长。①

表5-2还展示了关税变化对实际工资的影响以及利用式（5.16）计算的实际工资变化的分解。中国加入WTO将降低消费品价格，使实际工资提高了1.78%，而仅中间品关税下降或仅最终品关税下降分别会使实际工资上升1.38%和0.47%。根据式（5.16）对实际工资变化的分解结果，行业投入产出联系能解释实际工资上升的83%。中间品关税和最终品关税的影响机制有所不同：中间品关税下降通过投入产出联系降低国内下游最终品价格，从而降低居民消费价格，提高居民实际工资。同时，国内最终产品价格下降，将提高居民国内消费比例，从而在一定程度上降低了贸易获益，因此通过最终品渠道反而带来了实际工资的下降。最终品关税下降则直接提高最终品进口比例，降低最终品消费价格，通过最终品渠道带来实际工资的上升。而最终品进口的增加，将导致国内生产规模缩小，并通过投入产出联系降低国内上游行业生产规模，进而降低劳动需求和工资水平，抑制实际工资的上升。中间品关税和最终品关税对实际工资和福利影响渠道的差异，在一定程度上反映了若将二者混淆在一起，将错估贸易的福利效应和对实际工资的影响。从表5-2结果可知，利用CP模型计算的中国实际工资仅增长1.21%，确实低估了实际工资的增长。

（二）中国加入WTO对产业结构和产业升级的影响

中国加入WTO不仅影响了中国整体经济和贸易规模，也影响着贸易结构和产业结构。本章的多国家多行业一般均衡模型使我们可以深入到行业层面进行分析，表5-3列出了中国2000～2007年各行业中间品和最终品的关税变化，表5-4列出了中国整体关税下降引起的中国各行业产业结构、出口结构和进口结构的变化。

除个别行业外，国民经济、出口和增加值出口中行业结构的变化具有

---

① 基于本章模型进行反事实分析计算得到。

一致性。整体来看，关税下降优化了中国的产业结构和贸易结构，农业在国民经济和贸易中的比重均显著下降，而制造业的比重明显提高。国民经济三大产业在 GDP 中的比重分别比 2000 年基期变化 −5.39%、3.69% 和 1.70%。[1] 在制造业中，纺织服装和电子设备的增加值比重上升尤为显著，与此相反，汽车制造业的增加值比重则有所下降[2]。

产业结构的变化与各行业的关税降幅密切相关。根据表 5−3 和表 5−4 的结果，中国在加入 WTO 后，农产品关税大幅下降，有效促进了中国农产品进口，也在一定程度上挤压了国内农业生产，降低了农业在国民经济中的比重。在最终品关税中，汽车制造业的关税下降幅度最大，该行业进口品部分替代了国内产品，造成了其在 GDP 中份额的下降，其中中间品关税的作用较为有限。纺织服装和电子设备是中国的主要出口品，关税下降有力地促进了它们出口规模的扩张，增加值出口份额分别提高 1.29% 和 0.95%，是所有行业中份额上升最高的两个行业，中间品关税起到主要作用[3]。

表 5 − 3   2000 年分行业关税水平及其至 2007 年的变化率   单位：%

行业	中间品关税		最终品关税	
	2000 年	变化率	2000 年	变化率
农业	49.16	−24.59	25.64	−16.77
采矿	1.00	−0.82	0.00	0.00
食品	22.12	−11.05	38.46	−16.74
纺织服装	20.35	−10.93	25.37	−15.64
木制品	9.41	−6.56	16.61	−11.14

---

[1] 基于本章模型进行反事实分析计算得到。

[2] 本章存在服务业贸易，只是服务业关税假设为 0。

[3] 根据 WIOD 的数据，中国纺织服装和电子设备产品生产对进口中间投入较为依赖，2014 年两行业所需进口中间投入在总中间投入中占比分别为 11.04% 和 24.28%。因此中间品关税下降有效降低了这两个行业的生产成本，促进其出口规模扩张和在国民经济中份额的提升。

续表

行业	中间品关税		最终品关税	
	2000 年	变化率	2000 年	变化率
造纸	10.80	-7.40	25.00	-14.05
印刷	10.73	-7.22	0.00	0.00
化学工业	8.25	-2.04	9.52	-5.30
塑料和橡胶	13.97	-6.73	19.35	-11.14
非金属矿物	14.99	-3.63	29.77	-15.57
金属冶炼及压延	8.25	-4.15	0.00	0.00
金属制品	10.85	-2.25	15.58	-4.72
电子设备	9.30	-7.22	11.16	-9.82
电气设备	12.64	-8.28	16.52	-10.17
机械设备	11.30	-5.88	15.00	-7.45
汽车制造	22.41	-10.55	60.57	-23.84
其他交通运输	8.76	-4.37	5.86	-1.01
家具及其他制造业	17.29	-6.85	16.12	-9.50
平均	11.53	-6.47	16.88	-10.11

注：表中第 3 列、第 5 列关税税率变化率为 $(1 + \tau_{2007})/(1 + \tau_{2000}) - 1$，其中 τ_t 表示 t 年中国相应行业的平均进口关税税率。

资料来源：笔者根据计算结果自制。

表5-4　　　　　中国关税下降带来的产业结构和贸易结构变化　　单位：%

行业	出口增速	进口增速	产业结构变化	出口结构变化	增加值出口结构变化
农业	111.00	1190.00	-5.39	0.71	-3.77
采矿	45.80	-23.80	0.62	0.00	0.45
食品	64.90	38.60	0.08	0.43	0.29
纺织服装	56.40	43.60	0.89	1.36	1.29

行业	出口增速	进口增速	产业结构变化	出口结构变化	增加值出口结构变化
木制品	47.70	3.01	0.06	0.01	0.04
造纸	76.90	20.80	0.06	0.10	0.08
印刷	35.30	13.10	0.04	−0.03	0.01
化学工业	44.30	−14.60	0.36	−0.05	0.29
塑料和橡胶	23.40	14.20	0.12	−0.55	−0.05
非金属矿物	13.40	1.81	0.07	−0.29	−0.03
金属冶炼及压延	31.60	−1.68	0.20	−0.35	−0.05
金属制品	7.20	−1.60	0.07	−0.79	−0.15
电子设备	61.50	26.00	0.59	1.92	0.95
电气设备	42.10	28.10	0.16	−0.17	0.11
机械设备	26.30	7.00	0.09	−0.45	−0.10
汽车制造	44.50	119.00	−0.10	−0.01	0.00
其他交通运输	7.81	−4.18	0.02	−0.38	−0.10
家具及其他制造业	41.00	17.50	0.25	−0.18	0.11
平均	45.80	45.80	−1.81	1.28	0.63

资料来源：笔者根据计算结果自制。

表5－4同时显示关税下降提高了农业在总出口中的比重，但却大幅降低了农业在增加值出口中的比重。这是因为出口和增加值出口反映的经济含义不同，农业创造的增加值不仅可隐含在农产品出口中，还可通过向其他行业的出口品提供中间投入而隐含在其出口中。农业关税的下降，使得国内其他行业生产使用的国内农产品被进口品替代，从而使农业间接出口的增加值大幅下降，最终在增加值出口中的比重下降。该现象反映了从增加值贸易角度刻画一国或一个行业参与全球分工的重要性。

贸易结构和产业结构的变化最终也影响了中国的产业升级和在全球价

值链中的位置。表5-5展示了中国加入WTO对产业结构升级的影响，中间品关税和最终品关税的下降对各项指标影响各不相同。首先，中间品关税的下降，使国内生产中使用更多的中间进口品，因此DVA下降5.59%；但最终品关税的下降却改善了中国的最终品出口结构，使得DVA上升了1.19%。二者共同作用后，最终中国加入WTO使中国的DVA和VAX下降。

表5-5　　　　中国加入WTO对产业升级的影响　　　　单位：%

模型种类	关税下降	DVA	VAX	VAH	LAP（千美元/人）	上游度变化率
CES模型	全部	-4.83	-4.90	0.71	0.33	0.76
	中间品	-5.59	-5.53	0.63	0.29	0.06
	最终品	1.19	1.13	0.08	-0.01	1.89
CD模型（贸易弹性不同）	全部	-5.08	-5.15	0.75	0.29	1.04
	中间品	-5.77	-5.75	0.68	0.30	-0.32
	最终品	1.16	1.08	0.08	-0.01	2.01
CP模型	全部	-3.52	-2.98	1.15	0.18	1.93
中间品模型	全部	-5.17	-5.16	1.40	0.32	1.11
CD模型	全部	-5.04	-5.03	1.33	0.30	1.17

资料来源：笔者根据计算结果自制。

在基准模型下，中国加入WTO提高了VAH和出口劳动生产率，这表明关税下降优化了中国的出口结构，使中国对外出口更多高科技行业产品和高劳动生产率产品。同时，关税下降也改变了中国在全球价值链中的位置，仅中间品关税下降，使得中国中间品投入成本下降和产品生产规模增加，促进了对本国原材料的使用需求，进而促进中国向价值链上游移动，但同时，中间品关税下降也使中国进口了更多的中间品，在中国加工成最终品后出口或用于国内生产的投入，这促使中国向价值链的下游移动，从而上游度提升的程度较低（见表5-5）。而仅最终品关税下降使中国进口了更多的最终品，国内最终品生产减少，促使上游度上升。在两类关税综合作用下，中国在全球价值链的位置向上游移动。表5-5同时显示了基于 CP 模型测算的中国加入 WTO 对全球价值链指标的影响。总结来看，CP模型低估了 DVA 和 VAX 的降幅，也低估了出口劳动生产率的升幅，高估了 VAH 和上游度的升幅。正如上文所述，这是因为中间品和最终品影响各经济变量的作用渠道和效果不同，将二者混淆在一起，将错估贸易政策对各经济变量的影响。

（三）中国加入 WTO 对世界其他地区的福利效应

在全球经济紧密联系的背景下，中国加入 WTO 使大多数地区的福利有所增加，但幅度远小于对中国自身的福利效应。表5-6 和表5-7 展示了受影响程度排名前 10 的经济体。巴西、韩国、俄罗斯、卢森堡和美国是获益最大的 5 个地区（除中国外）。

中国关税下降对各地区产业结构升级的影响各不相同：大多数地区的增加值出口总量得到提升，出口的国内增加值率和劳动生产率提高，但增加值出口中的高科技增加值占比有所下降。同时，中国关税下降使大多数国家的上游度增加，这表明中国贸易自由化延伸了全球价值链长度，使大多数国家产品离最终需求的距离有所增加，向价值链上游移动①。

表5-6　　　　中国加入 WTO 对世界各地区的福利效应　　　单位：%

经济体	福利	贸易条件	贸易量	中间品关税	最终品关税
中国	1.10	-1.23	7.68	1.01	0.02
巴西	0.85	0.57	0.24	0.88	0.00
韩国	0.47	0.03	0.38	0.39	0.07

① 巴西受影响最为明显，VAH 和 LAP 分别下降了 4.25% 和 293.30 千美元/人，这可能与巴西和中国的贸易结构有关，巴西对中国的出口以农产品为主；中国在加入 WTO 后，农产品进口关税大幅下降，这有效促进了巴西的农产品出口，带动了巴西农业及相关上游产品的生产和增加值出口，由于农业是劳动密集型行业，具有较高的上游度，因此中国加入 WTO 降低了巴西增加值出口的劳动生产率，降低了高科技行业增加值出口比重，提升了巴西的上游度。

续表

经济体	福利	贸易条件	贸易量	中间品关税	最终品关税
俄罗斯	0.18	0.09	0.06	0.18	-0.02
爱尔兰	-0.15	-0.15	0.00	-0.15	-0.11
卢森堡	0.07	0.03	0.01	0.06	-0.02
美国	0.05	0.03	0.01	0.04	0.01
日本	0.05	0.04	0.00	0.05	0.06
印度尼西亚	0.05	0.00	0.02	0.04	0.00
葡萄牙	-0.02	-0.03	0.00	-0.02	-0.01

资料来源：笔者根据计算结果自制。

表5-7　　　　　中国加入 WTO 对世界各地区的产业升级效应　　　单位：%

经济体	DVA	VAX	VAH	LAP（千美元/人）	上游度变化率	增加值出口
中国	-4.83	-4.90	0.71	32.64	0.76	37.08
巴西	-0.45	34.47	-4.25	-293.30	7.47	72.47
韩国	-0.16	0.00	0.39	10.67	0.21	1.45
俄罗斯	-0.03	2.74	-0.22	-75.37	1.65	4.65
爱尔兰	0.22	0.32	-0.20	4.09	0.34	0.82
卢森堡	-0.16	0.03	0.53	14.26	0.48	0.96
美国	-0.03	0.11	0.21	-11.74	0.16	1.96
日本	-0.02	0.07	0.00	5.13	0.30	-1.40
印度尼西亚	0.05	0.14	0.03	-0.71	0.24	0.90
葡萄牙	0.07	0.21	0.02	-1.62	0.12	-0.11

资料来源：笔者根据计算结果自制。

　　中国的关税变化对世界主要地区福利和产业结构的影响，与各地区和中国的经贸关系密切相关。中国关税变化对其他地区福利的影响可概括为产业关联效应和竞争效应。中国关税下降将直接提高进口品在中国市场的竞争力，促进主要进口贸易伙伴的国内生产，提高其相对工资，改善贸易条件。同时，这些贸易伙伴的生产也将进一步通过产业关联效应带动上游行业和地区的生产，带来福利改善。此外，关税下降将使中国对国内企业的保护程度下降，为国内生产带来一定负面影响，该影响将沿生产网络传递至中国产业的上游地区，造成一定福利损失。中国国内生产受到的冲击将降低中国相对工资水平，降低出口成本，中间品关税下降还将直接降低下游产品生产成本，增强中国产品在国际市场上的竞争力，从而对国际市场上竞争国的市场份额和福利带来一定负面影响。这些影响将进一步通过产业关联效应蔓延传递至其他地区。表5-6和表5-7呈现的各国福利和产业结构变化正是上述各种力量和渠道相互作用的综合结果。

表5-6结果表明对大多数受益地区而言，贸易量效应和贸易条件均有所改善。各地区增加值出口的变化较好地解释了各国福利变化中的贸易量效应。例如，中国对巴西的关税下降是巴西获益的主要原因，这促进了巴西向中国的出口，显著提升了巴西福利水平。日本和韩国的福利提升则可以从价值链角度进行解释，它们与中国同属于东亚生产网络，中国从这些地区进口大量中间品，进行加工后出口至欧美等国，因此中国中间品关税的下降，显著扩大了中国从日本和韩国进口的规模，通过贸易量效应改善了日韩的福利水平[1]。中国加入WTO使美国福利上升了0.08%。[2] 一方面，中国关税下降增加中国从美国的进口，通过贸易量效应改善美国福利；另一方面，中国出口品价格下降，也将改善美国的贸易条件，提高其福利。

（四）贸易弹性和加工贸易的稳健性检验

为验证本章结论的稳健性，我们利用已有文献计算的贸易弹性重新校准模型，再次计算中国加入WTO的福利效应。第一，我们沿用其他文献

---

① 日本和韩国也是中国产品的主要进口地区，中国中间品关税下降，将通过产业关联效应降低下游出口品价格，降低进口地的消费品价格，提升它们的福利。
② 基于本章模型进行反事实分析计算得到。

（Bartelme et al.，2018；Shapiro，2021）的方法，利用已有文献估计的行业层面贸易弹性的中值替换（Bagwell et al.，2018；Caliendo and Parro，2015；Giri et al.，2021）。第二，我们使用已有文献中贸易弹性的经验均值 5 替换基准模型中的贸易弹性。所得结论均与本节基准结果一致。

　　中国对外贸易的一个重要特点是加工贸易占总贸易比重较高，国内对加工出口生产使用的进口中间投入施行免关税政策，即加工贸易进口的关税税率一直为 0，没有变化。因此，前文计算的中国加入 WTO 后中间品关税的下降可能高估了实际降幅。为避免这种处理对本章结果产生干扰，我们利用考虑了加工贸易的关税数据进行反事实分析，重新计算中国关税下降的福利效应[1]，结果如表 5 - 8 所示。在考虑了加工贸易关税政策后，前文得到的中国加入 WTO 对中国福利和产业结构升级影响的结果均稳健。

表 5 - 8　　　　　　　　　　　　稳健性检验　　　　　　　　　　单位：%

模型种类	关税上升	福利	贸易条件	贸易量	DVA	上游度变化率	实际工资总变化
贸易弹性为文献中值	全部	1.28	-1.20	7.95	-4.71	0.59	1.88
	中间品	1.12	-1.00	7.48	-5.75	-0.39	1.50
	最终品	0.09	-0.35	0.94	1.49	2.27	0.49
贸易弹性为 5	全部	0.19	-0.90	3.10	-2.23	0.42	1.20
	中间品	0.10	-0.68	2.66	-3.13	-0.56	0.77
	最终品	0.03	-0.31	0.69	1.02	1.57	0.45
加工贸易	全部	1.05	-1.13	7.21	-3.93	1.71	1.53
	中间品	1.01	-1.07	7.38	-5.59	0.06	1.38
	最终品	0.02	-0.31	0.74	1.19	1.89	0.47

　　资料来源：笔者根据计算结果自制。

---

[1]　我们利用中国海关数据计算了 2000 年在中国从各国各行业的中间品进口中，加工贸易进口所占的比重；利用上文计算的 2000 年和 2007 年中国从各国各行业的中间品进口关税乘以对应的非加工进口所占的比重，得到在考虑加工贸易关税政策后的 2000 年和 2007 年的中间品关税。

二、中美贸易摩擦的福利效应分析

2018 年以来，特朗普政府多次发布对中国进口加征关税的商品清单，中国政府也采取了反制措施，对美国发起对等的征税反击。两国经过多轮协商，终于在 2020 年 1 月签订中美第一阶段经贸协议。根据 2018 年 3 月至第一阶段协议期间的中美两国产品加征关税清单，结合 HS6 位码与 BEC 分类的对应表，并利用 2017 年中美两国间 HS6 位码商品进口额为权重，我们计算了中美双边中间品和最终品加征的平均关税税率，美国对中国中间品和最终品加征的平均关税税率分别为19%和10%，中国对美国中间品和最终品平均加征关税税率为16%和13%。以 2014 年为基期，保持其他国家关税水平不变，仅让中美双边贸易关税增加至第一阶段贸易协议签订时的水平，计算中美贸易摩擦对世界主要地区的福利和产业结构升级的影响，表 5-9 和表 5-10 列出了受影响较大地区的结果。

表 5-9　　　　中美贸易摩擦对世界主要地区的福利效应　　单位：%

经济体	福利	贸易条件	贸易量效应	福利	
				中间品关税	最终品关税
中国	-0.16	-0.08	-0.05	-0.10	-0.10
墨西哥	0.06	0.05	0.01	0.02	0.03
美国	-0.04	0.03	-0.01	-0.04	-0.03
卢森堡	-0.44	-0.43	0.00	-0.40	-0.40
韩国	-0.06	-0.07	0.01	-0.06	-0.06
澳大利亚	0.00	0.00	0.00	0.01	0.01
印度尼西亚	0.01	0.01	0.00	0.00	0.01
日本	0.01	0.01	0.00	0.00	0.00
爱尔兰	-0.21	-0.21	0.00	-0.19	-0.19
印度	0.00	0.00	0.00	-0.01	0.00

资料来源：笔者根据计算结果自制。

表5-10　　　　　　中美贸易摩擦对世界主要地区的产业升级效应　　　　单位：%

经济体	DVA	VAX	VAH	LAP（千美元/人）	上游度（变化率）	增加值出口变化率
中国	0.74	0.72	-0.42	-4.10	0.08	-3.68
墨西哥	-0.55	-0.54	0.47	-3.18	-0.13	0.81
美国	0.35	-0.03	-0.24	-81.02	-0.29	-3.55
卢森堡	0.19	0.18	0.00	-27.94	0.10	1.63
韩国	0.11	0.12	0.07	-0.33	-0.10	0.97
澳大利亚	0.03	-0.21	0.01	-10.16	-0.15	-0.38
印度尼西亚	-0.05	-0.16	0.02	-1.34	-0.14	0.08
日本	-0.03	-0.04	0.06	-0.11	-0.05	0.13
爱尔兰	0.17	0.19	-0.01	-14.58	0.10	1.28
印度	0.00	0.10	0.01	-0.53	0.00	0.30

资料来源：笔者根据计算结果自制。

从中可知，中美贸易摩擦使中国和美国的福利分别减少0.16%和0.04%，中国受损程度大于美国。两国关税的上升遏制了双边贸易的发展，恶化了中美两国的贸易量效应，表5-10显示两国的增加值出口均表现出较明显的下降。本章在对中美间中间品关税上升和最终品关税上升这两种情境进行反事实分析后发现，中美间最终品关税上升带来中国的福利损失略大于中间品关税。关税上升，特别是中间品关税上升，降低了中国的进口贸易，也使本国生产更多使用国内中间投入，从而提高了中国的DVA和VAX。由于同样原因，美国DVA有所提高，但VAX下降，可能的原因是中美贸易摩擦增加了美国从墨西哥和加拿大的进口，而两国的产品中蕴含了大量的美国增加值，因此美国出口后又返回美国本土的增加值增加，VAX下降。

中美贸易摩擦降低了中美两国的VAH和LAP，这与两国贸易结构密切相关。电子设备、汽车等高科技行业在中美贸易中占据较大比重，受中美贸易摩擦的负面冲击较大。由于这些行业多属于资本密集型行业，使得两国出口中的劳动生产率和 *VAH* 有所下降。中美贸易摩擦对中美两国的上游度带来相反的影响。由于中国从美国进口以中间品为主，关税上升使中国从美国进口中间品减少，促进了中国的中间品生产，并最终使中国在全球价值链中的位置向上游移动。但美国却相反，一方面，美国对中国的中间品出口减少，本身就降低了美国的上游度；另一方面，美国从中国的进口以最终品为主，关税上升，使美国最终品进口降低，本国最终品生产增加，这进一步使美国在全球价值链的位置向下游移动。

中美贸易摩擦提高了其他大多数地区的福利水平，其中墨西哥的福利效应提升最为明显。中国与美国的贸易争端使美国市场上墨西哥产品部分替代了中国产品，促进了美国和墨西哥之间的贸易往来，墨西哥的贸易量效应得以提升。中美贸易摩擦对各国 *DVA* 的影响各不相同，这与各国和中美之间的经贸关系密切相关。例如，墨西哥 *DVA* 有所下降，这可能是因为墨西哥和美国间的贸易往来加强，墨西哥生产过程中使用了更多的进口产品，从而降低了 *DVA*。由于中美贸易以电子设备、汽车等高科技行业为主，中美贸易摩擦在替代效应的作用下提高了其他地区与中美两国高科技行业的贸易往来，从而大多数国家 *VAH* 有所提升。

这些结果表明，在当今全球价值链分工时代，各国经济相互渗透，一国的贸易政策不仅直接影响本国福利，也将沿产业链向上游和下游国家传递。一国贸易政策对其他国家的影响，以及一国受其他国家贸易政策的影响，均与该国在全球价值链上的位置密切相关。

我们也利用 CP 和 CD 模型计算了中美贸易摩擦的福利效应[①]。结果如表 5 - 11 显示，CP 模型低估了中国的福利损失，这再次表明区分中间品和最终品以及行业间投入关系的异质性对于量化贸易政策的福利效应具有重要意义。

---

① 在 CP 模型下，中美贸易摩擦使中国和美国福利分别下降 0.15% 和 0.04%；而在 CD 模型（贸易弹性与 CP 模型相同）下则分别下降了 0.16% 和 0.04%。

表5－11 不同模型下中美贸易摩擦的福利效应 单位：%

模型	国家	福利	贸易条件	贸易量效应	DVA	上游度（变化率）
CES 模型（不同贸易弹性）	中国	－ 0.16	－ 0.08	－ 0.05	0.74	0.08
	美国	－ 0.04	0.03	－ 0.01	0.35	－ 0.29
CP 模型（相同贸易弹性）	中国	－ 0.15	－ 0.07	－ 0.04	0.81	0.82
	美国	－ 0.04	0.03	－ 0.01	0.79	0.57
CD 模型（相同贸易弹性）	中国	－ 0.16	－ 0.07	－ 0.05	0.69	0.17
	美国	－ 0.04	0.03	－ 0.01	0.37	－ 0.32

资料来源：笔者根据计算结果自制。

第七节 结 论

本章将量化贸易模型和国际投入产出模型紧密结合，并进行拓展，区分中间品和最终品，系统考虑了贸易份额在行业间生产网络中的异质性，建立了多国家多行业的一般均衡模型。该模型将全球价值链系统纳入量化贸易模型，可以更好地将模型校准至真实世界，切实反映出各国在全球生产链中所处的位置，从而能更准确地量化分析全球价值链背景下针对中间品和最终品的不同贸易政策对福利、产业升级和在全球价值链位置中的影响。本章分别估计了分行业中间品和最终品的贸易弹性，为在全球价值链背景下更准确地量化研究贸易政策、中间品和最终品生产率、投入结构等变化的福利效应奠定了重要基础。

基于该模型，本章量化分析了在中国加入 WTO 和中美贸易摩擦中关税变化对中国和世界主要地区的福利、产业结构升级及在全球价值链中位置的影响。研究发现，中国加入 WTO 有效提高了中国的福利水平，福利相对于 2000 年上升 1.10%，CP 模型将该福利效应低估了近 35%。其中，

90% 以上的中国福利上升是源于中间品关税的下降，最终品关税下降的作用较为有限。同时，关税的下降也优化了中国的产业结构和贸易结构，促进中国在全球价值链的位置向上游移动。中国加入 WTO 提升了世界大多数地区的福利，这在一定程度上为驳斥"中国威胁论"提供了有利证据。我们也测算了中美贸易摩擦对世界主要地区的经济和福利的影响，结果表明，中美贸易摩擦对中国和美国均造成了一定程度的福利损失。

综上所述，在全球价值链分工时代，各国经济相互渗透，贸易政策将沿着生产网络向其他国家传导，并会通过反馈作用进一步扩大对本国经济的影响。因此，一国在制定贸易政策时，应充分考虑全球价值链效应。本章结论也表明，贸易自由化，特别是中间品贸易自由化将有效促进各国的福利水平，因此世界各国仍需进一步降低贸易壁垒，抵制贸易保护主义，加强沟通、协商和合作，努力营造自由开放的国际贸易体系，齐心协力促进世界经济复苏。

参考文献：

［1］陈雯、苗双有：《中间品贸易自由化与中国制造业企业生产技术选择》，载《经济研究》2016 年第 8 期。

［2］段玉婉、刘丹阳、倪红福：《全球价值链视角下的关税有效保护率——兼评美国加征关税的影响》，载《中国工业经济》2018 年第 7 期。

［3］樊海潮、张丽娜：《中间品贸易与中美贸易摩擦的福利效应：基于理论与量化分析的研究》，载《中国工业经济》2018 年第 9 期。

［4］郭美新、陆琳、盛柳刚、余淼杰：《反制中美贸易摩擦和扩大开放》，载《学术月刊》2018 年第 6 期。

［5］鞠建东、陈晓：《新新经济地理学多地区异质结构的量化分析：文献综述》，载《世界经济》2018 年第 9 期。

［6］齐鹰飞、Li Yuanfei：《跨国投入产出网络中的贸易摩擦——兼析中美贸易摩擦的就业和福利效应》，载《财贸经济》2019 年第 5 期。

［7］王子、周雁翎：《结构模型在国际贸易研究中的应用》，载《中

国工业经济》2019 年第 4 期。

［8］ A. B. Bernard, A. Moxnes and Y. U. Saito, Production Networks, Geography and Firm Performance. *Journal of Political Economy*, Vol. 127, No. 2, April 2019, pp. 639 – 688.

［9］ A. Burstein and J. Vogel, International Trade, Technology and the Skill Premium. *Journal of Political Economy*, Vol. 125, No. 5, October 2017, pp. 1356 – 1412.

［10］ A. Soderbery, Trade Elasticities, Heterogeneity and Optimal Tariffs. *Journal of International Economics*, Vol. 114, September 2018, pp. 44 – 62.

［11］ C. Arkolakis, A. Costinot and A. Rodriguez – Clare, New Models, Same Old Gains? *The American Economic Review*, Vol. 102, No. 1, February 2012, pp. 94 – 130.

［12］ C. Broda and D. E. Weinstein, Globalization and the Gains from Variety. *The Quarterly Journal of Economics*, Vol. 121, No. 2, May 2006, pp. 541 – 585.

［13］ D. Acemoglu, U. Akcigit and W. Kerr, Networks and the Macroeconomy: An Empirical Exploration. *NBER Macroeconomics Annual*, Vol. 30, No. 1, 2016, pp. 276 – 335.

［14］ D. Bartelme, A. , Costinot, D. Donaldson and A. Rodriguez – Clare, Economies of Scale and Industrial Policy: A View from Trade. University of California Berkeley Working Papers, 2018.

［15］ D. Donaldson, Railroads of the Raj: Estimating the Impact of Transportation Infrastructure. *The American Economic Review*, Vol. 108, No. 4 – 5, April 2018, pp. 899 – 934.

［16］ D. Hummels, D. Rapoport and K. M. Yi, Vertical Specialization and the Changing Nature of World Trade. *Economic Policy Review*, Vol. 4, No. 2, June 1998, pp. 79 – 99.

［17］ D. R. Baqaee and E. Farhi, The Macroeconomic Impact of Microeconomic Shocks: Beyond Hulten's Theorem. *Econometrica*, Vol. 87, No. 4, July 2019a, pp. 1155 – 1203.

[18] D. R. Baqaee and E. Farhi, Productivity and Misallocation in General Equilibrium. *The Quarterly Journal of Economics*, Vol. 135, No. 1, September 2019b, pp. 105 – 163.

[19] D. Rouzet and S. Miroudot, The Cumulative Impact of Trade Barriers along the Value Chain: An Empirical Assessment Using the OECD Inter – Country Input – Output Model. Annual Conference on Global Economic Analysis, 2013.

[20] E. Blanchard, C. P. Bown and R. Johnson, Global Supply Chains and Trade Policy. NBER Working Paper, No. 21883, 2016.

[21] F. Parro, Capital – Skill Complementarity and the Skill Premium in a Quantitative Model of Trade. *American Economic Journal – Macroeconomics*, Vol. 5, No. 2, April 2013, pp72 – 117.

[22] H. L. Kee and H. Tang, Domestic Value Added in Chinese Exports: Firm – Level Evidence. *The American Economic Review*, Vol. 106, No. 6, 2016, pp. 1402 – 1436.

[23] H. Ma, Z. Wang and K. F. Zhu, Domestic Content in China's Exports and Its Distribution by Firm Ownership. *Journal of Comparative Economics*, Vol. 43, No. 1, February 2015, pp. 3 – 18.

[24] J. Bröcker and M. Schneider, How Does Economic Development in Eastern Europe Affect Austria's Regions? A Multiregional General Equilibrium Framework. *Journal of Regional Science*, Vol. 42, No. 2, December 2002, pp. 257 – 285.

[25] J. Eaton and S. Kortum, Technology, Geography and Trade. *Econometrica*, Vol. 75, No. 5, September 2002, pp. 1741 – 1779.

[26] J. Humphrey and H. Schmitz, How does Insertion in Global Value Chains Affect Upgrading in Industrial Clusters. *Regional Studies*, Vol. 36,

No. 9, 2002, pp. 1017 – 1027.

[27] J. S. Shapiro, The Environmental Bias of Trade Policy. *The Quarterly Journal of Economics*, Vol. 136, No. 2, May 2021, pp. 831 – 886.

[28] J. T. Fan, Internal Geography, Labor Mobility and the Distributional Impacts of Trade. *American Economic Journal: Macroeconomics*, Vol. 11, No. 3, July 2019, pp. 252 – 288.

[29] K. Bagwell, R. W. Staiger and A. Yurukoglu, Quantitative Analysis of Multi – Party Tariff Negotiations. NBER Working Paper, No. w24273, 2018.

[30] K. Head and T. Mayer, Gravity Equations: Workhorse, Toolkit, and Cookbook. *Handbook of International Economics*, Vol. 4, 2014, pp. 131 – 195.

[31] K. L. Tian, E. Dietzenbacher and R. Jong – A – Pin, Measuring Industrial Upgrading: Applying Factor Analysis in a Global Value Chain Framework. *Economic Systems Research*, Vol. 31, No. 4, May 2019, pp. 642 – 664.

[32] L. Albrecht and T. Tombe, Internal Trade, Productivity and Interconnected Industries: A Quantitative Analysis. *Canadian Journal of Economics/revue Canadienne Déconomique*, Vol. 49, No. 1, September 2016, pp. 237 – 263.

[33] L. Brandt, J. V. Biesebroeck, L. Wang and Y. Zhang, WTO Accession and Performance of Chinese Manufacturing Firms. *The American Economic Review*, Vol. 107, No. 9, September 2018, pp. 2784 – 2820.

[34] L. Caliendo and F. Parro, Estimates of the Trade and Welfare Effects of NAFTA. *Review of Economic Studies*, Vol. 82, No. 1, November 2014, pp. 1 – 44.

[35] L. Caliendo, L. D. Opromolla, F. Parro and A. Sforza, Goods and Factor Market Integration: A Quantitative Assessment of the EU Enlargement. *Journal of Politial Economy*, Vol. 129, No. 12, December 2021, pp. 3491 – 3545.

［36］ L. Caliendo, R. Esteban, P. Fernando and G. S. Pierre – Daniel, The Impact of Regional and Sectoral Productivity Changes on the U. S. Economy. *The Review of Economic Studies*, Vol. 85, No. 4, October 2018, pp. 2042 – 2096.

［37］ M. J. Yu, Processing Trade, Tariff Reductions and Firm Productivity: Evidence from Chinese Firms. *Economic Journal*, Vol. 125, No. 585, June 2015, pp. 943 – 988.

［38］ M. P. Timmer, S. Miroudot and G. J. de Vries, Functional Specialisation in Trade. *Journal of Economic Geography*, Vol. 19, No. 1, January 2019, pp. 1 – 30.

［39］ P. Antràs, D. Chor, T. Fally and R. Hillberry, Measuring the Upstreamness of Production and Trade Flows. *The American Economic Review*: *Papers and Proceedings*, Vol. 102, No. 3, May 2012, pp. 412 – 416.

［40］ R. Aichele, and I. Heiland, Where is the Value Added? Trade Liberalization and Production Networks. *Journal of International Economics*, Vol. 115, November 2018, pp. 130 – 144.

［41］ R. C. Johnson and G. Noguera, Accounting for Intermediates: Production Sharing and Trade in Value Added. *Journal of International Economics*, Vol. 86, No. 2, March 2012, pp. 224 – 236.

［42］ R. Giri, K. M. Yi and H. Yilmazkuday, Gains from Trade: Does Sectoral Heterogeneity Matter? *Journal of International Economics*, Vol. 129, March 2021, 103429.

［43］ R. Koopman, Z. Wang and S. J. Wei, Estimating Domestic Content in Exports When Processing Trade is Pervasive. *Journal of Development Economics*, Vol. 99, No. 1, September 2012, pp. 178 – 189.

［44］ R. Ossa, Trade Wars and Trade Talks with Data. *The American Economic Review*, Vol. 104, No. 12, December 2014, pp. 4104 – 4146.

［45］ S. Nigai, On Measuring the Welfare Gains from Trade under Consumer Heterogeneity. *The Economic Journal*, Vol. 126, No. 593, June 2016, pp. 1193 – 1237.

[46] T. Święcki, Intersectoral Distortions and the Welfare Gains from Trade. *Journal of International Economics*, Vol. 104, January 2017, pp. 138 – 156.

[47] T. Tombe and X. Zhu, Trade, Migration, and Productivity: A Quantitative Analysis of China. *The American Economic Review*, Vol. 109, No. 5, May 2019, pp. 1843 – 1872.

[48] X . K. Chen, L. K. Cheng, K. C. Fung, L. J. Lau, Y. W. Sung, K. F. Zhu, C. H. Yang, J. S. Pei and Y. W. Duan, Domestic Value Added and Employment Generated by Chinese Exports: A Quantitative Estimation. *China Economic Review*, Vol. 23, No. 4, December 2012, pp. 850 – 864.

[49] Y. W. Duan, T. Ji and D. Z. Mei, Tariff Costs Embodied in Product Prices: A Dynamic Analysis from Global Value Chain Perspective. *Economic Systems Research*, Vol. 33, No. 1, Jun 2020, pp. 88 – 113.

第六章

全球价值链、国内价值链与中国地区间收入差距*

* 本章相关内容已经发表在以下论文中：段玉婉、纪玨：《中国地区间收入差异变化的影响因素探究——基于国内价值链视角的分析》，载《管理科学学报》2018 年第 12 期。

第一节　研究背景

近几十年来，我国经济发展取得了举世瞩目的成就。1995～2019年，国内生产总值（GDP）实际年均增速高达9.04%[①]，远超世界平均水平。然而，我国地区间收入差距也不断扩大，已成为世界上收入差距较大的国家之一（Kanbur and Zhang，2005）。世界银行数据显示，2012年中国居民收入的基尼系数为0.42，同期欧盟发达国家的基尼系数仅在0.30左右。中国收入差异的一个重要表现是地区收入差异明显（Xie and Zhou，2014），沿海地区的经济发展明显好于内陆地区。例如，2016年北京现价人均GDP为11.82万元，是甘肃的4.28倍。巨大的地区收入差距不仅会影响一国经济的健康平稳发展，还会给社会稳定带来威胁（Cheong and Wu，2014；Cheng and Zhang，2018）。因此，缩小地区间经济差距，实现区域经济协调发展，已成为我国现阶段经济发展的一项主要任务。习近平在党的十九大报告中指出，"我国社会主要矛盾已经转化为人民日益增长的美好生活需要和不平衡不充分的发展之间的矛盾"，并指出要"坚定实施区域协调发展战略""建立更加有效的区域协调发展新机制"。"十四五"规划的第九篇也明确提出，要"健全区域协调发展体制机制，构建高质量发展的区域经济布局和国土空间支撑体系"。

随着经济全球化的不断深入，同一产品的不同生产环节跨国分散生产的现象愈来愈普遍，经济全球化进入了全球价值链（GVC）主导的时代，这种新的生产模式和贸易格局促使研究者对传统贸易理论进行重新审视，现行的以贸易总值为标准的国际贸易统计造成了不同程度的重复计算问题，严重歪曲了双边及多边贸易的不平衡状况。在此背景下，学术界掀起

[①]　数据来自国家统计局。

了"GVC"的研究高潮，重新审视各国从贸易中获得的经济收益。中国作为"世界工厂"，由于其庞大的贸易规模和经济总量，在全球价值链中的地位更是备受学者关注（Johnson and Noguera，2012；Koopman et al.，2014；Kee and Tang，2016）。已有研究发现中国虽然出口规模庞大，但单位出口中的国内增加值远低于其他发达国家。与此同时，随着中国国内各地区间的经济交流日益频繁，分工程度不断加深，区域之间也形成了自身的国内价值链。与全球价值链相比，国内价值链是在一个国家内部开展的区域间分工，中间品贸易在国内各区域间进行，一个地区最终产品的生产，由分布在不同区域的多个生产环节共同完成（黎锋，2016）。然而，目前对国内价值链的研究相对较少，且已有的研究忽视了中国对外贸易的一个重要特点：加工贸易占比很高。1995 年至 2007 年，中国加工贸易出口占商品出口总额的一半甚至以上[1]，与一般贸易共同构成了中国贸易的二元结构。

中国加工贸易的一个特点是在区域间的分布极度不平衡。中国的加工出口主要集中在东部沿海和南部沿海，2010 年这两个地区加工出口占全国加工出口总量的 81.8%，而中部、西北和西南地区加工出口的比重合计不足 5%。此外，加工出口在各地区出口中的地位也存在明显差异[2]；2010 年，南部沿海的加工出口占当年该地区商品出口总值的 56.9%，而在西北地区，该比例仅为 9.1%。

加工贸易生产的消耗结构与一般贸易和非贸易活动存在重大差异，加工出口生产所需的大部分原材料和零部件来自国外，所以带来的国内增加值较低（Chen et al.，2012；Pei et al.，2012）。因此，加工出口和一般出口对各地区经济增长的贡献必将存在重要差异。如果不在投入产出表中单

---

① 本章中的加工贸易包括来料加工贸易和进料加工贸易两种。根据中国海关进出口数据可计算得到历年加工贸易出口在商品出口总额中的比重。

② 笔者基于海关数据库进行加总获得；东北地区包括黑龙江、吉林、辽宁；京津地区包括北京和天津；北部沿海包括河北、山东；东部沿海包括江苏、上海、浙江；南部沿海包括福建、广东、海南；中部地区包括山西、河南、安徽、湖北、湖南、江西；西北地区包括陕西、内蒙古、甘肃、宁夏、新疆；西南地区包括青海、四川、重庆、贵州、广西、云南、西藏。

独区分加工贸易，默认加工贸易和一般贸易的消耗结构完全相同，当加工贸易比重较高时，该投入产出表得出的结果必然与实际存在较大偏差。库普曼等（Koopman et al.，2012）与迪恩等（Dean et al.，2011）已经分别证明，如果不在中国国家层面的投入产出表中单独区分加工贸易，将严重高估出口中的国内增加值，严重低估垂直专门化率，并错误判断其随时间的变化趋势。那么如果在中国的地区层面不单独区分加工贸易，将会对中国各地区出口中的各类增加值含量的测算带来多大影响？目前尚未有研究在中国地区间投入产出表中单独区分加工贸易生产，因此也并未对这个问题进行探讨，本章将在该方面进行创新研究。

本章提出区分了加工贸易的地区间投入产出（IRIOP）模型，并在新模型框架下，计算和分解各地区的出口增加值和增加值出口。利用该方法，本章对 2002 年、2007 年和 2012 年中国 8 个区域一般出口和加工出口的国内价值链进行剖析，并将经验研究结果与基于传统地区间投入产出模型的结果进行对比。本章同时从价值链视角建立了地区间收入差异的理论模型和结构分解模型，量化分析了各因素对地区间收入差异变化的贡献。与已有文献相比，本章的主要贡献在于以下几点。

第一，本章充分考虑了中国不同贸易方式生产的异质性，提出 IRIOP 模型，在中国地区间投入产出表中区分了加工贸易生产和其他生产。库普曼等（2012）、陈锡康等（2012）以及马宏等（2015）虽然在中国国家层面的投入产出表中单独区分了加工贸易，并证实了区分加工贸易的必要性，但并没有深入到地区层面。本章填补了该项空白。IRIOP 模型能够清晰地反映出中国不同地区不同生产方式以及不同行业之间复杂的生产和消耗关系，为准确追踪国内价值链提供了新的模型框架。经验结果表明，若不在地区层面上区分加工贸易，将严重高估各地区的出口，特别是沿海地区出口中的本地增加值份额和国内增加值份额，夸大地区间实际出口价值的差异，扭曲各地区在出口的国内价值链中的地位，甚至还会给这些变量的时间变化趋势带来错误的研究结论。

第二，本章建立了追踪一国内部各地区的不同贸易方式出口价值来源的框架，并对中国各地区的出口增加值和增加值出口进行核算。目前针对中国地区层面出口增加值的研究（苏庆义，2016b；Meng et al.，2017）忽视了加工贸易和一般贸易在生产结构上的差异性，这将给核算中国地区出口增加值带来偏差。基于 IRIOP 表，本章分别拓展提出了核算加工贸易和一般贸易出口增加值来源的方法，重新分解中国地区总出口增加值和增加值出口。本章首次在地区层面对加工贸易和一般贸易的国内价值链进行了系统剖析和详细对比，是对已有文献的一项重要补充。

第三，本章从价值链视角分析地区间收入差异变化的原因，提出和建立了地区间收入差异的理论模型和结构分解模型。传统文献在分析出口对收入差异影响时，只关注各地区的直接出口，忽视了各地区通过向其他地区出口生产提供原材料而进行的间接出口。这可能对衡量出口对地区经济的影响带来偏差。本章将从价值链视角分析同时考虑各地区的直接出口和间接出口，以探讨出口对地区收入差异的影响。

第四，本章编制了 2002 年、2007 年和 2012 年中国反映加工贸易的地区间投入产出表，为追踪国内价值链及全球价值链在中国国内的延伸提供了重要的数据基础。

本章余下部分安排为：第二节对全球价值链和国内价值链的相关研究进行综述；第三节提出 IRIOP 模型，介绍基于该模型测算和分解各地区出口增加值和增加值出口的方法；第四节描述 IRIOP 表的编制，剖析中国各地区不同贸易方式出口的国内价值链特征及其随时间的变化规律；第五节展示了出口对地区经济和地区间收入差异的贡献；第六节是本章结论。

第二节　文　献　综　述

本章与中国地区间收入差异及全球价值链和中国国内价值链方面的研究密切相关。

　　中国地区间经济差异引起了政府和社会各界的高度关注，国内外学者基于不同角度利用不同方法对这一问题进行了研究。崔启源（Tsui，2007）将 1953～2000 年省际人均 GDP 差异分解为全要素生产率、资本投入和人力资本的贡献，发现在不同经济发展阶段，三者对收入差距的贡献有显著的变化。坎伯和张晓波（Kanbur and Zhang，2005）发现中国的省际收入差异的演变与中国政治经济周期相吻合，认为权力分散程度和开放程度是决定改革开放后中国地区间收入差异水平的重要因素。弗莱舍等（Fleisher et al.，2010）分析了资本和劳动等生产要素对地区经济增长和收入差距的影响。万广华等（Wan et al.，2007）研究认为全球化（国际贸易和外商投资）是造成地区间经济差异的重要原因。已有文献认为影响地区间经济差异的因素也包括公共服务等基础建设、工业化程度、金融发展、劳动力转移、市场化交易环境等（Kanbur and Zhang，2005；Li et al.，2017；Cheong and Wu，2014；Lee et al.，2017；赵亚明，2012；谭志雄和姚斯杰，2010）[①]。然而，尚未有研究从国内价值链视角对中国地区间收入差异的变化进行分析。

　　在全球价值链和国内价值链方面，投入产出模型凭借其独特的优势，是追踪全球价值链和国内价值链的主流方法[②]。在全球价值链方面，研究者们最初基于单国投入产出表，测算出口中的国内增加值（出口增加值）或垂直专门化率。其中，国内增加值是该国 GDP 的一部分，具有直接的福利含义（Koopman et al.，2014）。出口的国内增加值率越高，表明该地区单位出口创造 GDP 的能力越强。垂直专门化率由胡梅尔斯等（Hummels et al.，1998，2001）定义为一国出口品中包含的进口品（VS），或者一国生

[①]　谭志雄和姚斯杰（2010）考虑了"三驾马车"总量的差距对地区收入差距的影响，但忽视了等量的投资、消费和出口对经济的不同拉动作用，也没有考虑到生产投入结构对地区收入差距的作用。而本章是从价值链角度对地区间收入差距进行分解，不仅能够得到加工出口、一般出口、国内最终需求的总量、组成结构等对地区收入差距的影响，也可以得到中间品投入结构、增加值系数等因素的影响。因此更为详细和全面。

[②]　总结来看，对全球价值链的研究最早是基于企业调查数据或贸易数据研究单个产品或单个产业。后来，研究者们又通过衡量中间品贸易来分析一国参与国际分工的程度。

产的出口品中被其他国家作为中间投入且再次被出口的部分（VS1）。针对中国的实际问题，考虑到加工贸易在中国对外贸易中的高比重，以及加工出口生产对进口品的高度依赖性，刘遵义等（Lau et al.，2007）与陈锡康等（Chen et al.，2012）提出了区分加工贸易的非竞争型投入产出模型，证明了基于贸易总值的测算远远高估了中美贸易顺差。迪恩等（2011）、库普曼等（2012）及杨翠红等（Yang et al.，2015）证明如果不将加工贸易在国家层面的投入产出表中单独区分，将严重高估中国的出口增加值，低估垂直专门化率。除上述研究外，马弘等（Ma et al.，2015）进一步又在中国投入产出表中区分了内资企业生产和外资企业生产。此外，裴建锁等（Pei et al.，2012）与祝坤福等（2013）也在单国投入产出表的基础上，针对中国在全球价值链中的地位及变化进行相关研究①。他们大多发现相对于发达国家，中国单位出口中的国内增加值含量较低，但随时间推移正在不断提高。

与单国投入产出模型相比，地区间投入产出模型能够清晰地反映各地区各行业之间复杂的产品流向和生产消耗关系，因此能够更清楚地刻画各地区各行业在全球价值链中的地位。约翰逊和诺格拉（Johnson and Noguera，2012）提出了在国家间投入产出模型中，测算双边贸易中的国内增加值和国外增加值的方法。库普曼等（2014）提出 KWW 方法，将出口总值按照价值流向详细分解为增加值出口、返回的国内增加值、国外增加值和重复计算的中间品贸易等部分。王直等（2015）进一步将 KWW 方法延伸至双边贸易和行业层面。洛斯等（Los et al.，2016）在 KWW 方法的基础上，利用"情景假设法"提出了分解一国单边及双边贸易的更为简便的方法。蒂默尔等（Timmer et al.，2014）与洛斯等（2015）通过分解最终品对价值链进行分析。这些文献为核算一国在全球价值链中的地位提供了坚实的方法论基础和重要的经验结论。

---

① 与上述研究不同，张杰等（2013）、阿普沃德等（Upward et al.，2013）及纪怀雷和邓希炜（Kee and Tang，2016）利用企业微观数据测算发现中国出口的国内增加值率随时间不断增加，同时加工出口的国内增加值率远低于一般出口。

在中国的国内价值链方面，目前的研究相对较少，大多研究利用地区间投入产出表开展。裴建锁等（2015）发现在出口品的生产中，内陆地区往往处于产业链上游，为下游沿海地区的出口生产提供原材料，从而间接地参与国际分工。苏庆义（2016b）利用中国 2007 年省际间投入产出表发现，传统以贸易总值衡量的出口高估了沿海地区的出口增加值，低估了内陆地区的出口增加值。孟波等（Meng et al.，2017）按照 KWW 方法对区域间贸易流进行分解，详细刻画了中国的国内价值链特征。倪红福和夏杰长（2016b）将中国区域间投入产出表嵌入全球投入产出表中，发现内陆地区随时间推移正通过加强与其他地区的经济联系，而不断深入地参与到全球价值链分工中。

然而上述有关国内价值链的研究均未考虑加工贸易和一般贸易的生产异质性，而是假设二者的生产技术相同。通过上文分析可知，该假设与中国的现实不符，因此在核算和分解中国地区出口增加值和增加值出口时，将导致一定的测算偏差。本章将弥补该不足，在地区间投入产出模型中区分加工出口生产和一般生产，建立追踪不同贸易方式出口价值来源的框架，对中国八大区域不同贸易方式的出口增加值和增加值出口进行对比分析和分解。

第三节　理 论 模 型

一、反映加工贸易的地区间投入产出模型

表 6-1 展示了包含 s 个地区和 N 个行业的 IRIOP 表；与传统地区间投入产出表相比，它的主要特点是考虑了不同贸易方式的生产异质性，将各地区各行业的生产进一步区分为加工出口生产和一般生产。也正因为如

此，表6-1的IRIOP表中共有2Ns个部门。为清楚起见，用下标i，j表示地区i和地区j，用上标P和O分别表示加工出口生产和一般生产。例如，$\mathbf{e}_i^P$和$\mathbf{e}_i^O$分别为i地区的加工出口向量和一般出口向量。

表6-1　　　　　　　　区分加工贸易的地区间投入产出表

项目		中间使用					最终使用				总产出
		地区1		···	地区s		地区1	···	地区s	出口	
		加工出口	一般生产	···	加工出口	一般生产					
地区1	加工出口	**0**	**0**	···	**0**	**0**	**0**	···	**0**	$\mathbf{e}_1^P$	$\mathbf{x}_1^P$
	一般生产	$\mathbf{Z}_{11}^{OP}$	$\mathbf{Z}_{11}^{OO}$	···	$\mathbf{Z}_{1s}^{OP}$	$\mathbf{Z}_{1s}^{OO}$	$\mathbf{y}_{11}^O$	···	$\mathbf{y}_{1s}^O$	$\mathbf{e}_1^O$	$\mathbf{x}_1^O$
···	···	···	···	···	···	···	···	···	···	···	···
地区s	加工出口	**0**	**0**	···	**0**	**0**	**0**	···	**0**	$\mathbf{e}_s^P$	$\mathbf{x}_s^P$
	一般生产	$\mathbf{Z}_{s1}^{OP}$	$\mathbf{Z}_{s1}^{OO}$	···	$\mathbf{Z}_{ss}^{OP}$	$\mathbf{Z}_{ss}^{OO}$	$\mathbf{y}_{s1}^O$	···	$\mathbf{y}_{ss}^O$	$\mathbf{e}_s^O$	$\mathbf{x}_s^O$
进口中间投入		$\mathbf{m}_1^P$	$\mathbf{m}_1^O$		$\mathbf{m}_s^P$	$\mathbf{m}_s^O$	$\mathbf{y}_1^M$	···	$\mathbf{y}_s^M$	**0**	$\mathbf{m}$
增加值		$\mathbf{v}_1^P$	$\mathbf{v}_1^O$		$\mathbf{v}_s^P$	$\mathbf{v}_s^O$					
总投入		$\mathbf{x}_1^{P'}$	$\mathbf{x}_1^{O'}$		$\mathbf{x}_s^{P'}$	$\mathbf{x}_s^{O'}$					

注：$\mathbf{x}_1^{P'}$表示矩阵$\mathbf{x}_1^P$的转置。
资料来源：笔者自制。

表6-1中各变量均为价值量，具体释义如下：$\mathbf{Z}_{ij}^{OP}$、$\mathbf{Z}_{ij}^{OO}$为$N \times N$的矩阵，前者表示地区j各行业加工出口生产直接消耗的地区i各行业一般生产产品（O）的量；后者表示地区j各行业一般生产直接消耗的地区i各行业一般生产产品的量。由于加工出口不能用作国内中间投入，因此它的中间使用均为0。$\mathbf{m}_j^P$和$\mathbf{m}_j^O$分别表示地区j各行业加工出口生产和一般生产直接消耗的进口中间投入的量（$1 \times N$维）。$\mathbf{v}_j^P$和$\mathbf{v}_j^O$分别为地区j各行业加工出口和一般生产的增加值（$1 \times N$维）。$\mathbf{x}_j^P$、$\mathbf{x}_j^O$、$\mathbf{y}_{ij}^O$均为$N \times 1$的列向量；$\mathbf{x}_j^P$和$\mathbf{x}_j^O$分别为地区j加工出口产出向量和一般生产产出向量；$\mathbf{y}_{ij}^O$为地区i各行业一般生产产品被用于地区j最终需求的量。

根据以上变量，我们定义如下系数矩阵：$\mathbf{A}_{ij}^{OP} = \mathbf{Z}_{ij}^{OP}(\hat{\mathbf{x}}_j^P)^{-1}$ 和 $\mathbf{A}_{ij}^{OO} = \mathbf{Z}_{ij}^{OO}(\hat{\mathbf{x}}_j^O)^{-1}$ 分别为地区 j 各行业单位加工出口和单位一般生产直接消耗的地区 i 各行业一般生产产品的量。其中，$\hat{\mathbf{x}}_j^P$ 表示向量 $\mathbf{x}_j^P$ 的对角矩阵。$\mathbf{a}_{vj}^P = \mathbf{v}_j^P(\hat{\mathbf{x}}_j^P)^{-1}$ 和 $\mathbf{a}_{vj}^O = \mathbf{v}_j^O(\hat{\mathbf{x}}_j^O)^{-1}$ 为增加值系数向量，分别表示地区 j 各行业加工出口和一般生产的增加值在本行业产出中的比重。$\mathbf{a}_{mj}^P = \mathbf{m}_j^P(\hat{\mathbf{x}}_j^P)^{-1}$ 和 $\mathbf{a}_{mj}^O = \mathbf{m}_j^O(\hat{\mathbf{x}}_j^O)^{-1}$ 为进口系数向量，分别表示地区 j 各行业加工出口和一般生产消耗的进口品在本行业产出中的比重。定义直接消耗系数矩阵和增加值系数矩阵分别为 $\mathbf{A} = \begin{pmatrix} \mathbf{0} & \mathbf{0} & \cdots & \mathbf{0} & \mathbf{0} \\ \mathbf{A}_{11}^{OP} & \mathbf{A}_{11}^{OO} & & \mathbf{A}_{1s}^{OP} & \mathbf{A}_{1s}^{OO} \\ \vdots & & \ddots & & \vdots \\ \mathbf{0} & \mathbf{0} & \cdots & \mathbf{0} & \mathbf{0} \\ \mathbf{A}_{s1}^{OP} & \mathbf{A}_{s1}^{OO} & & \mathbf{A}_{ss}^{OP} & \mathbf{A}_{ss}^{OO} \end{pmatrix}$ 和 $\mathbf{A}_v =$

$\begin{pmatrix} \mathbf{a}_{v1}^P & \mathbf{0} & \cdots & \mathbf{0} & \mathbf{0} \\ \mathbf{0} & \mathbf{a}_{v1}^O & & \mathbf{0} & \mathbf{0} \\ \vdots & & \ddots & & \vdots \\ \mathbf{0} & \mathbf{0} & & \mathbf{a}_{vs}^P & \mathbf{0} \\ \mathbf{0} & \mathbf{0} & \cdots & \mathbf{0} & \mathbf{a}_{vs}^O \end{pmatrix}$（$2Ns \times 2Ns$ 维）；可计算列昂惕夫逆矩阵 $\mathbf{L} = (\mathbf{I} -$

$\mathbf{A})^{-1} = \begin{pmatrix} \mathbf{I} & \mathbf{0} & \cdots & \mathbf{0} & \mathbf{0} \\ \mathbf{L}_{11}^{OP} & \mathbf{L}_{11}^{OO} & & \mathbf{L}_{1s}^{OP} & \mathbf{L}_{1s}^{OO} \\ \vdots & & \ddots & & \vdots \\ \mathbf{0} & \mathbf{0} & & \mathbf{I} & \mathbf{0} \\ \mathbf{L}_{s1}^{OP} & \mathbf{L}_{s1}^{OO} & \cdots & \mathbf{L}_{ss}^{OP} & \mathbf{L}_{ss}^{OO} \end{pmatrix}$，其中 $\mathbf{I}$ 为单位矩阵[①]。进口系数向量

$\mathbf{a}_m = (\mathbf{a}_{m1}^P \quad \mathbf{a}_{m1}^O \quad \cdots \quad \mathbf{a}_{ms}^P \quad \mathbf{a}_{ms}^O)$，为 $1 \times 2Ns$ 维。

[①] 为简便起见，本章用 $\mathbf{I}$ 代指不同维数的单位矩阵。由于加工出口不能用作国内中间投入，因此 $\mathbf{A}$ 中有零子矩阵。

下文将基于这些变量介绍测算加工出口和一般出口的出口增加值和增加值出口的方法，并将它们分别按照增加值来源和出口路径进行分解。

二、出口增加值及分解

本节我们将库普曼等（2014）在国家层面分解出口价值来源的框架，拓展到地区层面，分解不同贸易方式的出口价值来源。首先将出口总值分解为加工出口和一般出口，再分别对两种出口按照价值来源分解为本地区增加值、来自本国其他地区增加值和国外增加值。

根据投入产出列项关系式可知，任一地区任一行业任一生产类型的总投入等于它的国内中间投入、进口中间投入和增加值之和，即：

$$\mathbf{u} = \mathbf{u}\mathbf{A} + \mathbf{u}\mathbf{A}_v + \mathbf{a}_m \tag{6.1}$$

其中，$\mathbf{u} = (1 \quad \cdots \quad 1)$ 为列项求和向量[①]。定义出口矩阵 $\mathbf{E} =$

$$\begin{pmatrix} \mathbf{e}_1^P & \mathbf{0} & & \mathbf{0} & \mathbf{0} \\ & & \cdots & & \\ \mathbf{0} & \mathbf{e}_1^O & & \mathbf{0} & \mathbf{0} \\ \vdots & & \ddots & & \vdots \\ \mathbf{0} & \mathbf{0} & & \mathbf{e}_s^P & \mathbf{0} \\ & & \cdots & & \\ \mathbf{0} & \mathbf{0} & & \mathbf{0} & \mathbf{e}_s^O \end{pmatrix}$$

（$2Ns \times 2Ns$ 维），列和表示各地区的加工出口总值和

一般出口总值。令 $\mathbf{E}(j) = \begin{pmatrix} \vdots & \vdots \\ \mathbf{e}_j^P & \mathbf{0} \\ \mathbf{0} & \mathbf{e}_j^O \\ \vdots & \vdots \end{pmatrix}$ 为 $\mathbf{E}$ 的第 $2j-1$ 列和第 $2j-2$ 列元素，

结合式（6.1），j 地区加工出口和一般出口总量可表示为：

[①] 为简便起见，本章用 $\mathbf{u}$ 代指不同维数的列项求和向量。在式（6.1）中，等式左边以及与 $\mathbf{A}$ 矩阵相乘的 $\mathbf{u}$ 均为 $2Ns$ 维，与 $\mathbf{A}_v$ 相乘的 $\mathbf{u}$ 为 $2s$ 维。

$$(t_j^P \quad t_j^O) = \mathbf{u}\mathbf{E}(j) = \mathbf{u}(\mathbf{I}-\mathbf{A})(\mathbf{I}-\mathbf{A})^{-1}\mathbf{E}(j)$$

$$= (\mathbf{u}-\mathbf{u}\mathbf{A})\mathbf{L}\mathbf{E}(j) = \mathbf{a}_m\mathbf{L}\mathbf{E}(j) + \mathbf{u}\mathbf{A}_v\mathbf{L}\mathbf{E}(j) \quad (6.2)$$

将式（6.2）按照矩阵运算进一步展开：

$$t_j^P = \left(\mathbf{a}_{mj}^P\mathbf{e}_j^P + \sum_{i=1}^s \mathbf{a}_{mi}^O\mathbf{L}_{ij}^{OP}\mathbf{e}_j^P\right) + \left(\mathbf{a}_{vj}^P\mathbf{e}_j^P + \sum_{i=1}^s \mathbf{a}_{vi}^O\mathbf{L}_{ij}^{OP}\mathbf{e}_j^P\right)$$

$$= \left(\mathbf{a}_{mj}^P\mathbf{e}_j^P + \sum_{i=1}^s \mathbf{a}_{mi}^O\mathbf{L}_{ij}^{OP}\mathbf{e}_j^P\right) + \left(\mathbf{a}_{vj}^P\mathbf{e}_j^P + \mathbf{a}_{vj}^O\mathbf{L}_{jj}^{OP}\mathbf{e}_j^P\right) + \sum_{i\ne j, i\in C}\mathbf{a}_{vi}^O\mathbf{L}_{ij}^{OP}\mathbf{e}_j^P + \sum_{i\ne j, i\notin C}\mathbf{a}_{vi}^O\mathbf{L}_{ij}^{OP}\mathbf{e}_j^P$$

$$\equiv VS_j^P + LVA_j^P + CVA_j^P + IVA_j^P \quad (6.3)$$

$$t_j^O = \sum_{i=1}^s \mathbf{a}_{mi}^O\mathbf{L}_{ij}^{OO}\mathbf{e}_j^O + \sum_{i=1}^s \mathbf{a}_{vi}^O\mathbf{L}_{ij}^{OO}\mathbf{e}_j^O$$

$$= \sum_{i=1}^s \mathbf{a}_{mi}^O\mathbf{L}_{ij}^{OO}\mathbf{e}_j^O + \mathbf{a}_{vj}^O\mathbf{L}_{jj}^{OO}\mathbf{e}_j^O + \sum_{i\ne j, i\in C}\mathbf{a}_{vi}^O\mathbf{L}_{ij}^{OO}\mathbf{e}_j^O + \sum_{i\ne j, i\notin C}\mathbf{a}_{vi}^O\mathbf{L}_{ij}^{OO}\mathbf{e}_j^O$$

$$\equiv VS_j^O + LVA_j^O + CVA_j^O + IVA_j^O \quad (6.4)$$

其中，C 表示沿海地区。式（6.3）和式（6.4）表明地区 j 的加工出口总值和一般出口总值可以分解为四部分：进口含量（VS_j^P 或 VS_j^O）、来自本地区 j 的增加值（LVA_j^P 和 LVA_j^O，简称本地区增加值）、来自除地区 j 外的沿海地区的增加值（CVA_j^P 和 CVA_j^O，简称沿海增加值）和来自除地区 j 外的内陆地区的增加值（IVA_j^P 和 IVA_j^O，简称内陆增加值）。其中，VS_j^P 和 VS_j^O 分别除以对应的出口总值即为胡梅尔斯等（2001）定义的垂直专门化率，为了与后文的国内垂直专门化率区分，我们采用苏庆义（2016b）的命名，称其为国际垂直专门化率。将 j 地区两类贸易方式中的四类增加值对应相加，可得到 j 地区总出口中的四类增加值。

将式（6.3）和式（6.4）中的出口向量（$\mathbf{e}_j^P$ 和 $\mathbf{e}_j^O$）分别改为对角矩阵，可得到地区 j 各行业加工出口和一般出口的分解公式，本章不再详列。

三、增加值出口及分解

本章将约翰逊和诺格拉（2012）在国家层面核算增加值贸易的框

架，拓展到地区层面和不同贸易方式层面。地区 j 的增加值出口定义为国内所有地区的出口中包含的地区 j 的增加值，并建立了按照贸易方式和出口路径分解增加值出口的框架。我们将各地区增加值出口，首先分解为通过加工贸易的增加值出口和通过一般贸易的增加值出口，再分别将二者按照出口地区的不同分解为通过本地区或其他地区出口的增加值。

根据投入产出技术，地区 j 的增加值可分解为国内最终需求中隐含的地区 j 增加值（VAD_j）和地区 j 的增加值出口：

$$
\begin{aligned}
V_j &= \mathbf{a}_{vj}^P \mathbf{x}_j^P + \mathbf{a}_{vj}^O \mathbf{x}_j^O \\
&= \left(\mathbf{a}_{vj}^P \mathbf{e}_j^P + \mathbf{a}_{vj}^O \sum_{i=1}^{s} \mathbf{L}_{ji}^{OP} \mathbf{e}_i^P \right) + \mathbf{a}_{vj}^O \sum_{i=1}^{s} \mathbf{L}_{ji}^{OO} \mathbf{e}_i^O + \mathbf{a}_{vj}^O \sum_{i=1}^{s} \mathbf{L}_{ji}^{OO} \sum_{k=1}^{s} \mathbf{y}_{ik}^O \\
&\equiv VAX_j^P + VAX_j^O + VAD_j
\end{aligned}
\tag{6.5}
$$

其中，VAX_j^P 为地区 j 通过各地区加工出口而进行的增加值出口，它包括地区 j 通过直接生产加工出口产品（$\mathbf{a}_{vj}^P \mathbf{e}_j^P$），或通过为本地区和其他地区的加工出口生产提供中间投入（$\mathbf{a}_{vj}^O \sum_{i=1}^{s} \mathbf{L}_{ji}^{OP} \mathbf{e}_i^P$）而产生的增加值。例如，四川省为广东省纺织品的加工出口生产提供化学纤维等原材料，间接进行增加值出口。VAX_j^O 表示地区 j 通过一般出口进行的增加值出口，它包括地区 j 通过直接生产一般出口产品，或通过为本地区和其他地区的一般出口生产提供原材料而产生的增加值。地区 j 的增加值出口为 $VAX_j = VAX_j^P + VAX_j^O$。根据约翰逊和诺格拉（2012）的研究，定义 $VAXR_j = VAX_j / t_j$ 为增加值出口与总出口的比率。如果 $VAXR_j > 1$，表明增加值出口大于出口总值，这说明基于传统贸易总值的统计方法低估了地区 j 的出口价值；反之，表明基于传统贸易总值的统计方法高估了地区 j 的出口价值。

我们接下来按照出口路径对增加值出口进行分解，地区 j 的增加值出口可分解为：

$$VAX_j^P = \mathbf{a}_{vj}^P \mathbf{e}_j^P + \sum_{i=1}^s \mathbf{a}_{vj}^O \mathbf{L}_{ji}^{OP} \mathbf{e}_i^P$$

$$= (\mathbf{a}_{vj}^P \mathbf{e}_j^P + \mathbf{a}_{vj}^O \mathbf{L}_{jj}^{OP} \mathbf{e}_j^P) + \sum_{i \neq j, i \in C} \mathbf{a}_{vj}^O \mathbf{L}_{ji}^{OP} \mathbf{e}_i^P + \sum_{i \neq j, i \notin C} \mathbf{a}_{vj}^O \mathbf{L}_{ji}^{OP} \mathbf{e}_i^P$$

$$\equiv VAL_j^P + VAC_j^P + VAI_j^P \qquad\qquad (6.6)$$

$$VAX_j^O = \sum_{i=1}^s \mathbf{a}_{vj}^O \mathbf{L}_{ji}^{OO} \mathbf{e}_i^O$$

$$= \mathbf{a}_{vj}^O \mathbf{L}_{jj}^{OO} \mathbf{e}_j^O + \sum_{i \neq j, i \in C} \mathbf{a}_{vj}^O \mathbf{L}_{ji}^{OO} \mathbf{e}_i^O + \sum_{i \neq j, i \notin C} \mathbf{a}_{vj}^O \mathbf{L}_{ji}^{OO} \mathbf{e}_i^O$$

$$\equiv VAL_j^O + VAC_j^O + VAI_j^O \qquad\qquad (6.7)$$

其中，VAL_j^P、VAC_j^P 和 VAI_j^P 分别为地区 j 通过本地区加工出口而出口的增加值、通过沿海加工出口而出口的增加值和通过内陆加工出口而出口的增加值。VAL_j^O、VAC_j^O 和 VAI_j^O 分别为地区 j 通过本地区一般出口而出口的增加值、通过沿海一般出口而出口的增加值和通过内陆一般出口而出口的增加值。将地区 j 两类贸易方式中的这三类增加值出口对应相加可得到地区 j 通过本地区出口的增加值（VAL_j），通过沿海地区出口的增加值（VAC_j）和通过内陆地区出口的增加值（VAI_j）。该分解能够反映各地区增加值出口的形成过程，从而能清晰地刻画出口的国内价值链特征。

将式（6.6）和式（6.7）中的增加值系数矩阵变为其对角形式，即可测算地区 j 各行业通过加工出口和一般出口进行的增加值出口，以及按照不同出口路径的增加值出口。

传统地区间投入产出表实质上可以看作是 IRIOP 表的一个特例，在该特例中，同一地区同一行业的加工出口和一般生产的消耗结构和使用去向完全一样，因此合为一体。因此，根据以上分析框架，我们可以类似得到在传统地区间投入产出表的框架下，计算和分解各地区出口增加值和增加值出口的公式。受篇幅限制，本章不再赘述。

第四节　国内价值链追踪

一、数据来源和编制步骤

本章的 IRIOP 表包括中国大陆的 8 个区域，17 个生产部门。参照潘文卿和李子奈（2007）的分类，我们把京津地区、北部沿海、东部沿海、南部沿海归为沿海地区，将其他 4 个地区归为内陆地区。

IRIOP 表编制的数据基础包括：国家信息中心和国家统计局 2002 年和 2007 年中国 8 个区域间投入产出（IRIO）表（张亚雄和齐舒畅，2012）；中国科学院与国家统计局联合编制的反映加工贸易的非竞争型投入产出表（IOP 表），该表在国家层面的投入产出表中单独区分了加工贸易，但并没有区分不同地区。IRIOP 表的编制过程十分繁琐，受篇幅所限，本章仅列出主要步骤：（1）将中国海关的各省 HS8 位码的加工贸易和一般贸易数据，合并为各省分投入产出行业的加工贸易和一般贸易数据。将 IRIO 表中的总产出和出口拆分为加工出口总产出和出口、一般生产总产出和出口；按照 BEC 分类，将各地区各行业一般贸易进口区分为中间品进口、资本品进口和消费品进口。（2）确定 IRIOP 表的增加值向量、国内中间投入矩阵、进口投入矩阵、最终需求矩阵等的行项和列项控制数。计算原则如下：对 IRIOP 表的加工出口生产和一般生产的各个矩阵或向量在地区层面进行对应合并，应得到 IOP 表中的相应矩阵或向量。对 IRIOP 表各地区的加工出口和一般生产的各矩阵或向量进行对应合并，应得到 IRIO 表中各地区的相应矩阵或向量；各地区加工出口的进口投入矩阵行项之和等于各地区各行业的加工进口总值；各地区一般生产的进口投入矩阵行项之和等于各地区各行业的一般进口中的中间品进口。（3）基于比例法对 IRIOP 表中的国内中间投入矩阵、进口投入矩阵和最终使用矩阵等赋初始值。赋初值时，最大限度地利用已有数据信息。对于各地区加工出口（一般生产）的增加值向量、进口投入矩阵，结合第一步的总产出数据，按照 IOP 表中加工出口（一般生产）的增加值系数、进口投入系数等对应赋初值；这主要是考虑到加工出口和一般生产在投入结构上存在巨大差异。对于各地区加工出口（一般生产）的国内中间投入矩阵，按照 IRIO 表中各地区的对应投入结构赋初值，这样可以最大限度地使用 IRIO 表中地区间行业间的贸易往来信息。（4）根据前两步得到的控制数和初始值，利用嵌套 RAS方法确定最终数值。

二、中国各地区出口增加值及分解

基于式（6.3）和式（6.4），我们分别将中国各地区加工出口和一般出口，按照增加值来源分解为四类：本地增加值（LVA）、沿海增加值（CVA）、内陆增加值（IVA）和进口含量（VS）。为便于对比，我们将这些增加值对应除以加工出口或一般出口的出口总值，得到两类贸易方式中各类增加值来源所占的份额（用后缀 S 代表份额，例如 LVAS 代表出口中的本地增加值份额）①。结果如图 6 - 1 和表 6 - 2 所示。下文将对各地区出口增加值的特征在地区层面和时间变化上进行分析，并与基于传统地区间投入产出表计算的出口增加值结果进行对比。

---

① 各地区总出口中的各类增加值份额，由加工出口和一般出口的相应份额，利用一般出口和加工出口比重为权重加权平均得到。

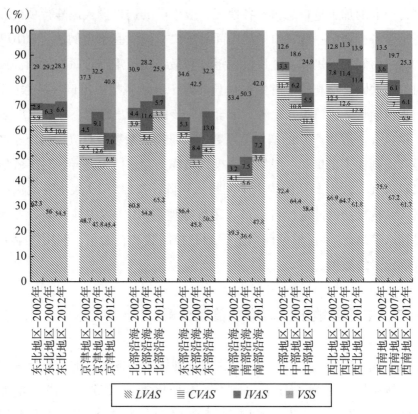

图 6-1 2002 年、2007 年和 2012 年中国各区域的出口增加值分解

资料来源：笔者根据计算结果自制。

表 6-2　　2002 年、2007 年和 2012 年分贸易方式的

中国地区出口增加值分解　　　　　　　　单位：%

年份	贸易方式		东北地区	京津地区	北部沿海	东部沿海	南部沿海	中部地区	西北地区	西南地区
2002	加工出口	LVAS	33.0	23.9	29.8	29.4	24.9	40.5	39.8	49.6
		CVAS	2.7	4.5	1.5	1.5	2.1	6.5	8.2	4.3
		IVAS	1.2	2.1	1.4	2.0	1.6	1.7	4.9	2.1
		VSS	63.1	69.5	67.3	67.1	71.4	51.3	47.1	44.0

续表

年份	贸易方式		东北地区	京津地区	北部沿海	东部沿海	南部沿海	中部地区	西北地区	西南地区
2002	一般出口	LVAS	81.5	63.5	81.1	72.1	67.0	78.1	71.2	82.9
		CVAS	7.9	12.6	5.5	5.0	8.0	12.6	13.2	7.8
		IVAS	3.8	6.0	6.4	7.2	6.3	3.6	8.3	4.0
		VSS	6.8	17.9	7.0	15.7	18.7	5.7	7.3	5.3
2007	加工出口	LVAS	32.9	27.2	32.6	31.7	26.0	35.8	44.5	21.7
		CVAS	3.6	7.9	2.7	1.7	2.7	3.8	8.7	1.2
		IVAS	2.4	5.9	5.1	4.1	3.9	1.9	8.4	1.1
		VSS	61.1	59.0	59.6	62.5	67.4	58.5	38.4	76.0
	一般出口	LVAS	67.4	54.4	65.2	58.5	53.6	70.8	65.8	75.0
		CVAS	11.0	14.7	6.8	4.7	10.1	12.4	12.8	7.9
		IVAS	8.2	10.5	14.6	12.2	13.2	7.2	11.6	7.0
		VSS	13.4	20.4	13.4	24.6	23.1	9.6	9.8	10.1
2012	加工出口	LVAS	35.2	23.0	39.9	35.7	27.3	33.3	28.7	15.6
		CVAS	8.3	4.5	2.1	3.0	1.4	4.6	3.5	0.0
		IVAS	4.8	3.9	3.8	8.5	3.1	1.7	2.9	0.0
		VSS	51.7	68.6	54.1	52.8	68.2	60.4	64.9	84.4
	一般出口	LVAS	64.5	54.0	77.2	60.0	68.7	69.8	64.4	73.4
		CVAS	11.7	9.0	3.8	5.5	4.7	14.3	13.7	8.6
		IVAS	7.5	8.1	6.6	16.0	11.4	7.2	12.0	7.6
		VSS	16.3	28.8	12.4	18.6	15.3	8.7	9.8	10.4

资料来源：笔者根据计算结果自制。

（一）出口增加值及其分解

总结来看，中国各地区的出口增加值呈现以下特征。第一，各地区出口的增加值分解结果差异较大。除南部沿海的出口增加值主要来自国外，各地区出口增加值仍主要来自本地区（*LVA*）。出口增加值来源在地理上呈现内陆地区本地增加值（*LVAS*）普遍高于沿海地区、国际垂直专门化率（*VSS*）普遍低于沿海地区的特征。例如，2007 年西南地区和南部沿海的 *LVAS* 分别为 67.2% 和 36.6%，*VSS* 分别为 19.7% 和 50.3%。说明沿海地区出口生产对进口产品的依赖程度较高，生产的国际分工程度高于内陆地区，同时单位出口中的国内增加值远低于内陆地区。

出口中的沿海增加值（*CVAS*）和内陆增加值（*IVAS*）之和反映了出口生产的国内分工程度；我们称其为国内垂直专门化率。京津地区和南部沿海的国内垂直专门化率较高，2012 年分别为 40.8% 和 42.0%，说明它们出口的国内分工程度较高，出口生产通过国内价值链对周边地区经济的溢出效应较大。

第二，分贸易方式来看，各地区加工出口的 *LVAS* 和国内垂直专门化率远低于一般出口，*VSS* 远高于一般出口。各地区加工出口比重的差异是各地区 *LVAS* 和 *VSS* 差异的一个重要原因。

表 6 - 2 列出了 2002 年、2007 年和 2012 年分贸易方式的出口增加值分解结果。各地区加工出口的 *LVAS* 仅约为同一地区一般出口 *LVAS* 的 28% ~ 60%。这说明平均每单位加工出口中本地区实际出口价值远低于一般出口，这与陈锡康等（2012）与库普曼等（2012）在国家层面的发现一致。2007 年，加工出口的 *LVAS* 中，最低为西南地区的 21.7%，最高为西北地区的 44.5%；一般出口的 *LVAS* 分布相对集中，最低为南部沿海的 53.6%，最高为西南地区的 75.0%。这与加工贸易"两端在外"的生产结构密切相关。加工出口生产从国外进口大量的原材料，在国内仅进行简单的组装加工，国内生产链条较短，相对于一般出口而言，对本地区和本国周边地区经济的拉动作用较小，但对进口品的依赖程度较高。表 6 - 2 显示，加工出口的国内垂直专门化率不足一般出口的一半，说明加工出口通过国内价值链与其他地区的后向联系较弱。但加工出口的 *VSS* 约是同地区一般出口的 2.5 ~ 7.5 倍，说明加工出口生产的国际分

工程度很高。

两种贸易方式在 *LVAS* 和 *VSS* 上的巨大差异，解释了 *LVAS* 和 *VSS* 在地区间的差异。我们发现，加工出口比重较高的地区往往 *LVAS* 较低，*VSS* 较高，其中沿海地区和内陆地区间的对比尤为明显。2007 年，南部沿海和西南地区加工出口在地区总出口中的比重分别为 63.8% 和 16.2%[①]，图 6-1 显示这两个地区总出口的 *LVAS* 分别为 36.6% 和 67.2%，*VSS* 分别为 50.3% 和 19.7%。这在一定程度上说明区域间（特别是沿海地区和内陆地区间）出口价值来源不同的一个重要原因是加工出口比重在地区间的差异。这也表明在核算和分解地区间出口增加值时，对加工出口进行特殊处理的重要性。

第三，2002~2012 年，各地区的 *LVAS* 明显下降，*CVAS* 和 *IVAS* 之和即国内垂直专门化率明显上升。例如，西南地区的 *LVAS* 下降了 14.2%，国内垂直专门化率上升了 2.4%。东北地区、北部沿海、南部沿海、东部沿海的 *VSS* 出现下滑，表明这些地区出口生产的区域间生产一体化程度加深，表现出由国际分工向国内分工转移的趋势。相反，其他四个地区的 *VSS* 呈上升趋势，表明它们的国内和国际分工程度均随时间推移进一步加深；且除东北地区外，其他三个地区的 *VSS* 增长量均大于国内垂直专门化率的增长量，这表明国际分工程度加深速度快于国内分工程度。

图 6-1 同时显示，各地区国内垂直专门化率的增加主要是由于 *IVAS* 的增加而非 *CVAS*。这表明，内陆地区在为各地区出口生产提供原材料和中间产品方面正扮演着越来越重要的角色，并通过这种方式日益深入地参与国内和国际分工。

第四，2002~2012 年，不同贸易方式的出口增加值呈现出截然不同的变化。首先，大部分地区加工出口的 *LVAS* 和国内垂直专门化率上升，*VSS* 出现了不同程度的下降。这些结果表明加工出口生产对进口中间品的依

---

① 笔者基于海关数据库进行加总获得。

赖性下降，倾向于消耗更多的国内中间品，由国际分工向国内分工转移。造成这种现象的主要原因之一可能是中国国内产品在生产技术和产品质量上不断提高，并部分替代了来自国外的进口中间品（Kee and Tang，2016）。

2002～2012年，各地区一般出口的 LVAS 明显下降，而国内垂直专门化率和 VSS 上升，表明中国一般出口生产的国内和国际分工程度都随时间推移而加深。同时，除东部沿海、西南地区之外，其他地区一般出口的国内分工程度的加深速度快于国际分工程度。

（二）传统方法与 IRIOP 方法在出口增加值中的对比

迪恩等（2011）与库普曼等（2012）的研究已经证明，如果不在国家投入产出表中区分加工贸易，会带来错误的研究结论。那么如果不在地区层面区分加工贸易，将会对各地区的出口增加值测算带来怎样的偏差？我们沿用库普曼等（2012）的研究思路，分别利用传统的区域间投入产出表（传统方法）和 IRIOP 表测算各地区的出口增加值，并进行结果对比。由于基于传统方法，无法测算分贸易方式的出口增加值，因此我们仅对比总出口中的增加值（传统方法的结果如图6-2所示）。

对比图6-1和图6-2表明，基于传统方法计算的出口增加值分解结果与本章结果具有较大差异，且在地区间呈现出不同规律。

第一，传统方法严重高估了沿海地区和东北地区出口中的 LVAS、CVAS 和 IVAS，严重低估了这些地区出口的 VSS。例如，2002年南部沿海出口的 LVAS 为39.3%，而传统方法结果为50.0%；北部沿海 VSS 为30.9%，而传统方法结果仅为13.4%。传统方法之所以会带来测算偏差是因为传统地区间投入产出表的生产结构没有单独区分加工贸易，因而反映的是出口品和国内品的平均生产结构；加工贸易的存在，使得中国出口生产对进口品的依赖大于国内品，蕴含的国内增加值小于国内品。因此，传统方法利用出口和国内销售品的平均生产结构进行测算，高估了出口中的 LVAS，低估了 VSS。由于加工贸易在沿海地区比重较高，因此传统方法对

沿海地区 *LVAS* 和 *VSS* 的错估程度也较高。

第二，传统方法对中部地区、西南地区和西北地区的 *LVAS*、*IVAS*、*CVAS* 和 *VSS* 带来的测算误差很小，主要是由于这些地区的加工出口比重很低。这表明如果一个经济体中加工出口比重较小，即使不区分加工贸易，对出口增加值的测量也仅带来较小影响。

第三，传统方法在出口中增加值份额的时间变化趋势上带来了错误的研究结论。IRIOP 模型结果显示，2002～2012 年北部沿海的 *VSS* 明显下降，说明该地区出口生产对进口品的依赖下降；然而，图 6-2 显示基于传统方法的计算得到了相反的时间变化趋势。

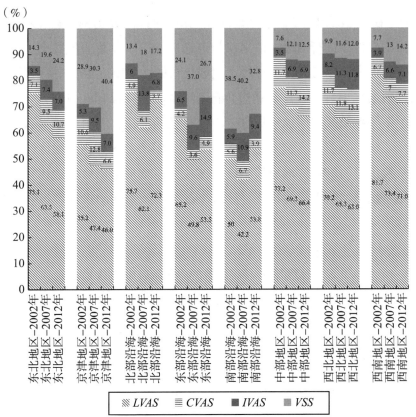

图 6-2　基于传统方法的 2002 年、2007 年和 2012 年各地区出口增加值分解

资料来源：笔者根据计算结果自制。

第四，随着时间推移，2002～2012年，传统方法对出口增加值的错估程度普遍下降。例如，2002年它对东北地区和北部沿海的 *VSS* 约低估了50.7% 和56.6%，2012年分别低估了14.5% 和33.6%。这与期间中国各区域出口中加工出口的比重下降有密切关系。

三、中国各地区增加值出口的分解

增加值出口是各地区通过本地区出口或通过向国内其他地区的出口生产提供中间品而带来的增加值，反映了各地区的实际出口价值。表6－3（"IRIOP"栏）显示中国各地区增加值出口与总出口的比率（*VAXR*），以及不同贸易方式的 *VAXR*。以某地区加工出口的 *VAXR* 为例，它表示该地区通过加工出口而进行的增加值出口与该地区加工出口总值的比率。增加值出口按照出口路径可分为：通过本地区出口的增加值（*VAL*）、通过沿海地区出口的增加值（*VAC*）和通过内陆地区出口的增加值（*VAI*）。表6－4展示了中国各地区的增加值出口中3种路径的占比，利用各变量名加后缀S表示。图6－3显示了各地区通过本地区、沿海地区和内陆地区的加工出口和一般出口而进行的增加值出口在该地区总增加值出口中的比重。下文将首先总结增加值出口的特征，然后与基于传统地区间投入产出表的结果进行对比。

表6－3　　IRIOP 模型和传统模型测算的中国地区出口的 *VAXR*

项目	贸易方式	年份	东北地区	京津地区	北部沿海	东部沿海	南部沿海	中部地区	西北地区	西南地区
IRIOP	加工出口	2002	0.4	0.3	0.5	0.3	0.3	1.2	1.0	0.8
		2007	0.5	0.3	0.5	0.3	0.3	1.7	3.0	1.3
		2012	0.5	0.3	0.5	0.4	0.3	1.0	3.3	0.6

续表

项目	贸易方式	年份	东北地区	京津地区	北部沿海	东部沿海	南部沿海	中部地区	西北地区	西南地区
IRIOP	一般出口	2002	1.0	0.7	1.2	0.8	0.7	1.4	1.1	1.1
		2007	1.1	0.6	1.0	0.7	0.6	1.7	1.2	1.4
		2012	0.9	0.7	1.0	0.6	0.7	1.6	1.5	1.1
	总出口	2002	0.8	0.6	0.9	0.6	0.4	1.3	1.1	1.0
		2007	0.9	0.5	0.8	0.5	0.4	1.7	1.3	1.3
		2012	0.7	0.6	0.8	0.5	0.5	1.4	1.7	1.0
传统	总出口	2002	0.9	0.7	1.1	0.7	0.5	1.6	1.3	1.5
		2007	1.0	0.6	1.0	0.6	0.5	1.9	1.4	1.7
		2012	0.8	0.6	0.9	0.6	0.6	1.6	1.9	1.2

资料来源：笔者根据计算结果自制。

表 6 – 4　　　　2002 年、2007 年和 2012 年中国各地区
增加值出口的路径分解

年份	指标	东北地区	京津地区	北部沿海	东部沿海	南部沿海	中部地区	西北地区	西南地区
2002 年	VALS	81.2	84.9	68.7	92.1	95.4	53.9	59.5	73.1
	VACS	16.6	12.6	26.1	6.0	3.2	42.9	34.1	22.1
	VAIS	2.2	2.5	5.2	1.9	1.4	3.2	6.4	4.8
2007 年	VALS	62.9	87.1	65.4	91.5	91.3	38.7	51.0	50.2
	VACS	32.6	10.6	27.7	6.9	6.2	56.9	42.3	40.4
	VAIS	4.5	2.3	6.9	1.6	2.5	4.4	6.7	9.4
2012 年	VALS	75.1	76.3	77.2	93.2	94.5	41.5	37.2	60.5
	VACS	21.8	16.5	16.0	3.9	3.5	52.5	52.8	33.7
	VAIS	3.2	7.2	6.8	2.9	2.0	6.0	10.0	5.8

资料来源：笔者根据计算结果自制。

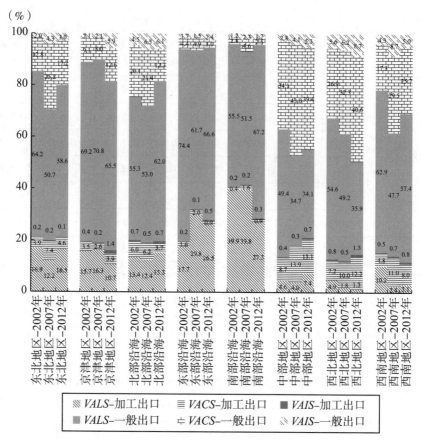

图6-3　2002年、2007年和2012年分贸易方式的

中国地区增加值出口的路径分析

资料来源：笔者根据计算结果自制。

1. 各地区增加值出口存在的规律。

第一，沿海地区和东北地区的*VAXR*小于1，说明这些地区的出口总值大于增加值出口。相反，中部地区、西北地区和西南地区的*VAXR*均大于1（见表6-3）。2012年中部地区和西北地区的*VAXR*更是高达1.4和1.7，明显高于其他地区。这主要是因为沿海地区和东北地区的出口生产中使用了大量来自中西部地区的中间投入，因此出口总值中也包括了中西部地区中间品的价值。整体来看，传统出口总值统计严重高估了各地区的

实际出口价值（例如，2012 年南部沿海地区 *VAXR* 为 0.5）。2002 年，内陆地区出口总额仅占全国出口总额的 12.4%，但利用增加值出口来衡量，其在全国增加值出口中的比重迅速上升至 20.8%①。

2. 一般出口的 *VAXR* 显著大于加工出口。

2007 年，南部沿海加工出口和一般出口的 *VAXR* 分别为 0.3 和 0.6（见表 6 - 3）。这与前文的出口增加值结果一致，这是因为一般出口中的本地增加值份额（*VALS*）和国内垂直专门化率（*VACS* + *VAIS*）均远大于加工出口。因此，各地区无论是通过本地区还是通过其他地区一般出口而出口的增加值，均大于通过加工出口而出口的增加值。

3. 各地区进行增加值出口的路径有所差异。

除中部地区外，各地区主要通过本地区的出口而直接进行增加值出口（见表 6 - 4）。其中，沿海地区的 *VALS* 远高于内陆地区。例如，2007 年，东部沿海的增加值出口中，91.5% 是直接通过本地区出口进行；同年，西南地区只有 50.2% 的增加值出口通过本地区出口进行。这说明沿海地区主要是通过直接参与国际分工的形式进行增加值出口；而内陆地区，除通过本地区出口外，通过向沿海地区出口提供原材料也是其主要的增加值出口方式。2007 年，56.9% 的中部地区增加值出口是通过向沿海地区出口提供中间产品而发生的间接出口。这些现象表明内陆地区已经成为沿海地区出口生产的重要原材料和中间产品供应者，并通过此种方式间接地参与到国际分工之中。其中，中部地区由于地理位置优越，距离沿海地区和西部地区较近，且拥有丰富廉价的劳动力资源，在沿海地区的中间产品供应上发挥了重要作用。

4. 分贸易方式来看，各地区的增加值出口主要是通过一般出口进行。

图 6 - 3 显示，各地区 58% 以上的增加值出口均是通过一般出口进行的，且中西部地区该比例远大于沿海地区。例如，2007 年，中部地区和

---

① 笔者结合表 6 - 3 和 IRIOP 表数据计算得到。

南部沿海分别有81.8%和58.4%的增加值出口是通过一般出口进行的①。这表明，虽然加工出口与一般出口的规模相当，但一般出口仍是各地区进行增加值出口的主要方式，特别地，一般出口在内陆地区增加值出口中尤为重要。

图6-3显示，通过不同贸易方式出口的增加值，出口路径也有较大差异。在通过一般贸易出口的增加值中，沿海地区和内陆地区（中部地区除外）主要是通过本地区的直接出口。例如，2012年，通过一般贸易出口的增加值中，南部沿海和西南地区分别有94.1%和65.2%的增加值出口是通过本地区出口而直接出口。在通过加工贸易出口的增加值中，沿海地区和东北地区主要是通过本地区直接出口而出口增加值（2012年南部沿海比例为95.8%），而中西部地区则更主要是通过沿海地区加工出口而间接出口增加值（中部地区比例为61.8%）。这与中国加工贸易主要集中在东部地区的分布状况密切相关，中西部地区仍主要通过提供原材料的方式间接参与加工贸易，且参与程度较低。如图6-3所示，中西部地区的增加值出口中，通过加工出口进行的部分所占比重很低，2012年西北地区仅为14.8%。近些年来，中国政府不断鼓励中西部地区大力承接东部地区的加工贸易，这些政策将有效提高中西部地区直接参与加工出口的程度，也将促进中西部地区的增加值出口。

5. 2002～2012年，$VAXR$在地区间呈现截然不同的变化。

沿海地区的$VAXR$明显下降，主要是一般出口的$VAXR$显著下滑；而内陆地区加工出口和一般出口的$VAXR$均明显上升。特别是西北地区，总出口的$VAXR$由2002年的1.1上升到2012年的1.7。表6-4和图6-3表明，内陆地区$VAXR$的上升主要来源于通过沿海地区出口的增加值（$VACS$）的上升，这表明沿海地区的出口生产（同时包括加工出口和一般出口）的国内分工程度进一步加深，内陆地区日益深入地参与到沿海地区的出口生产中，并通过这种间接方式不断深入地参与到国际分工之中。

---

① 笔者根据图6-3计算得到：34.7+43.0+4.1=81.8；51.5+4.6+2.3=58.4；其他数字可据此类推。

第六章　全球价值链、国内价值链与中国地区间收入差距

IRIOP 表的出口总值数据显示，2002～2012 年，内陆地区出口总额在全国的比重稳定在 12% 左右，但由于内陆地区通过向沿海地区提供中间产品而间接出口了大量增加值，内陆地区的增加值出口在全国增加值出口中的比重由 20.8% 上升至 26.9%。目前，我国仍面临着严峻的地区间收入差异，沿海地区经济发展水平远远领先内陆地区，上述分析表明进一步加强各地区产业关联，加强沿海地区通过国内价值链对内陆地区的联动作用，是促进内陆地区经济发展和缩小地区间收入差距的有效途径。

表 6-4 显示，在增加值出口中，2002～2012 年各地区（北部沿海和东部沿海除外）通过本地区出口的增加值占比（VALS）明显下降，通过国内其他地区出口的增加值明显上升。这同时说明 2002～2012 年，中国出口的国内生产一体化程度加强。

6. 传统方法与本章方法的增加值出口对比。

表 6-3 同时列出了基于传统方法（没有区分加工贸易的传统地区间投入产出模型）计算的各地区 VAXR，并与基于本章提出的 IRIOP 模型的结果进行对比。可以看出，两者存在很大差异。

首先，基于传统方法的结果严重高估了各地区的实际出口价值，其中对内陆地区的高估程度尤为严重。例如，2002 年南部沿海和西南地区的 VAXR 分别为 0.4 和 1.0，而传统方法计算结果分别为 0.5 和 1.5，对两个地区的增加值出口分别高估了 25.0% 和 50.0%。

其次，基于传统方法的结果误导了部分地区的 VAXR。本章证明 2002 年北部沿海、2007 年东北地区的 VAXR 均小于 1，说明出口总值高估了两个地区的实际出口价值。然而，传统方法的结果却显示两者的 VAXR 大于 1，认为出口总值低估了两个地区的实际出口价值，与本章方法得到的研究结论相反。这说明了在地区间投入产出表中单独区分加工贸易的必要性。

最后，传统方法对各地区增加值出口的路径影响不大。传统方法仍显示沿海地区主要通过本地区出口而进行增加值出口，内陆地区主要通过本地出口和沿海出口进行增加值出口。

237

四、分行业出口增加值和增加值出口

依据前文说明的方法，本章计算了各地区各行业的总出口、加工出口和一般出口中的出口增加值和增加值出口，以及按照增加值来源或出口路径的分解。

图 6-4 展示了 2007 年各行业平均的出口增加值分解结果，它是地区-行业层面出口增加值的分解结果在地区间的加权平均，权重为各地区各行业出口在全国该行业总出口中的比重。图 6-4 显示，除造纸印刷及文教用品制造业、化学工业、其他制造业和电气机械及电子通信设备制造业外，本地增加值均是各行业出口的最主要价值来源。农业和服务业出口的 LVAS 远高于制造业，VSS 远低于制造业，说明农业和服务业出口生产相对于其他行业，国际分工程度较低。在制造业中，资源型和劳动密集型行业的 LVAS 相对较高，而高科技行业产品（例如，电气机械及电子通信设备制造业）的 LVAS 较低，VSS 较高，对国外进口品的依赖性仍较高。

图 6-4 的折线显示了各行业增加值出口在总出口中的份额，结果表明，农业、服务业和采选业的 VAXR 较高，均大于 1，而大多制造业的 VAXR 较低，均小于 1。这说明农业、服务业、采矿业通过为制造业提供原材料和服务，间接地参与到国际分工之中。因此，基于出口总值的统计严重低估了它们的实际出口价值，并高估了制造业的实际出口价值①。

---

① 不同地区同一行业的出口增加值来源和增加值出口也各不相同。受篇幅所限，无法一一列举。本章利用回归方程研究了地区-行业层面的出口增加值规律，证明前文在地区层面的多数发现在行业层面仍然成立。本章同时利用传统方法对 2002 年和 2007 年地区-行业层面的出口增加值和增加值出口进行了分解，并利用 Wilcoxon 符号秩检验进行了对比。结果表明，基于传统方法测算的 LVAS 和国内垂直专门化率在统计上显著高于本章结果，VSS 显著低于本章结果。说明传统表对出口增加值的偏差是在行业层面上的普遍现象，而非仅由个别部门引起的。这进一步说明了在地区间投入产出表中单独区分加工贸易的必要性。

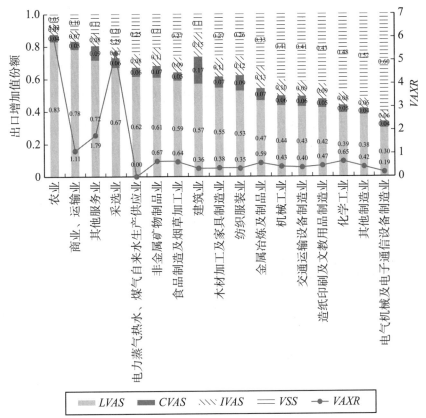

图6-4 2007年分行业出口增加值分解和 *VAXR*

资料来源：笔者根据计算结果自制。

第五节 中国地区间收入差异的影响探究

一、中国地区间收入差异的演变

本章利用泰尔指数（Theil index）衡量地区间收入差异，计算公式为[①]：

[①] 泰尔指数为 $T = \dfrac{1}{n}\sum_i \dfrac{y_i}{\bar{y}}\ln\left(\dfrac{y_i}{\bar{y}}\right)$，其中 n 为人口总数，y_i 为第 i 个个体的收入，$\bar{y}$ 为所有人的平均收入。在衡量地区间差异时，假设各地区内部每人的收入一样，得到式（6.8）。

$$T = \sum_r \frac{v_r}{v}\ln\left(\frac{v_r}{vp_r}\right) = T(v_r, p_r) \tag{6.8}$$

其中，v_r 表示 r 地区的收入总额，p_r 表示 r 地区人口在总人口中的比重，$v = \sum_r v_r$ 为所有地区的总收入。泰尔指数越大，说明地区间收入差距越大。利用泰尔指数衡量收入差异的最大优点是它可以同时衡量组内差异和组间差异对总差异的贡献。为了更深入地刻画中国地区间收入差异的特征，本章将全国分为沿海地区和内陆地区，分别测算了沿海内部收入差异、内陆内部收入差异、沿海和内陆间的收入差异，三者分别用 T_C、T_I 和 T_B 表示。根据泰尔指数的分解性质，存在关系：

$$\begin{aligned}
T &= \sum_{r \in C} \frac{v_r}{v}\ln\left(\frac{v_r}{vp_r}\right) + \sum_{r \in I} \frac{v_r}{v}\ln\left(\frac{v_r}{vp_r}\right) \\
&= \frac{v_C}{v} \sum_{r \in C} \frac{v_r}{v_C}\ln\left(\frac{v_r}{v_C p_{Cr}}\frac{v_C}{vp_C}\right) + \frac{v_I}{v} \sum_{r \in I} \frac{v_r}{v_I}\ln\left(\frac{v_r}{v_I p_{Ir}}\frac{v_I}{vp_I}\right) \\
&= \frac{v_C}{v}T_C + \frac{v_I}{v}T_I + \sum_{r \in C} \frac{v_r}{v}\ln\left(\frac{v_C}{vp_C}\right) + \sum_{r \in I} \frac{v_r}{v}\ln\left(\frac{v_I}{vp_I}\right) \\
&= \frac{v_C}{v}T_C + \frac{v_I}{v}T_I + T_B
\end{aligned} \tag{6.9}$$

其中，v_C 和 v_I 分别为沿海地区和内陆地区的收入总额；p_{cr} 和 p_{Ir} 分别为 r 地区人口在沿海地区人口中的比重和在内陆地区人口中的比重。p_c 和 p_I 分别为沿海和内陆地区人口在总人口中比重。基于式（6.9），$\frac{v_C T_C}{vT}$、$\frac{v_I T_I}{vT}$ 和 $\frac{T_B}{T}$ 分别衡量了沿海内部收入差异、内陆内部收入差异、沿海和内陆间的收入差异对总收入差距的贡献率。

本章利用 GDP 衡量各地区的收入水平。考虑到不同地区的物价水平不同，本章采用布兰特和霍尔兹（Brandt and Holz，2005）的方法，构造了 1995～2012 年各省的物价平减指数，并据此将国家统计局公布的各省名义 GDP 平减为以 2002 年北京价格为基准的不变价 GDP。与使用未平减数据

的研究相比，本章结果更能真实地反映地区间实际收入差异。本章的人口
数据为国家统计局的各省年末常住人口。

　　本章首先计算中国省际间收入差异，并分为沿海省份和内陆省份，分
别计算了沿海省份间、内陆省份间以及沿海和内陆之间的收入差异（见图
6 - 5）。结果表明，1995 ~ 2003 年中国地区间收入差异在波动中不断扩大，
在 2003 年达到顶峰，泰尔指数高达 7.62%；2003 年后，地区间收入差异
稳步下滑，2012 年为 3.98%（Li and Gibson，2013；Lessmann and Seidel，
2017）。1995 ~ 2012 年，省际间收入差异下降 2.14%，其中沿海和内陆间
收入差异下降 1.99%，是省际间收入差异下降的最主要原因，贡献率为
93%。沿海省份收入差异和内陆省份收入差异也呈下降趋势。本章同时将
省际实际 GDP 和人口数据合并为八大区域：东北地区、京津地区、北部沿
海、东部沿海、南部沿海、中部地区、西北地区和西南地区，计算了八大
区域间的收入差异。结果显示其变化与省际间收入差异的变化高度一致。基

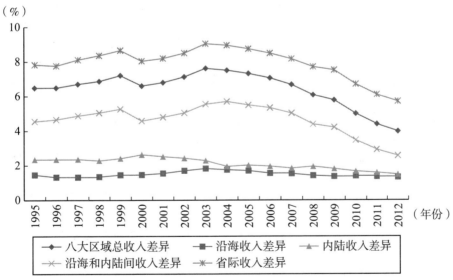

图 6 - 5　1995 ~ 2012 年中国地区间收入差距

资料来源：笔者根据计算结果自制。

于泰尔指数，省际间收入差异可分解为八大区域间收入差异和各区域内收入差异。测算表明，八大区域间收入差异能够解释省际间收入差异的70%~85%，有很好的代表性。受数据所限，除特殊说明外，下文的地区间收入差异均指八大区域间的收入差异。

二、地区间收入差异的分解方法

从价值链视角，地区间收入差异可以归纳为两个因素的作用：最终需求和投入结构。它们对收入差异的影响是通过国民经济的生产体系来完成的，因此需要深入到国民经济体系内部探讨二者对收入差异的作用机制。地区间投入产出模型为解决该问题提供了有力工具，它刻画了各地区各部门产品之间错综复杂的生产和消耗关系，很好地反映了最终需求和投入结构与各地区收入差异的紧密联系。

我们依然使用 IRIOP 模型进行研究（段玉婉等，2018）。为清楚起见，我们将直接消耗系数表示为 $\mathbf{A} = \begin{bmatrix} \mathbf{A}_{rr} & \mathbf{A}_{rs} \\ \mathbf{A}_{sr} & \mathbf{A}_{ss} \end{bmatrix}$ 的形式。其中，$\mathbf{A}_{rs}$ 表示生产一单位 s 地区各部门产出直接消耗 r 地区各部门产品的价值量。$\mathbf{y} = \begin{bmatrix} \mathbf{y}_r \\ \mathbf{y}_s \end{bmatrix}$ 为最终需求列向量，$\mathbf{y}_r$ 和 $\mathbf{y}_s$ 分别为 r 地区和 s 地区提供的各部门最终产品价值量。$\mathbf{x} = \begin{bmatrix} \mathbf{x}_r \\ \mathbf{x}_s \end{bmatrix}$ 为总产出列向量，$\mathbf{x}_r$ 和 $\mathbf{x}_s$ 分别为 r 地区和 s 地区各部门产品的总产出。$\mathbf{w}_r$ 和 $\mathbf{w}_s$ 分别为 r 地区和 s 地区的增加值系数向量，表示各部门单位产出直接产生的增加值。令 $\mathbf{w} = \begin{bmatrix} \mathbf{w}_r & 0 \\ 0 & \mathbf{w}_s \end{bmatrix}$，则 $\mathbf{A}$ 和 $\mathbf{w}$ 代表了各地区各部门生产的投入结构。需要说明的是，上述各地区的变量均区分了加工出口生产和一般生产，以最终需求向量 $\mathbf{y}_r$ 为例，其展开形式为 $\mathbf{y}_r = \begin{bmatrix} \mathbf{y}_r^P \\ \mathbf{y}_r^O \end{bmatrix}$，其中

$\mathbf{y}_r^P$ 和 $\mathbf{y}_r^O$ 分别为 r 地区加工出口列向量和一般生产最终需求列向量[①]。根据投入产出技术，各地区的增加值可表示为：

$$\begin{bmatrix} v_r \\ v_s \end{bmatrix} = \begin{bmatrix} \mathbf{w}_r & \mathbf{0} \\ \mathbf{0} & \mathbf{w}_s \end{bmatrix} \begin{bmatrix} \mathbf{x}_r \\ \mathbf{x}_s \end{bmatrix} = \mathbf{w}(\mathbf{I} - \mathbf{A})^{-1}\mathbf{y} \tag{6.10}$$

令 $\mathbf{A}_t = \begin{bmatrix} \mathbf{A}_{\cdot r} & \mathbf{A}_{\cdot s} \\ \mathbf{A}_{\cdot r} & \mathbf{A}_{\cdot s} \end{bmatrix}$ 表示各地区的中间投入产品结构；$\mathbf{A}_{\cdot r} = \mathbf{A}_{rr} + \mathbf{A}_{sr}$

和 $\mathbf{A}_{\cdot s} = \mathbf{A}_{rs} + \mathbf{A}_{ss}$，分别表示 r 地区和 s 地区各部门单位产出直接消耗的各部门中间产品（不区分来源地）。$\mathbf{A}_t$ 的变化反映了不同部门产品在用作中间投入时的相互替代效应。定义中间投入市场份额矩阵 $\mathbf{C} = \begin{bmatrix} \mathbf{A}_{rr} \cdot \mathbf{A}_{\cdot r} & \mathbf{A}_{sr} \cdot \mathbf{A}_{\cdot s} \\ \mathbf{A}_{sr} \cdot \mathbf{A}_{\cdot r} & \mathbf{A}_{ss} \cdot \mathbf{A}_{\cdot s} \end{bmatrix}$，其中 $\cdot$ 表示矩阵对应元素相除；$\mathbf{C}$ 表示各地区产品在各地区各部门使用的中间投入中所占的市场份额，$\mathbf{C}$ 的变化反映了不同地区的产品在用作中间投入时的相互替代效应。根据上述定义，有：

$$\mathbf{A} = \mathbf{A}_t \circ \mathbf{C} \tag{6.11}$$

其中，$\circ$ 表示矩阵的对应元素相乘。

$\mathbf{y}$ 按照用途可分为三类：国内需求、加工出口和一般出口，分别用 $\mathbf{d}$、$\mathbf{e}^P$ 和 $\mathbf{e}^O$ 表示，

$$\mathbf{y} = \mathbf{d} + \mathbf{e}^P + \mathbf{e}^O \tag{6.12}$$

将式（6.11）和式（6.12）代入式（6.10），各地区的增加值可表示为：

$$\begin{bmatrix} v_r \\ v_s \end{bmatrix} = \mathbf{w}[\mathbf{I} - \mathbf{A}_t \circ \mathbf{C}]^{-1}(\mathbf{d} + \mathbf{e}^P + \mathbf{e}^O) \tag{6.13}$$

进一步将式（6.13）除以各地区的物价水平 q_r 或 q_s，转化为以 2002

[①] $\mathbf{A}_{rs} = \begin{bmatrix} \mathbf{0} & \mathbf{0} \\ \mathbf{A}_{rs}^{OP} & \mathbf{A}_{rs}^{OO} \end{bmatrix}$。其中，$\mathbf{x}_r^P$ 和 $\mathbf{x}_r^O$ 分别为 r 地区加工出口和一般生产的产出列向量。$\mathbf{A}_{rs}^{OP}$ 和 $\mathbf{A}_{rs}^{OO}$ 分别为生产 r 地区单位加工出口产品和一般产品需直接消耗的 s 地区一般生产各产品的价值量。由于加工出口产品不能用于国内使用，因此 $\mathbf{A}_{rs}$ 中有零矩阵。

年北京价格为基准的不变价 GDP。最终可将地区间收入差异 T 表示为增加值系数（$\mathbf{w}$）、中间投入产品结构（$\mathbf{A}_t$）、中间投入市场份额（$\mathbf{C}$）、国内需求（$\mathbf{d}$）、加工出口（$\mathbf{e}^P$）、一般出口（$\mathbf{e}^O$）、人口比重（$\mathbf{p}$）和物价（$\mathbf{q}$）的关系式，即：

$$T = T(\mathbf{w},\ \mathbf{A}_t,\ \mathbf{C},\ \mathbf{d},\ \mathbf{e}^P,\ \mathbf{e}^O,\ \mathbf{p},\ \mathbf{q}) \tag{6.14}$$

式（6.14）中的各因素同时也是从价值链视角分析的引起地区间收入差异变化的主要原因。

三、地区间收入差异的结构分解

本节将利用结构分解技术（SDA）量化分析各因素对地区收入差异变化的贡献（Dietzenbacher and Los，1998）。分别用 0 和 1 表示基期和现期，用 $T_1(\mathbf{w}_0) = T(\mathbf{w}_0,\ \mathbf{A}_{t1},\ \mathbf{C}_1,\ \mathbf{d}_1,\ \mathbf{e}_1^P,\ \mathbf{e}_1^O,\ \mathbf{p}_1,\ \mathbf{q}_1)$ 表示只有 $\mathbf{w}$ 取基期值，其他因素取现期值时的收入差距；类似的，$T_0(\mathbf{w}_1)$ 表示只有 $\mathbf{w}$ 取现期值，其他因素取基期值时的收入差距，以此类推。那么从基期到现期地区间收入差异的变化为：

$$
\begin{aligned}
\Delta T &= T_1 - T_0 \\
&= 0.5\big[T_1 - T_1(\mathbf{w}_0) + T_0(\mathbf{w}_1) - T_0\big] \\
&\quad + 0.5\big[T_1(\mathbf{w}_0) - T_1(\mathbf{w}_0,\ \mathbf{A}_{t0}) + T_0(\mathbf{w}_1,\ \mathbf{A}_{t1}) - T_0(\mathbf{w}_1)\big] \\
&\quad + 0.5\big[T_1(\mathbf{w}_0,\ \mathbf{A}_{t0}) - T_1(\mathbf{w}_0,\ \mathbf{A}_{t0},\ \mathbf{C}_0) + T_0(\mathbf{w}_1,\ \mathbf{A}_{t1},\ \mathbf{C}_1) \\
&\quad - T_0(\mathbf{w}_1,\ \mathbf{A}_{t1})\big] + 0.5\big[T_1(\mathbf{w}_0,\ \mathbf{A}_{t0},\ \mathbf{C}_0) - T_1(\mathbf{w}_0,\ \mathbf{A}_{t0},\ \mathbf{C}_0,\ \mathbf{d}_0) \\
&\quad + T_0(\mathbf{w}_1,\ \mathbf{A}_{t1},\ \mathbf{C}_1,\ \mathbf{d}_1) - T_0(\mathbf{w}_1,\ \mathbf{A}_{t1},\ \mathbf{C}_1)\big] + 0.5\big[T_0(\mathbf{e}_1^P,\ \mathbf{e}_1^O,\ \mathbf{p}_1,\ \mathbf{q}_1) \\
&\quad - T_0(\mathbf{e}_1^O,\ \mathbf{p}_1,\ \mathbf{q}_1) + T_1(\mathbf{e}_0^O,\ \mathbf{p}_0,\ \mathbf{q}_0) - T_1(\mathbf{e}_0^P,\ \mathbf{e}_0^O,\ \mathbf{p}_0,\ \mathbf{q}_0)\big] \\
&\quad + 0.5\big[T_0(\mathbf{e}_1^O,\ \mathbf{p}_1,\ \mathbf{q}_1) - T_0(\mathbf{p}_1,\ \mathbf{q}_1) + T_1(\mathbf{p}_0,\ \mathbf{q}_0) - T_1(\mathbf{e}_0^O,\ \mathbf{p}_0,\ \mathbf{q}_0)\big] \\
&\quad + 0.5\big[T_0(\mathbf{p}_1,\ \mathbf{q}_1) - T_0(\mathbf{q}_1) + T_1(\mathbf{q}_0) - T_1(\mathbf{p}_0,\ \mathbf{q}_0)\big] + 0.5\big[T_0(\mathbf{q}_1) \\
&\quad - T_0 + T_1 - T_1(\mathbf{q}_0)\big] \\
&= E(\mathbf{w}) + E(\mathbf{A}_t) + E(\mathbf{C}) + E(\mathbf{d}) + E(\mathbf{e}^P) + E(\mathbf{e}^O) + E(\mathbf{p}) + E(\mathbf{q})
\end{aligned}
$$

$$\tag{6.15}$$

同时，每类最终需求又可分解为规模效应、产品结构和各地区市场份额。即：

$$\mathbf{f} = (f_t\,\mathbf{f}_e) \circ \mathbf{f}_c \qquad (\mathbf{f} = \mathbf{d},\ \mathbf{e}^P\ 和\ \mathbf{e}^O) \qquad (6.16)$$

其中，f_t 表示每类最终需求的总额，代表规模效应；$\mathbf{f}_e = \begin{bmatrix} (\mathbf{f}_r + \mathbf{f}_s)/\mathbf{f}_t \\ (\mathbf{f}_r + \mathbf{f}_s)/\mathbf{f}_t \end{bmatrix}$ 为与 $\mathbf{f}$ 维数相等的列向量，表示各部门产品在各类最终需求总额中的占比，代表最终需求的产品结构；$\mathbf{f}_c = \mathbf{f}. \dot{\,} (f_t\,\mathbf{f}_e)$ 表示最终需求中各部门产品由各地区提供的份额，反映了最终需求在地区间的市场份额。将式（6.16）代入式（6.15），并继续采用两极分解法，可将每类最终需求对地区间收入差异的影响进一步分解为最终需求规模、最终需求产品结构和最终需求市场份额的影响。地区间收入差异的变化最终被分解为 14 个因素的贡献，各因素的具体含义见表 6-5。

表 6-5　　　　　中国地区间收入差异变化的因素分解

因素	因素对收入差异变化的贡献	因素	因素对收入差异变化的贡献
$E(d_t)$	国内需求规模	$E(e_e^O)$	一般出口产品结构
$E(d_e)$	国内需求产品结构	$E(e_c^O)$	一般出口在地区间市场份额
$E(d_c)$	国内需求在地区间市场份额	$E(w)$	各区域增加值系数
$E(e_t^P)$	加工出口规模	$E(A_t)$	各区域对国内中间投入的消耗结构
$E(e_e^P)$	加工出口产品结构	$E(C)$	国内中间投入在区域间市场份额
$E(e_c^P)$	加工出口在地区间市场份额	$E(p)$	人口迁移
$E(e_t^O)$	一般出口规模	$E(q)$	物价

资料来源：根据该部分研究分析整理得到。

四、实证分析

（一）地区间人均收入差异变化

表 6-6 展示了 2002 年、2007 年和 2012 年八大区域不变价人均 GDP

表6-6

八大区域人均GDP及收入差异

项目	人均GDP（单位：千元人民币/人）								地区间收入差异（%）			
	东北地区	京津地区	北部沿海	东部沿海	南部沿海	中部地区	西北地区	西南地区	T	T_C	T_I	T_B
2002年	16.62	28.67	16.64	23.23	17.80	10.05	9.91	8.57	7.13	1.70	2.43	5.04
2007年	27.97	50.91	32.40	43.00	31.38	19.23	21.10	15.32	6.67	1.53	1.84	5.02
2012年	49.82	75.26	50.10	64.04	45.03	34.02	39.11	33.71	3.98	1.32	1.48	2.57
年均增速	11.60%	10.13%	11.65%	10.67%	9.73%	12.97%	14.72%	14.68%	-5.66%	-2.50%	-4.84%	-6.51%

注：T、T_C、T_I、T_B 分别为八大区域间、沿海内部、内陆内部、沿海和内陆间的收入差异。

资料来源：作者根据计算结果自制。

和地区间收入差异。结果显示，八大区域间收入差距较大，人均 GDP 从高到低依次为京津地区、东部沿海、北部沿海、东北地区、南部沿海、西北地区、中部地区和西南地区。这三年中京津地区人均 GDP 是西南地区的 2 倍以上。

随时间来看，2002 ~ 2012 年八大区域的人均 GDP 都经历了快速增长，年均增长率几乎都在 10% 以上[①]。整体来看，落后地区的经济发展更为迅速，地区间收入差异随时间呈下降态势，泰尔指数由 2002 年的 7.13% 下降到 2012 年的 3.98%[②]。同时，沿海内部、内陆内部以及沿海和内陆间的收入差异都呈现不同程度的下降。

（二）地区间收入差异变化的因素分解

IRIOP 表是以现价和当地价格来核算的。理想情况下，应利用不变价数据进行 SDA 分解，但由于缺少详细的分地区分行业分交易的价格数据，构造不变价投入产出表本身将带来较大误差。因此，本章将主要利用现价投入产出表进行测算。同时下文通过简单构建不变价投入产出表对实证结果进行了稳健性检验，证明结果是稳健的。

表 6 - 7 和表 6 - 8 分别展示了 2002 ~ 2007 年和 2007 ~ 2012 年各因素对中国地区间总收入差异、沿海内部收入差异、内陆内部收入差异以及沿海和内陆间收入差异变化的贡献。例如，表 6 - 7 第（1）列第一个数字表明当其他因素不变，只有国内最终需求的规模发生变化时，2007 年的地区间收入差异将比 2002 年下降 2.34%。

---

① 世界银行数据显示，2002 ~ 2012 年美国人均 GDP 年均增速仅为 0.1%。
② 表 6 - 6 的收入差异与图 6 - 5 有所不同，是因为表 6 - 6 采用的数据来自投入产出表，图 6 - 5 数据来自国民统计核算。二者的 GDP 略有差别。

表 6 - 7　　　　　　2002～2007 年中国地区间收入差异变动的分解　　　单位：%

分解项			区域间总收入差异（1）	沿海收入差异（2）	内陆收入差异（3）	沿海和内陆间收入差异（4）	不变价表分解结果（5）	基尼系数的分解结果（6）
最终需求	国内需求	规模效应 $E(d_t)$	-2.34	-0.42	-0.29	-1.98	-1.72	-3.12
		产品结构 $E(d_e)$	0.33	-0.01	-0.81	0.69	0.33	0.43
		市场份额 $E(d_c)$	0.78	0.15	0.34	0.57	1.2	0.96
	加工出口	规模效应 $E(e_t^P)$	1.08	-0.01	0.12	1.04	1.02	1.6
		产品结构 $E(e_e^P)$	-0.09	0.06	-0.01	-0.12	-0.09	-0.17
		市场份额 $E(e_c^P)$	0.16	0.21	-0.04	0.07	0.19	0.18
	一般出口	规模效应 $E(e_t^o)$	2.67	0.73	0.34	2.15	2.18	3.94
		产品结构 $E(e_e^o)$	-0.12	-0.02	-0.07	-0.08	-0.1	-0.24
		市场份额 $E(e_c^o)$	-0.06	0.07	0	-0.1	-0.02	-0.14
	最终需求合计		2.41	0.76	-0.42	2.24	2.99	3.44
投入结构	中间投入产品结构 $E(A_t)$		-0.09	-0.21	-0.02	0.02	0.27	-0.17
	中间投入市场份额 $E(C)$		-1.51	-0.6	-0.11	-1.15	-1.8	-1.94
	增加值系数 $E(w)$		-0.74	0	-0.12	-0.68	-0.73	-0.88
	投入结构合计		-2.34	-0.81	-0.25	-1.81	-2.26	-2.99

续表

分解项	区域间总收入差异（1）	沿海收入差异（2）	内陆收入差异（3）	沿海和内陆间收入差异（4）	不变价表分解结果（5）	基尼系数的分解结果（6）
人口迁移	-1.15	-0.35	-0.10	-0.92	-1.15	-1.23
物价变化	0.66	0.25	0.17	0.45	—	0.57
收入差异总变动	-0.42	-0.15	-0.60	-0.04	-0.42	-0.21

资料来源：笔者根据计算结果自制。

表6-8　　2007~2012年中国地区间收入差异变动的分解　　单位：%

分解项			区域间总收入差异（1）	沿海收入差异（2）	内陆收入差异（3）	沿海和内陆间收入差异（4）	不变价表分解结果（5）	基尼系数的分解结果（6）
最终需求	国内需求	规模效应 $E(d_t)$	-1.63	-0.14	-0.38	-1.32	-1.48	2.92
		产品结构 $E(d_e)$	0.07	-0.01	0.05	0.04	0.04	-0.13
		市场份额 $E(d_c)$	-1.20	-0.01	0.17	-1.27	-1.62	2.31
	加工出口	规模效应 $E(e_t^P)$	0.10	0.00	0.01	0.09	0.01	-0.17
		产品结构 $E(e_e^P)$	0.03	0.00	-0.02	0.04	0.03	-0.05
		市场份额 $E(e_c^P)$	-0.18	0.00	-0.08	-0.13	-0.20	0.27
	一般出口	规模效应 $E(e_t^o)$	0.60	0.05	0.16	0.48	0.47	-1.03
		产品结构 $E(e_e^o)$	0.08	0.01	-0.05	0.10	0.07	-0.17
		市场份额 $E(e_c^o)$	-0.22	-0.11	-0.31	0.01	-0.25	0.49
最终需求合计			-2.35	-0.21	-0.45	-1.97	-2.93	4.44

分解项		区域间总收入差异（1）	沿海收入差异（2）	内陆收入差异（3）	沿海和内陆间收入差异（4）	不变价表分解结果（5）	基尼系数的分解结果（6）
投入结构	中间投入产品结构 $E(\mathbf{A}_t)$	0.48	0.08	0.29	0.27	0.33	-0.77
	中间投入市场份额 $E(\mathbf{C})$	0.57	0.28	0.45	0.19	1.13	-1.12
	增加值系数 $E(\mathbf{w})$	-0.51	-0.13	-0.23	-0.31	-0.53	0.90
	投入结构合计	0.55	0.24	0.51	0.15	0.93	-1.00
人口迁移		-1.03	-0.06	-0.48	-0.72	-1.04	1.65
物价变化		-0.50	-0.55	0.05	-0.30	—	1.37
收入差异总变动		-3.34	-0.58	-0.36	-2.85	-3.04	6.46

资料来源：笔者根据计算结果自制。

从 2002～2007 年和 2007～2012 年这两段时期的分解结果来看，2002～2007 年最终需求和物价变化扩大了地区收入差异，投入结构的变化缩小了收入差异，2007～2012 年则得到了完全相反的结论。而人口迁移的变化在这两段时期内都缩小了地区间收入差异。通过对这些细分因素的观察，我们可以发现，促使 2002～2012 年中国地区间收入差异下降的主要力量包括国内最终需求规模的变化、中间投入市场份额的变化、人口迁移和增加值系数的变化。下文将分别对上述因素的影响进行具体分析。

（三）最终需求变动的贡献

本章将最终需求分为国内需求、一般出口和加工出口三类，分别计算三类最终需求对地区间收入差异的影响。表 6-7 和表 6-8 显示，国内需求有效降低了地区间收入差异；而加工出口和一般出口增加了地区间收入差异（2007～2012 年加工出口略微减小了收入差异），且一般出口的作用显著大于加工出口。

本章同时将每类最终需求细分为规模效应、产品结构和市场份额。表6-7和表6-8显示，规模效应对收入差异的影响占主导作用，其次是市场份额，产品结构贡献较小。所以，我们重点分析前两个因素。

（1）国内需求的规模效应是缩小地区间收入差异的主要力量。若只有它发生变化，其他因素不变，两段时期地区间总收入差异将分别减少2.34%和1.63%；但加工出口和一般出口的规模效应却扩大了收入差异，不过这种效应在2007～2012年削弱了许多。因此，最终需求规模的变化合计使收入差异分别增加了2.41%和减少了2.35%。

为了理解最终需求规模对收入差异的影响机制，定义最终需求对各地区增加值的拉动系数为：$\mathbf{q} = \mathbf{w}(\mathbf{I} - \mathbf{A})^{-1}\mathbf{f}$，$(\mathbf{f} = \mathbf{d}, \ e^P, \ e^O)$，表示单位最终需求通过价值链带来的各地区增加值；该值除以对应地区的人口数，即为单位最终需求拉动的各地区人均GDP（见图6-6）。可以看出，单位最终需求对沿海地区人均GDP的拉动大于对内陆地区的拉动。这种规律在出口，特别是一般出口中，尤为显著。本章用离散系数来衡量最终需求对人均GDP的拉动在地区间的差异，离散系数越大说明拉动作用在地区间的差异越大[1]。经测算，2007年和2012年国内需求、加工出口和一般出口对人均GDP拉动的离散系数分别为0.17、0.33、0.80和0.05、0.23、0.28。说明一般出口对人均GDP的拉动作用在地区间的差异大于加工出口，更大于国内需求。因此，出口在最终需求中比重的增加将扩大地区间收入差异。根据IRIOP表数据，中国国内需求规模、加工出口规模和一般出口规模在2002～2007年分别增加了1.1倍、2.1倍和2.4倍，在2007～2012年分别增加了1.2倍、0.2倍和0.5倍，国内需求在最终需求中的份额经历了先降低后升高的转变，这在整体上加大了地区间收入差异。从出口结构角度来说，一般出口的规模增长快于加工出口，且对人均GDP拉动的离散系数远高于加工出口，因此其对收入差异的贡献也大于加工出口。

---

① 离散系数是指变量的标准差除以变量的均值。

（2）最终需求市场份额的变化使 2012 年地区间收入差异比 2007 年减少 1.2%，影响显著。表 6-9 列出了八大区域的最终需求在全国最终需求中的比重。可见，2002～2007 年，沿海地区生产份额有所增长，更有利于沿海地区经济发展，使得地区间收入差异扩大了 0.78%。2007～2012 年，内陆地区生产份额普遍增长，有助于缩小沿海和内陆的收入差异，这段时期地区间收入差异减少了 1.2%。

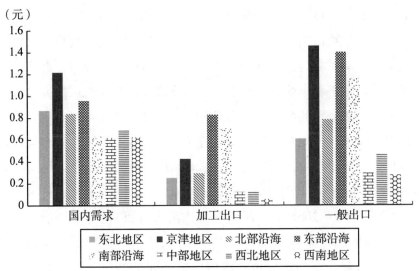

图 6-6　2012 年 1 亿元最终需求拉动的各地区人均 GDP

资料来源：笔者根据计算结果自制。

表 6-9　　　　　　　　最终需求的生产地份额　　　　　　　　单位：%

年份	最终需求	东北地区	京津地区	北部沿海	东部沿海	南部沿海	中部地区	西北地区	西南地区	合计
2002	国内需求	9.95	5.44	12.22	18.79	14.28	20.29	7.33	11.70	100
	加工出口	4.05	6.18	5.85	23.35	58.11	1.08	0.44	0.95	100
	一般出口	5.70	9.45	8.17	36.91	27.64	5.52	2.48	4.14	100

续表

年份	最终需求	东北地区	京津地区	北部沿海	东部沿海	南部沿海	中部地区	西北地区	西南地区	合计
2007	国内需求	8.81	6.24	13.78	20.00	13.83	19.21	6.67	11.46	100
	加工出口	2.90	5.85	6.14	38.91	43.68	1.59	0.31	0.62	100
	一般出口	4.94	10.75	11.06	36.60	23.02	5.95	4.63	3.05	100
2012	国内需求	9.02	5.97	11.83	19.60	12.31	20.74	7.75	12.78	100
	加工出口	5.21	4.87	8.06	35.03	40.62	4.02	0.41	1.79	100
	一般出口	6.60	8.28	11.08	34.30	26.01	5.79	3.30	4.63	100

资料来源：笔者根据计算结果自制。

2002～2012 年一般出口呈现出南部沿海份额降低，北部沿海和西北地区份额升高的趋势，表 6-6 表明南部沿海地区的人均 GDP 低于京津地区、北部沿海和东部沿海地区。一般出口市场份额的变化缩小了沿海收入差异，也同时缩小了内陆和沿海间的收入差异，最终使得两段时期内地区间收入差异分别降低了 0.06% 和 0.22%。

2002～2012 年加工出口呈现出南部沿海生产份额降低、东部沿海生产份额升高的态势。南部沿海的加工出口在全国的比重从 58.11% 迅速下降至 40.62%，而东部沿海的比重增加了 11.68%。这大力促进了东部沿海的经济发展，却不利于南部沿海发展；表 6-6 显示东部沿海人均 GDP 高于南部沿海，因此加工出口的市场份额变化使 2002～2007 年沿海收入差异增加 0.21%，地区间总收入差异增加 0.16%。其间我国政府不断促进中西部地区承接东部地区的产业转移，加上内陆地区丰富廉价的劳动力优势，加工出口不断从沿海向内陆转移，这种现象促进了内陆经济的发展，有利于中国地区间收入差异的降低，因此 2007～2012 年加工出口的市场份额变化使得区域总收入差异降低了 0.18%。

（四）投入结构变动的贡献

投入结构包括中间投入结构和增加值系数，前者又分为中间投入产品结构和中间品市场份额。表 6 - 7 显示，2002 ~ 2007 年中间品市场份额的变动对缩小地区间收入差异起到了至关重要的作用。若其他因素不变，仅中间品市场份额变化，2007 年地区间收入差异将比 2002 年下降1.51%。为了清晰反映此影响机制，表 6 - 10 列出了各地区产品在各地区使用的国内中间投入中的份额，它反映了地区间生产活动的相互依赖。结果显示，大部分中间投入仍由本地区提供，但比重有所降低，这说明地区间的中间品贸易往来不断加强，区域间生产分工不断加深。以京津地区为例，2002 年 71.69% 的国内中间投入由本地区提供，2007 年下降到 64.95%。这种变化体现了区域间经济发展的相互溢出效应加强，有效降低了地区间收入差异。但 2007 ~ 2012 年，各地区中间投入由本地区提供的比例大幅回升，如京津地区 2012 年本地区中间投入比例达到了72.96%，甚至超过了 2002 年的水平，因此表 6 - 8 显示，中间品市场份额变化使得区域间总收入差异扩大了 0.57%。

表 6 - 10 同时显示，内陆地区在沿海地区的生产中扮演着越来越重要的原材料供应角色，日益深入地参与到沿海地区的价值链中。2012 年，京津地区、东部沿海和南部沿海生产使用的国内中间投入中，内陆地区提供的份额分别比 2002 年增加 6.08%、6.72% 和 2.08%。这些变化增加了沿海对内陆经济的溢出效应，从而促进了内陆经济的快速发展，显著缩小了地区间的收入差异。傅晓岚（Fu，2004）认为中国沿海的经济增长以加工贸易为主要特征，为中西部地区提供非常有限的"联动增长"效应，是造成地区间收入差异的一个重要原因。本章发现这种"联动增长"效应随时间正不断增强，并促进了地区间收入差异的下降。

表6-10　　　　中国各地区使用的国内中间投入的来源地份额　　单位：%

年份	货源地	东北地区	京津地区	北部沿海	东部沿海	南部沿海	中部地区	西北地区	西南地区
2002	本地区	87.63	71.69	86.81	88.36	80.85	84.45	72.11	86.98
	沿海地区	8.72	20.26	6.99	4.75	9.23	12.86	17.8	9.13

续表

年份	货源地	东北地区	京津地区	北部沿海	东部沿海	南部沿海	中部地区	西北地区	西南地区
2002	内陆地区	3.65	8.05	6.2	6.89	9.92	2.69	10.09	3.89
	合计	100	100	100	100	100	100	100	100
2007	本地区	84.05	64.95	82.62	85.25	77.45	82.11	70.89	84.33
	沿海地区	10.51	23.66	6.86	4.5	9.8	12.97	16.97	9.82
	内陆地区	5.44	11.39	10.52	10.25	12.75	4.92	12.14	5.85
	合计	100	100	100	100	100	100	100	100
2012	本地区	84.79	72.96	92.02	82.26	83.17	80.09	68.99	84.31
	沿海地区	9.95	12.91	3.60	4.13	4.82	14.34	16.39	8.72
	内陆地区	5.26	14.13	4.39	13.61	12.00	5.57	14.62	6.97
	合计	100	100	100	100	100	100	100	100

资料来源：笔者根据计算结果自制。

增加值系数的变化使得 2002～2007 年及 2007～2012 年地区间收入差异分别减小 0.74% 和 0.51%（见表 6-7 和表 6-8）。2002～2012 年中国各地区的增加值系数出现了剧烈下滑，其中北部沿海和京津地区的增加值系数下降尤为突出。整体来看，沿海地区增加值系数下降的幅度大于内陆地区，该变化降低了沿海和内陆间的收入差异，并最终降低了地区间收入差异。

（五）人口迁移和物价变化的贡献

2002～2012 年人口分布呈现从欠发达的内陆地区向发达的沿海地区转移的趋势。其间，东部沿海和南部沿海的年末人口比重分别上升 0.8% 和 0.5%，中部地区和西南地区的人口比重分别下降 1.3% 和 1.1%[1]。该时期中国仍有较高的民工跨地区流动率（韩其恒等，2018）。根据表 6-7 和

---

[1] 数据来自历年《中国统计年鉴》。

表 6 - 8，这种迁移同时降低了沿海内部、内陆内部和沿海和内陆间的收入差异，最终降低了地区间总收入差异。

物价的变化反映了生活成本的变化。整体来看，2002 ～ 2012 年经济相对落后地区的物价上升幅度高于经济发达地区[①]。这使得经济相对落后地区的实际收入水平更低，增加了地区间收入差异。

五、稳健性检验

正如前文所言，理想情况下，应利用不变价投入产出表进行 SDA 分解。为了检验上述结果的稳健性，我们采用地区物价平减指数，将 2012 年 IRIOP 表中每个地区的增加值、最终产品和中间产品进行平减，并利用 RAS 方法调整投入产出表平衡，得到以 2002 年为基期不变价的 IRIOP 表（韩其恒等，2018）[②]，并进行 SDA 分解。分解结果如表 6 - 7 和表 6 - 8 第（5）列所示，其与利用现价投入产出表的分解结果基本一致，验证了本章结论的稳健性。

为避免衡量收入差异指标的不同对本章结论的影响，本章采用基尼系数（Gini index）代替泰尔指数重新衡量地区间收入差异并进行 SDA 分解[③]。表 6 - 7 和表 6 - 8 第（6）列结果表明基于基尼系数的分解与基于泰尔指数的分解结果基本一致，证实了本章结论的稳健性。

---

① 2002 ～ 2012 年中部地区和西北地区的物价约上涨 38%，而南部沿海和东部沿海约上涨 29%，京津地区仅上涨 22%。

② RAS 又称比例平衡法，是常用的平衡投入产出表的方法。

③ 基尼系数的公式为 $G = 1 - \sum_i p_i s_i + 2 \sum_i (\sum_j p_j) s_i$，其中，$p_i$ 表示 i 地区人口在总人口中的比重；$(\sum_j p_j)$ 为把人均 GDP 按照从小到大排序，并累计到第 i 组的人口占全国总人口的比重；s_i 表示 i 地区 GDP 占总 GDP 比重。2002 年、2007 年和 2012 年地区间收入差异的基尼系数分别为 20.29%、20.08% 和 13.60%。

第六节　结　　论

本章考虑到中国对外贸易中加工贸易占比较高这一重要特点以及不同贸易方式的生产异质性，提出了区分加工贸易的地区间投入产出模型。在此基础上，本章测算和分解了 2002 年、2007 年和 2012 年各地区不同贸易方式的出口增加值和增加值出口，并量化研究了中国地区间收入差异变化的原因。本章主要结论包括以下几点。

第一，分地区来看，内陆地区出口中的本地增加值份额普遍高于沿海地区，国际垂直专门化率普遍低于沿海地区。加工出口比重的差异是造成各地区各行业出口中增加值来源巨大差异的一个重要原因。对增加值出口的研究发现，以贸易总值为标准的统计普遍高估了沿海地区和内陆地区的出口价值。

第二，随着时间推移，各地区出口中的本地增加值份额明显下降，国内垂直专门化率明显上升，表明各地区出口生产的国内分工程度进一步加深。其中，沿海地区出口生产的国内分工程度的加深更为显著。内陆地区在为各地区出口生产提供原材料和中间产品方面正扮演着越来越重要的角色，并通过这种方式日益深入地参与到国内分工和国际分工之中。

第三，加工出口和一般出口在出口增加值上存在着重大差异，加工出口的本地增加值份额、国内垂直专门化率均远低于一般出口，但对进口品的依赖程度远高于一般出口。本章同时证明，如果不在地区间投入产出表中区分加工贸易，将严重高估各地区出口中蕴含的本地区增加值和国内垂直专门化率，低估各地区出口对进口品的依赖，夸大各地区间实际出口价值的差异，甚至还会给这些变量的时间变化趋势带来错误的研究结论。

本章研究发现中国地区间收入差异在 1995～2003 年不断扩大，此后开始稳步下降。为了深入剖析收入差异下降的原因，文章基于 IRIOP 模型，建立了地区间收入差异的结构分解模型，定量分析了 2002～2007 年和 2007～2012 年两个时期最终需求和投入结构对地区间收入差异下降的贡献。总结来看，中国地区间收入差异的下降，是不同因素作用不同时期的共同结果。其中，2002～2007 年，最终需求的变化显著扩大了地区间收入差异，投入结构的变化则有力缩小了地区间收入差异；而 2007～2012 年，最终需求缩小了收入差异，投入结构变化扩大了收入差异，呈现出与前一时期相反的趋势。但经过细分，国内需求规模的变动、人口从欠发达地区向发达地区的迁移、增加值系数的变动在两个时期都是促进收入差距减少的主要因素。

在最终需求方面，国内需求的变化有效降低了地区间收入差异，而加工出口和一般出口的变化则加剧了地区间收入差异，且一般出口的加剧效应远高于加工出口。该结果也表明，中国经济从出口导向型向内需拉动型的转变有助于地区间收入差距的缩小。此外，中国政府促进中西部地区承接东部沿海地区加工出口产业转移，使得 2007～2012 年最终产品的市场份额在不发达地区增加、发达地区减少，这有助于降低地区间收入差异。

本章研究对我国区域经济协调发展具有重要的政策启示。第一，自 2000 年以来，我国加工贸易的比重不断下降，根据本章分析，这将会增加出口中的国内增加值，降低出口的国际垂直专门化率，增强出口通过国内价值链在区域间的经济溢出效应，进而也将在一定程度上降低地区间的收入差距。第二，中国政府不断促进中西部地区承接东部沿海地区加工出口产业转移，这项举措将有效促进内陆地区直接参与全球价值链生产，促进内陆地区经济发展，有助于降低中国的地区间收入差距。第三，未来我国仍需进一步延长国内价值链，鼓励内陆地区积极参与国内和国际分工，从而促进国内价值链升级和区域经济协调发展。第四，本章为未来进一步深入研究中国各地区在全球价值链中的位置奠定了重要基础，未来我们拟将中国反映加工贸易的地区间投入产出表嵌入到世界投入产出表中，分析中国各区域嵌入全球价值链的方式和地位以及不同贸易方式在其中起到的作用，这对促进我国区域经济协调发展和产业升级具有深远意义。

参考文献：

［1］程大中：《中国参与全球价值链分工的程度及演变趋势—基于跨国投入－产出分析》，载《经济研究》2015年第9期。

［2］段玉婉、段心雨、杨翠红：《加工出口和一般出口对中国地区经济增长的贡献》，载《管理评论》2018年第5期。

［3］段玉婉、蒋雪梅：《中欧贸易对双方经济和就业的影响分析》，载《国际贸易问题》2012年第8期。

［4］段玉婉、杨翠红：《基于不同贸易方式生产异质性的中国地区出口增加值分解》，载《世界经济》2018年第4期。

［5］樊茂清、黄薇：《基于全球价值链分解的中国贸易产业结构演进研究》，载《世界经济》2014年第2期。

［6］范子杰、张亚斌、彭学之：《基于上游延伸的中国制造业GVCs地域特征及变化机制》，载《世界经济》2016年第8期。

［7］管卫华、林振山、顾朝林：《中国区域经济发展差异及其原因的多尺度分析》，载《经济研究》2006年第7期。

［8］韩其恒、苗二森、李俊青：《农村劳动力迁移摩擦影响农民工数量与工资结构吗》，载《管理科学学报》2018年第1期。

［9］Lau, L. J.、陈锡康、杨翠红、Cheng, L. K.、Fung, K. C.、Sung, Y. W、祝坤福、裴建锁、唐志鹏：《非竞争型投入占用产出模型及其应用》，载《中国社会科学》2007年第5期。

［10］黎峰：《中国国内价值链是怎样形成的》，载《数量经济技术经济研究》2016年第9期。

［11］林毅夫、李永军：《必要的修正——对外贸易与经济增长关系的再考察》，载《国际贸易》2001年第9期。

［12］林毅夫、李永军：《出口与中国的经济增长：需求导向的分析》，载《经济学（季刊）》2003年第3期。

［13］刘红光、刘卫东、刘志高：《区域间产业转移定量测度研究——

基于区域间投入产出表分析》，载《中国工业经济》2011 年第 6 期。

[14] 罗长远、张军：《附加值贸易：基于中国的实证分析》，载《经济研究》2014 年第 6 期。

[15] 倪红福、夏杰长：《垂直专业化与危机中的贸易下滑》，载《世界经济》2016a 年第 4 期。

[16] 倪红福、夏杰长：《中国区域在全球价值链中的作用及其变化》，载《财贸经济》2016b 年第 10 期。

[17] 潘文卿：《中国区域经济发展：基于空间溢出效应的分析》，载《世界经济》2015 年第 7 期。

[18] 潘文卿、李子奈：《中国沿海与内陆间经济影响的反馈与溢出效应》，载《经济研究》2007 年第 5 期。

[19] 沈利生、吴振宇：《出口对中国 GDP 增长的贡献——基于投入产出表的实证分析》，载《经济研究》2003 年第 11 期。

[20] 苏庆义：《中国国际分工地位的再评估——基于出口技术复杂度与国内增加值双重视角的分析》，载《财经研究》2016a 年第 6 期。

[21] 苏庆义：《中国省级出口的增加值分解及其应用》，载《经济研究》2016b 年第 1 期。

[22] 孙楚仁：《加工贸易和其他贸易对经济增长贡献率的估计》，载《世界经济研究》2006 年第 3 期。

[23] 孙国锋、王家新：《消费、投资、净出口与经济增长——基于江苏省数据的实证分析》，载《财贸经济》2008 年第 12 期。

[24] 谭志雄、姚斯杰：《中国地区收入差距问题研究——基于八大经济区视角》，载《东北大学学报（社会科学版）》2010 年第 5 期。

[25] 唐志鹏、邓志国、刘红光：《区域产业关联经济距离模型的构建及实证分析》，载《管理科学学报》2013 年第 6 期。

[26] 王小鲁、樊纲：《中国地区差距的变动趋势和影响因素》，载《经济研究》2004 年第 1 期。

[27] 王直、魏尚进、祝坤福：《总贸易核算法：官方贸易统计与全球

价值链的度量》，载《中国社会科学》2015 年第 9 期。

［28］许召元、李善同：《区域间劳动力迁移对经济增长和地区差距的影响》，载《数量经济技术经济研究》2007 年第 2 期。

［29］张杰、陈志远、刘元春：《中国出口国内增加值的测算与变化机制》，载《经济研究》2013 年第 10 期。

［30］张少军、刘志彪：《区域一体化是国内价值链的"垫脚石"还是"绊脚石"—以长三角为例的分析》，载《财贸经济》2010 年第 11 期。

［31］张定胜、刘洪愧、杨志远：《中国出口在全球价值链中的位置演变—基于增加值核算的分析》，载《财贸经济》2015 年第 11 期。

［32］张亚雄、齐舒畅：《中国区域间投入产出表》，中国统计出版社 2012 年版。

［33］赵亚明：《地区收入差距：一个超边际的分析视角》，载《经济研究》2012 年第 2 期。

［34］祝坤福、陈锡康、杨翠红：《中国出口的国内增加值及其影响因素分析》，载《国际经济评论》2013 年第 4 期。

［35］祝坤福、唐志鹏、裴建锁、陈锡康、杨翠红：《出口对中国经济增长的贡献率分析》，载《管理评论》2007 年第 9 期。

［36］B. Fleisher, H. Li, M. Q. Zhao, Human Capital, Economic Growth, and Regional Inequality in China. *Journal of Development Economics*, Vol. 92, No. 2, July 2010, pp. 215 – 231.

［37］B. Li, T. Li, M. Yu, B. Chen, Can Equalization of Public Services Narrow the Regional Disparities in China? A Spatial Econometrics Approach. *China Economic Review*, Vol. 44, July 2017, pp. 67 – 78.

［38］B. Los, M. P. Timmer, G. J. De Vries, How Global Are Global Value Chains? A New Approach to Measure International Fragmentation. *Journal of Regional Science*, Vol. 55, No. 1, 2015, pp. 66 – 92.

［39］B. Los, M. P. Timmer, G. J. De Vries, Tracing Value – Added and Double Counting in Gross Exports: Comment. *American Economic Review*,

Vol. 106, No. 7, July 2016, pp. 1958 – 1966.

[40] B. Meng, Y. Fang, J. M. Guo, Y. X. Zhang, Measuring China's Domestic Production Networks through Trade in Value-added Perspectives. *Economic Systems Research*, Vol. 29, No. 1, January 2017, pp. 48 – 65.

[41] B. Meng, Z. Wang, R. Koopman, How are Global Value Chains Fragmented and Extended in China's Domestic Production Networks? IDE discussion paper, No. 424, 2013.

[42] C. H. Yang, E. Dietzenbacher, J. S. Pei, X. K. Chen, K. F. Zhu, Z. P. Tang, Processing Trade Biases the Measurement of Vertical Specialization in China. *Economic Systems Research*, Vol. 26, 2015, pp. 60 – 76.

[43] C. Lessmann, A. Seidel, Regional Inequality, Convergence, and Its Determinants – A View from Outer Space. *European Economic Review*, Vol. 92, No. 3, April 2017, pp. 110 – 132.

[44] C. Lessmann, Foreign Direct Investment and Regional Inequality: A Panel Data Analysis. *China Economic Review*, Vol. 24, March 2013, pp. 129 – 149.

[45] C. Li, J. Gibson, Rising Regional Inequality in China: Fact or Artifact? *World Development*, Vol. 47, 2013, pp. 16 – 29.

[46] D. L. Hummels, D. Rapoport, K. Yi, Vertical Specialization and the Changing Nature of World Trade. *Economic Policy Review*, Vol. 4, No. 2, June 1998, pp. 77 – 99.

[47] D. L. Hummels, J. Ishii, K. Yi, The Nature and Growth of Vertical Specialization in World Trade. *Journal of International Economics*, Vol. 54, No. 1, June 2001, pp. 75 – 96.

[48] E. Dietzenbacher, B. Los, Structural Decomposition Techniques: Sense and Sensitivity. *Economic Systems Research*, Vol. 10, No. 4, July 1998, pp. 307 – 324.

[49] G. Wan, M. Lu, Z. Chen, Globalization and Regional Income Ine-

quality: Empirical Evidence from within China. *Review of Income and Wealth*, Vol. 53, No. 1, 2007, pp. 35 – 59.

[50] H. Ma, Z. Wang, K. F. Zhu, Domestic Content in China's Exports and Its Distribution by Firm Ownership. *Journal of Comparative Economics*, Vol. 43, No. 1, February 2015, pp. 3 – 18.

[51] H. L. Kee, H. Tang, Domestic Value Added in Chinese Exports: Firm – Level Evidence. *American Economic Review*, Vol. 106, No. 6, 2016, pp. 1402 – 1436.

[52] J. M. Dean, K. C. Fung, Z. Wang, Measuring Vertical Specialization: The Case of China. *Review of International Economics*, Vol. 19, No. 4, August 2011, pp. 609 – 625.

[53] J. S. Pei, J. Oosterhaven, E. Dietzenbacher, Foreign Exports, Net Interregional Spillovers, and Chinese Regional Supply Chains. *Papers in Regional Science*, Vol. 6, No. 2, November 2015, pp. 131 – 144.

[54] J. S. Pei, J. Oosterhaven, E. Dietzenbacher, How Much Do Exports Contribute to China's Income Growth? *Economic Systems Research*, Vol. 24, No. 3, 2012, pp. 275 – 297.

[55] M. P. Timmer, A. A. Erumban, B. Los, R. Stehrer, G. J. De Vries, Slicing Up Global Value Chains. *Journal of Economic Perspective*, Vol. 28, 2014, pp. 99 – 118.

[56] M. P. Timmer, B. Los, R. Stehrer, G. J. De Vries, Fragmentation, Incomes and Jobs: An Analysis of European Competitiveness. *Economic Policy*, Vol. 28, March 2013, pp. 613 – 661.

[57] N. Foster – Mcgregor, R. Stehrer, Value Added Content of Trade: A Comprehensive Approach. *Economics Letters*, Vol. 120, No. 2, 2013, pp. 354 – 357.

[58] P. Antràs, D. Chor, T. Fally, R. Hillberry, Measuring the Upstreamness of Production and Trade Flows. *American Economic Review: Papers and*

Proceedings, Vol. 102, No. 3, February 2012, pp. 412 – 416.

[59] R. Brandt, C. A. Holz, Spatial Price Differences in China: Estimates and Implications. *Economic Development and Cultural Change*, Vol. 55, No. 1, October 2005, pp. 43 – 86.

[60] R. E. Baldwin, J. Lopez Gonzalez, Supply – Chain Trade: A Portrait of Global Patterns and Several Testable Hypotheses. *The World Economy*, Vol. 38, No. 11, May 2015, pp. 1682 – 1721.

[61] R. Kanbur, X. Zhang, Fifty Years of Regional Inequality in China: A Journey through Central Planning, Reform, and Openness. *Review of Development Economics*, Vol. 9, No. 1, 2005, pp. 87 – 106.

[62] R. Koopman, Z. Wang, S. J. Wei, Estimating Domestic Content in Exports When Processing Trade is Pervasive. *Journal of Development Economics*, Vol. 99, 2012, pp. 178 – 189.

[63] R. Koopman, Z. Wang, S. J. Wei, Tracing Value – Added and Double Counting in Gross Exports. *American Economic Review*, Vol. 104, No. 2, 2014, pp. 459 – 494.

[64] R. Upward, Z. Wang, J. Zheng, Weighing China's Export Basket: The Domestic Content and Technology Intensity of Chinese Exports. *Journal of Comparative Economics*, Vol. 41, 2013, pp. 527 – 543.

[65] R. C. Johnson, Five Facts about Value – Added Exports and Implications for Macroeconomics and Trade Research. *Journal of Economic Perspectives*, Vol. 28, No. 2, 2014, pp. 119 – 142.

[66] R. C. Johnson, G. Noguera, Accounting for Intermediates: Production Sharing and Trade in Value Added. *Journal of International Economics*, Vol. 86, No. 2, March 2012, pp. 224 – 236.

[67] T. Girmay, R. Grabowski, S. C. Sharma, Exports, Investment, Efficiency and Economic Growth in LDC: An Empirical Investigation. *Applied Economics*, Vol. 33, No. 6, 2001, pp. 689 – 700.

［68］T. S. Cheong, Y. Wu, Crime Rates and Inequality: A Study of Crime in Contemporary China. *Journal of the Asia Pacific Economy*, Vol. 20, No. 2, 2014b, pp. 202 – 223.

［69］T. S. Cheong, Y. Wu, The Impacts of Structural Transformation and Industrial Upgrading on Regional Inequality in China. *China Economic Review*, Vol. 31, 2014a, pp. 339 – 350.

［70］Tsui, K. Forces Shaping China's Interprovincial Inequality. *Review of Income and Wealth*, Series 53, Number 1, March 2007, pp. 60 – 92.

［71］W. C. Lee, T. S. Cheong, Y. Wu, The Impacts of Financial Development, Urbanization, and Globalization on income Inequality: A Regression-based Decomposition Approach, ADBI Working Paper, No. 651, 2017.

［72］W. Cheng, J. Zhang, Income Level, Income Gap and Independent Innovation: The Formation and Escaping of the Middle-income Trap. *Economic Research Journal*, Vol. 53, No. 4, April 2018, pp. 47 – 62.

［73］X. B. Zhang, K. H. Zhang, How does Globalisation Affect Regional Inequality within a Developing Country? Evidence from China. *The Journal of Development Studies*, Vol. 39, No. 4, 2003, pp. 47 – 67.

［74］X . Chen, L. K. Cheng, K. C. Fung, L. J. Lau, Y. W. Sung, K. Zhu, C. Yang, J. Pei, Y. Duan, Domestic Value Added and Employment Generated by Chinese Exports: A Quantitative Estimation. *China Economic Review*, Vol. 23, No. 4, December 2012, pp. 850 – 864.

［75］X. Chen, L. K. Cheng, K. C. Fung, L. J. Lau, The Estimation of Domestic Value – Added and Employment Induced by Exports: An Application to Chinese Exports to the United States. Stanford University Working Paper, No. 94305, 2001.

［76］X. Fu, Limited Linkages from Growth Engines and Regional Disparities in China. *Journal of Comparative Economics*, Vol. 32, No. 1, March 2004, pp. 148 – 164.

［77］ Y. Duan, E. Dietzenbacher, B. Los, C. Yang, Distinguishing Processing Trade in Chinese Interregional Input Output Table: Construction and Application. The 22nd International Input – Output Conference, 2014.

［78］ Y. Xie, X. Zhou, Income inequality in today's China. *Proceedings of the National Academy of Sciences of the United States of America*, Vol. 111, No. 19, 2014, pp. 6928 – 6933.

［79］ Z. Chen, K. E. Haynes, Impact of High-speed Rail on Regional Economic Disparity in China. *Journal of Transport Geography*, Vol. 65, December 2017, pp. 80 – 91.

［80］ Z. Wang, S. Wei, X. Yu, K. Zhu, Characterizing Global Value Chains: Production Length and Upstreamness. NBER Working Paper, No. 23261, 2017b.

［81］ Z. Wang, S. Wei, X. Yu, K. Zhu, Measures of Participation in Global Value Chains and Global Business Cycles. NBER Working Paper, No. 23222, 2017a.

附录

附录 A：DPN 表中的行业分类

编码	行业	国家统计局官方投入产出表中的行业代码（2002/2007）	国家统计局官方投入产出表中的行业代码（2012 年和 2017 年）
1	农林牧渔业	1	1
2	煤炭开采和洗选业	2	2
3	石油和天然气开采业	3	3
4	金属矿采选业	4	4
5	非金属矿及其他矿采选业	5	5
6	食品制造及烟草加工业	6	6
7	纺织业	7	7
8	纺织服装鞋帽皮革羽绒及其制品业	8	8
9	木材加工及家具制造业	9	9
10	造纸印刷及文教体育用品制造业	10	10
11	石油加工、炼焦及核燃料加工业	11	11
12	化学工业	12	12
13	非金属矿物制品业	13	13
14	金属冶炼及压延加工业	14	14
15	金属制品业	15	15
16	通用、专用设备制造业	16	16~17
17	交通运输设备制造业	17	18
18	电气机械及器材制造业	18	19

编码	行业	国家统计局官方投入产出表中的行业代码（2002/2007）	国家统计局官方投入产出表中的行业代码（2012年和2017年）
19	通信设备、计算机及其他电子设备制造业	19	20
20	仪器仪表及文化办公用机械制造业	20	21
21	工艺品及其他制造业	21~22	22~24
22	电力、热力的生产和供应业	23	25
23	煤气生产和供应业	24	26
24	水的生产和供应业	25	27
25	建筑业	26	28
26	交通运输及仓储业	27~28	30
27	批发和零售业	30	29
28	住宿和餐饮业	31	31
29	公共管理和社会组织	42	42
30	其他服务业	29，32~41	32~41

注：由笔者根据中国反映加工贸易的非竞争型投入产出表绘制。

附录 B：数据来源

变量	所需的源数据	资料来源
资本收入在增加值中的份额（c）	资本收入与增加值的比率	DPN 表
外资及港澳台企业的产出份额（s）	外资及港澳台企业供国内使用的产出	DPN 表
	外资及港澳台企业的加工出口	中国海关
	外资及港澳台企业的非加工出口	中国海关
内资企业和外资及港澳台企业中的外资股份（k_d 和 k_f）	工业部门的实收资本	2003 年、2008 年、2013 年和 2018 年的《中国工业经济统计年鉴》
	服务行业的实收资本	2004 年和 2008 年的《中国经济普查年鉴》
	农业和建筑业的外资及港澳台企业的注册资本	2003 年、2008 年、2013 年和 2018 年的《中国统计年鉴》
资本收入 – 产出比例（r_d 和 r_f）	工业部门的外资及港澳台企业和内资企业的产出	2003 年、2008 年、2013 年和 2018 年的《中国工业经济统计年鉴》
	工业部门的外资及港澳台企业和内资企业的折旧和营业利润	2003 年、2008 年、2013 年和 2018 年的《中国工业经济统计年鉴》
	建筑业的外资及港澳台企业和内资企业的产出、折旧和营业利润	2003 年、2008 年、2013 年和 2018 年的《中国统计年鉴》
	外资及港澳台企业和内资企业服务的营业收入、折旧和营业利润	2004 年和 2008 年的《中国经济普查年鉴》；2013 年和 2018 年的《中国统计年鉴》
	农业的资本收入 – 产出比	DPN 表

附录 C：敏感度分析

（一）返程外国直接投资

世界银行认为中国 FDI 流入总量的 1/4 是返程投资[1]。肖耿（2004）的研究提供了估算方法和数据细节，他得出的 1998～2002 年期间的中国返程投资份额为 33.9%。使用同样的方法，韩英丽等（2012）通过研究来自香港的 FDI，认为 1998～2002 年进入中国的 FDI 中约有 15.5% 为返程投资。鉴于中国的 FDI 真实规模是不确定的，我们将分别计算三种情景下的结果。在情景 1 下，我们假设 2002 年、2007 年和 2012 年返程投资占中国 FDI 总额的 1/4。考虑到中国的政策调整，返程 FDI 的规模可能逐渐减少（Broadman and Sun，1997；Davies，2012）。因此，我们在情景 2 中假设，FDI 中返程资本的比例在 2007 年下降到 20%，2012 年为 15%[2]。在情景 3 中，我们采用肖耿（2004）和韩英丽等（2012）的估计，假设 2002 年的比例为 33.9%，2007 年和 2012 年为 15.5%。因为缺少行业层面返程投资的结果，所以我们假设这些数据适用于所有行业。

我们假设返程 FDI 的回报率与"真正的外国资本"[3] 的回报率相同，这意味着返程投资的收入在国外收入中的比例与返程 FDI 在总 FDI 中的比例相同。根据我们在表 2-2 中的国外收入数据，我们计算了出口中返程

---

[1] 本章所参考的早期文献中的其他估计值从 10%～15% 到 37% 不等（UNCTAD，2003；Wei，2005）。

[2] 这些政策调整包括在 1996 年取消了对进口资本设备的关税豁免和对外资企业的增值税（Broadman and Sun，1997），自 2006 年起对中国公司在国外设立的特殊目的实体实行更严格的报告标准，以及自 2008 年起取消了一些外国投资优惠政策（Davies，2012）。这些政策大大降低了中国投资者以 FDI 形式进行返程投资的积极性。

[3] 它与本国资本的回报率也相同，因为在我们的估计中，假设本国资本和外国资本有相同的回报率。

FDI 的收入，我们从国外收入中扣除这一收入，并将其加入国民收入中。具体结果如表 2 - 4 所示。结果显示，考虑了返程 FDI 之后，2002 年到 2007 年国外收入的增加仍然是出口中 DVA 份额增长的最重要因素。相比之下，2007 年至 2012 年和 2012 年至 2017 年期间，国民收入的增加对出口中 DVA 份额的增长起主导作用。

（二）返程进口

由于真正的返程进口量是未知的，我们使用两种方法来估算返程进口量。第一种方法是使用中国的再进口数据。再进口被定义为中国出口随后又由中国通过第三方（或中国香港、中国澳门和中国台湾等地区，或"保税区"）进口的产品。在中国的统计数据中，这种产品贸易被记录为"中中贸易"（Liu，2013）。2002 年，再进口占中国总进口的 5.1%，2007 年为 9.0%，2012 年为 7.9%，2017 年为 7.2%。这些再进口数据为估计真实的返程进口量提供了一个下限。第二种方法，一些返程产品是在取得"出口到国外地区"的正式身份后再进口到中国。鉴于中国大部分出口产品的返程都要经过香港（Liu，2013），我们认为再进口加上内地从香港的进口是返程贸易量的上限。2002 年，从香港的进口占中国总进口的 3.6%，2007 年为 1.3%，2012 年为 1.0%，2017 年为 0.4%。

我们从联合国商品贸易数据库（UNCTAD）中获取再进口数据和中国从香港的 HS - 6 位码商品进口数据。我们使用联合国经济大类（BEC）分类将进口和再进口分为三类：中间使用、最终消费和投资；再根据商品的 HS - 6 位码和国家统计局提供的投入产出行业分类，将数据转换为 DPN 表所使用的行业分类数据。

为分析返程进口的影响，须对 DPN 表进行两项调整。第一，我们重新估计国内中间投入系数，因为用于中间品的返程进口应该被视为国内投入而不是进口投入。为此，我们首先估计返程进口的中间投入系数矩阵（$\mathbf{A}_r$），假设各行业返程进口投入的使用与该投入的总使用（国内来源和进口）之间呈固定比例。将 $\mathbf{m}_r$ 记为分行业的返程进口向量，而 $\mathbf{m}_n$ 为用于中间投入的返程进口向量。返程进口中间投入系数矩阵可以计算为 $\mathbf{Z}_r^M = \mathbf{Z}^M$ $(\hat{\mathbf{m}})^{-1}\hat{\mathbf{m}}_{ri}$，其中 $\mathbf{m} = \mathbf{Z}^M\mathbf{u}$ 以及 $\mathbf{Z}^M$ 是从 DPN 表中直接得到的（见表 2 - 1）。 $\mathbf{Z}_r^M$ 本应该是国内中间投入矩阵的一部分，可以由内资企业或外资企业生产提供，因此我们根据比例性假设把 $\mathbf{Z}_r^M$ 分成两部分，前者是 $\mathbf{Z}_r^D = \mathbf{Z}^D \oslash$ $(\mathbf{Z}^D + \mathbf{Z}^N) \odot \mathbf{Z}_r^M$，后者通过作差得到 $\mathbf{Z}_r^N = \mathbf{Z}_r^M - \mathbf{Z}_r^D$，分别表示返程进口产品中由内资企业和外资企业生产并用于中间投入的量。其中，$\mathbf{Z}^D =$ $(\mathbf{Z}^{DD} \quad \mathbf{Z}^{DP} \quad \mathbf{Z}^{DN})$，$\mathbf{Z}^N = (\mathbf{Z}^{ND} \quad \mathbf{Z}^{NP} \quad \mathbf{Z}^{NN})$，$\odot$ 和 $\oslash$ 分别为对应元素相乘和相除。因此，通过把该矩阵加到原始的国内投入系数矩阵上，我们就可以得到调整后的国内系数矩阵是 $\mathbf{A} + \mathbf{A}_r$，其中 $\mathbf{A}_r = \begin{pmatrix} \mathbf{Z}_r^D \\ \mathbf{0} \\ \mathbf{Z}_r^N \end{pmatrix} \hat{\mathbf{x}}^{-1}$。

　　第二，我们调整了出口向量，因为它包含了返程进口。中国的投入产出表包含了以离岸价格（FOB）表示的出口，而进口则以到岸价格表示（CIF）。后者包含了国际运输和贸易的利润，因此价格较高。为纠正这一点，我们对返程进口的价值打 10% 的折扣，得到返程出口的价值（表示为 $\mathbf{e}_r$），并从出口向量中减去。[①] 我们采取比例性假设来把返程出口分解为返程加工出口和返程一般贸易出口，它们分别是 $\mathbf{e}_r^P = \mathbf{e}^P \oslash (\mathbf{e}^P + \mathbf{e}^N) \odot 0.9\mathbf{m}_r$ 和 $\mathbf{e}_r^N = 0.9\mathbf{m}_r - \mathbf{e}_r^P$。那么真实的出口向量就是 $\mathbf{e} - \mathbf{e}_r$，$\mathbf{e}_r = \begin{pmatrix} \mathbf{0} \\ \mathbf{e}_r^P \\ \mathbf{e}_r^N \end{pmatrix}$。因此，考虑到返程进口后，总出口中的国民收入为：

$$ni_r^e = \mathbf{w}^{n'}(\mathbf{I}_{3m} - \mathbf{A} - \mathbf{A}_r)^{-1}(\mathbf{e} - \mathbf{e}_r) \qquad (\text{D}.1)$$

　　在这个方程中，$(\mathbf{e} - \mathbf{e}_r)$ 为 $3m \times 1$ 维的向量，区分了加工贸易出口和一般贸易出口。使用方程（D.1）得到的结果如表 2 - 5 所示。用任一方法

---

① 冯国超和刘遵义（Fung and Lau，2003）采用了 10% 的折扣率，将到岸价格转换为离岸价格。我们还通过采用 5% 到 30% 的折扣率评估了结果的敏感度，但没有发现统计上的显著差异。

计算返程进口，出口中国民收入份额都会有一定程度的增加，但结果没有本质变化。虽然2002年至2007年出口DVA份额的增长大部分来自国外收入，但此后国民收入份额的增长要快得多。

表1展示了如果我们同时对返程进口和返程FDI进行调整，出口中国民收入份额的结果。结果表明，主要结论仍然稳健。

表1　　　　　用返程进口和返程FDI调整后的出口国民收入份额　　　单位：%

年份及变化	基准情景		方法1		方法2	
	国民收入	国外收入	国民收入	国外收入	国民收入	国外收入
2002年	50.6	4.8	53.8	3.4	55.0	3.5
2007年	51.3	7.9	55.5	6.1	55.8	6.0
2012年	58.7	8.2	62.0	6.2	62.2	6.3
2017年	62.8	7	66.6	5.3	64.7	5.3
变化，2002年至2007年	0.7	3.1	1.7	2.7	0.8	2.5
变化，2007年至2012年	7.4	0.3	6.5	0.0	6.4	0.2
变化，2012年至2017年	4.1	−1.2	4.6	−0.9	2.5	−1.0

注：方法1：由中国的再进口替代返程进口；方法2：由内地从香港的进口替代返程进口。在这两种情况下，官方FDI数字中返程投资的比例每年都是25%。

附录 D

表 1　　　　　　　　　2002～2017 年总投入系数　　　　　　单位：%

年份	项目	国内中间投入系数	进口系数	增加值系数	NIVA 比值	资本收入份额
2002	D	55.8	1.9	42.3	99.5	37
	P	16.8	66.6	16.6	78.3	38.7
	N	58.5	16.3	25.1	80.5	40.3
	Ag	54.3	6.8	38.9	97.4	37.3
2007	D	62.3	3.1	34.7	99.4	43.4
	P	24.1	58.5	17.4	64.4	50.2
	N	59.2	13.7	27.1	74.2	46.9
	Ag	59.5	8.3	32.2	94.7	44.2
2012	D	60.2	3.6	36.2	98.9	36.0
	P	28.4	55.1	16.5	87.3	36.2
	N	65.5	7.4	27.1	73.8	41.8
	Ag	60.3	6.2	33.4	94.0	37.1
2017	D	58.7	3.1	38.2	99.4	36.1
	P	20.0	64.8	15.2	77.6	39.2
	N	61.9	8.7	29.5	76.7	42.2
	Ag	58.4	5.2	36.4	96.3	36.9

注：D = 国内生产，P = 加工出口，N = 一般贸易出口和其他，Ag = 合计。
资料来源：笔者根据 2002 年、2007 年、2012 年和 2017 年的 DPN 表计算。

表 2　　　　　　　　　2002～2017 年典型行业的出口份额　　　　　　　单位：%

年份	项目	能源资源业	劳动密集型行业	机械行业	服务业	低技术行业
2002	P	0.4	8.4	25.2	5.9	14.0
	N	2.1	14.4	8.6	15.6	20.5
	Ag	2.5	22.8	33.8	21.5	34.5
2007	P	0.5	4.6	31.6	2.3	9.0
	N	1.2	14.2	12.2	11.1	25.1
	Ag	1.7	18.8	43.8	13.4	34.1
2012	P	0.4	3.2	28.9	0.0	8.3
	N	0.4	13.3	14.2	18.4	21.5
	Ag	0.8	16.5	43.1	18.4	29.8
2017	P	0.0	1.8	21.6	0.0	4.1
	N	0.9	14.5	22.0	18.3	25.8
	Ag	0.9	16.3	43.6	18.3	29.9

后 记

　　这是我的第一本中文学术专著，希望通过这些研究能为全球价值链领域的探索贡献一份绵薄之力。自 2008 年从武汉大学本科毕业，踏入中国科学院攻读博士研究生学位算起，转眼间我在全球价值链领域的探索已超过 16 载。这 16 年间，我见证了全球价值链理论的兴起与发展，从最初的边缘探索到如今的深入研究，每一步都凝聚着无数学者的智慧与汗水。

　　在中国科学院的求学岁月里，我有幸师从投入产出领域的杰出经济学家陈锡康先生和杨翠红先生；陈先生是我国投入产出技术早期开拓者之一，也是贸易增加值核算的最早倡导者之一。早在 2001 年陈老师和杨老师就撰文提出应该利用增加值，而非出口总值来核算双边贸易差额，并针对中国加工贸易占比较高且生产需要依赖大量进口品的特点，创新性地构建区分加工贸易的投入产出模型，为准确核算中国双边贸易差额开辟新路径，随后更是为推动我国和世界增加值核算体系和数据库的建设而奔波操劳、建言献策。两位先生获得的奖励及荣誉无数，为我国经济政策制定作出了重要贡献，但他们为人低调、处世平和、淡泊名利，是真正的大家风范。两位先生的悉心指导和团队的合作熏陶，帮助我形成了勤勉务实的科研态度，更为我后续的学术生涯奠定了坚实的基础。

　　2012 年，我赴荷兰格罗宁根大学求学，师从艾瑞克·迪森巴赫（Erik Dietzenbacher）和巴特·劳斯（Bart Los）教授，他们是国际投入产出领域的著名学者，是现在学术界常用的世界投入产出数据库（WIOD）建设的主要发起者和推动者。两位老师严谨治学、精益求精、处事不惊的科研和生活态度，对我产生了深刻的影响。2014 年，我加入了中央财经大学国际经济与贸易学院，学院为我们提供了广阔的科研平台和浓厚的学术氛围，我有幸与众多优秀的同事们共事，我从他们身上学到了许多宝贵的知识。2017 年，陆毅老师从新加坡归国，也为我带来了新的学术机遇，我有幸跟随他研究贸易中的结构模型。陆老师不仅在国际贸易领域有着深厚的学术造诣，更是对学术前沿具有敏锐的洞察力，他的引领和指导让我受益匪浅，为我后续研究奠定了重要基础。我的研究重心逐渐从核算向结构模型转变。"转型"之路是较为辛苦的，要熟懂国际贸易理论、结构估计方法，要精通计算机编程和求解，也要训练敏锐的经济学直觉；还好得益于过去十几年的积累和不懈努力，这条路虽然辛苦但并未觉得很艰难。感恩感谢在这条道路上许多给予我指导和关怀的老师和朋友们，正是这些宝贵的支持与鼓励，让我更加坚定了不断探索与攀登的决心。未来追求学术之路依然"路漫漫其修远兮"，唯有热爱与坚持，方能行稳致远。

本书是对我在全球价值链研究方面的一个总结，除第一章外，书中其他章节的内容均已发表在国内或国际期刊中。在书稿的撰写过程中，我得到了研究团队的大力支持与协助。书稿研究框架和提纲的设计、课题组成员的分工和组织等整体性问题主要由我负责。蔡龙飞和陈秀协助撰写了第一章的内容；鲜雨石、刘丹阳、洪槟瀚和蔡龙飞分别承担了后续章节的修改任务。而陈秀同学更是在通稿和修改过程中付出了大量努力，我在此向他们表示衷心的感谢。

最后，要特别感谢中央财经大学对本书的资助和大力支持，本书有幸能被选中作为国家经济发展与经济安全系列丛书的一本出版，我深感荣幸和感激。感谢我的家人一直以来对我的工作的支持，让我少了许多后顾之忧，能够专心投身学校和科研工作。